Virtuelle Aktienoptionsprogramme börsennotierter Aktiengesellschaften

**Europäische Hochschulschriften Recht**

European University Studies in Law

Publications Universitaires Européennes de Droit

Band/Volume **6143**

Johannes Janning

# Virtuelle Aktienoptionsprogramme börsennotierter Aktiengesellschaften

PETER LANG

**Bibliografische Information der Deutschen Nationalbibliothek**
Die Deutsche Nationalbibliothek verzeichnet diese Publikation in der Deutschen Nationalbibliografie; detaillierte bibliografische Daten sind im Internet über http://dnb.d-nb.de abrufbar.

Zugl.: Köln, Univ., Diss., 2019

D 38
ISSN 0531-7312
ISBN 978-3-631-80041-6 (Print)
E-ISBN 978-3-631-81238-9 (E-PDF)
E-ISBN 978-3-631-81239-6 (EPUB)
E-ISBN 978-3-631-81240-2 (MOBI)
DOI 10.3726/b16556



Diese Publikation wurde begutachtet.

www.peterlang.com

*Meinen Eltern*
*Rita und Josef Janning*

# Vorwort

Die Vergütung von Vorstandsmitgliedern börsennotierter Aktiengesellschaften über virtuelle Aktienoptionsprogramme ist auf dem Vormarsch. Die Praxis kennt unterschiedliche Ausgestaltungen, die den Anforderungen des individuellen Unternehmens Rechnung tragen. Anhand einer Auswertung der Praxis der Dax-Vorstandsvergütung aus dem Jahr 2015 stellt diese Arbeit die Ausgestaltungsvielfalt der wesentlichen Programmkomponenten dar. Dabei soll die Auswertung auch aufzeigen, welche Ausgestaltungsformen denkbar sind und welche Motivlagen mit diesen einhergehen. Trotz dieser Vielfalt betrachtet die Theorie virtuelle Aktienoptionsprogramme meist verallgemeinernd. Basierend auf dem Blick in die Praxis wirbt diese Arbeit für eine differenzierte Betrachtung virtueller Aktienoptionsprogramme. Mit der Analyse aktienrechtlicher Streitfragen zu den Programmen ist die Hoffnung verbunden, dass der Gesetzgeber die aktienkursorientierte Vergütung einer der Relevanz entsprechenden Regelung im Aktiengesetz zuführt.

Diese Arbeit hat im Wintersemester 2018/2019 der Universität zu Köln als Dissertation vorgelegen. Sie ist auf dem Stand von November 2018.

Herzlich möchte ich meinem Doktorvater, Herrn Prof. Dr. *Klaus Peter Berger*, danken. Er hat sich für das Thema der virtuellen Mitarbeiterbeteiligung begeistern lassen und mir jederzeit mit Rat zur Seite gestanden. Herrn Prof. Dr. *Joachim Hennrichs* danke ich für die Übernahme und zügige Erstellung des Zweitgutachtens.

Danken möchte ich ferner Prof. Dr. *Andreas Nelle* der Sozietät Raue. Das Thema der virtuellen Mitarbeiterbeteiligung habe ich dort im Rahmen meines Referendariats erstmals praktisch bearbeitet. Mein Dank gilt auch Dr. *Jürgen Sieger* der Sozietät DLA Piper, der mich ermutigt hat, mein Promotionsvorhaben neben meiner anwaltlichen Tätigkeit aufzunehmen. Dr. *Peter Etzbach* danke ich für seine Unterstützung, diese Arbeit als Rechtsanwalt und Junior-Partner bei Oppenhoff & Partner fertig stellen zu können.

Ein ganz besonderer Dank gilt *Sophie Hebbinghaus* und Dr. *Nefail Berjasevic*. Beide standen mir allzeit mit Rat, Tat und Ermutigung beiseite. Ohne sie hätte ich diese Arbeit nicht fertig gestellt.

Den größten Dank schulde ich meinen Eltern, *Rita* und *Josef Janning*. Beide haben mich zu jeder Zeit bedingungslos und liebevoll unterstützt. Ihnen ist diese Arbeit in Liebe und Dankbarkeit gewidmet.

Köln, im Juli 2019

# Inhaltsverzeichnis

# Abkürzungsverzeichnis

| | |
|---|---|
| a.A. | andere Ansicht |
| ABl. EG | Amtsblatt der Europäischen Gemeinschaft |
| Abs. | Absatz; Absätze |
| a.F. | alte Fassung |
| AG | Aktiengesellschaft; Die Aktiengesellschaft (Zeitschrift) |
| AGB | Allgemeine Geschäftsbedingungen |
| AktG | Aktiengesetz |
| ArbG | Arbeitsgericht |
| Art. | Artikel |
| ARUG II | Zweite Aktionärsrechterichtlinie |
| Az. | Aktenzeichen |
| BaFin | Bundesanstalt für Finanzdienstleistungsaufsicht |
| BAG | Bundesarbeitsgericht |
| BAnz | Bundesanzeiger |
| BayOblG | Bayrisches Oberlandesgericht |
| BB | Betriebs-Berater (Zeitschrift) |
| Bearb. | Bearbeiter |
| Begr. | Begründer |
| Bd. | Band |
| BGBl. | Bundesgesetzblatt |
| BGH | Bundesgerichtshof |
| BKR | Zeitschrift für Bank- und Kapitalmarktrecht |
| BT-Drs. | Bundestags-Drucksache |
| bzw. | beziehungsweise |
| Co. | Compaigne |
| DAV | Deutscher Anwaltverein |
| DAX | Deutscher Aktienindex |
| DB | Der Betrieb (Zeitschrift) |
| DCGK | Deutscher Corporate Governance Kodex |
| ders. | derselbe |
| dies. | dieselbe; dieselben |
| DIHK | Deutscher Industrie- und Handelskammertag e.V. |
| DM | Deutsche Mark |
| DStR | Deutsches Steuerrecht (Zeitschrift) |

| | |
|---|---|
| EBIT | Earnings before interest and taxes (Gewinn vor Zinsen und Steuern) |
| EBITDA | Earnings before interest, taxes, depreciation and amortization (Gewinn vor Zinsen, Steuern, Abschreibungen auf Sachanlagen und Abschreibungen auf immaterielle Vermögensgegenstände) |
| EG | Europäische Gemeinschaft |
| Einl. | Einleitung |
| EU | Europäische Union |
| EuZW | Europäische Zeitschrift für Wirtschaftsrecht |
| EWiR | Entscheidungen zum Wirtschaftsrecht (Zeitschrift) |
| EWR | Europäischer Wirtschaftsraum |
| f.; ff. | folgende; fortfolgende |
| FAQ | Frequently Asked Questions |
| F.A.Z. | Frankfurter Allgemeine Zeitung |
| FB | Der Finanz-Betrieb (Zeitschrift) |
| Fn. | Fußnote |
| FS | Festschrift |
| ggf. | gegebenenfalls |
| GmbH | Gesellschaft mit beschränkter Haftung |
| GmbHR | Die GmbH-Rundschau (Zeitschrift) |
| GNotKG | Gesetz über die Kosten der freiwilligen Gerichtsbarkeit für Gerichte und Notare |
| GWR | Gesellschafts- und Wirtschaftsrecht (Zeitschrift) |
| HdB | Handbuch |
| HGB | Handelsgesetzbuch |
| Hrsg. | Herausgeber |
| IRZ | Zeitschrift für Internationale Rechnungslegung |
| iVm. | in Verbindung mit |
| Kap. | Kapitel |
| KG | Kammergericht |
| KGaA | Kommanditgesellschaft auf Aktien |
| KonTraG | Gesetz zur Kontrolle und Transparenz im Unternehmensbereich vom 27. April 1998, BGBl. I S. 786 |
| KWG | Gesetz über das Kreditwesen |

| | |
|---|---|
| LAG | Landesarbeitsgericht |
| LG | Landgericht |
| lit. | litera |
| MAH | Münchener Anwaltshandbuch |
| MAR / MMVO | Verordnung (EU) Nr. 596/2014 des Europäischen Parlaments und des Rates vom 16. April 2014 über Marktmissbrauch (Marktmissbrauchsverordnung) und zur Aufhebung der Richtlinie 2003/6/EG des Europäischen Parlaments und des Rates und der Richtlinien 2003/124/EG, 2003/125/EG und 2004/72/EG der Kommission |
| Mio. | Million(en) |
| MittBayNot | Mitteilungen des Bayerischen Notarvereins, der Notarkasse und der Landesnotarkammer Bayern |
| MittRhNotK | Mitteilungen der Rheinischen Notarkammer |
| MüKo | Münchener Kommentar |
| mwN. | mit weiteren Nachweisen |
| NDR | Norddeutscher Rundfunk |
| NJOZ | Neue Juristische Online Zeitschrift |
| NJW | Neue Juristische Wochenschrift |
| Nr. | Nummer |
| NWB | Neue Wirtschaftsbriefe (Zeitschrift, Loseblattsammlung) |
| NZA | Neue Zeitschrift für Arbeitsrecht |
| NZG | Neue Zeitschrift für Gesellschaftsrecht |
| OLG | Oberlandesgericht |
| PS | *Phantom Stock* |
| RGbl. | Reichsgesetzblatt |
| Rn. | Randnummer(n) |
| S. | Satz; Seite |
| SE | Societas Europaea; Europäische Aktiengesellschaft |
| sog. | so genannt |
| TransPuG | Gesetz zur weiteren Reform des Aktien- und Bilanzrechts, zu Transparenz und Publizität (Transparenz- und Publizitätsgesetz) vom 19. Juli 2002, BGBl. I S. 2681 |

| | |
|---|---|
| **U**MAG | Gesetz zur Unternehmensintegrität und Modernisierung des Anfechtungsrechts vom 22. September 2005, BGBl. I S. 2802 |
| u.U. | unter Umständen |
| **V**C | Venture Capital |
| vgl. | vergleiche |
| VGR | Gesellschaftsrechtliche Vereinigung |
| VorstAG | Gesetz zur Angemessenheit der Vorstandsvergütung vom 31. Juli 2009, BGBl. I S. 2509 |
| VorstOG | Gesetz zur Offenlegung der Vorstandsvergütung vom 3. August 2005, BGBl. I S. 2267 |
| VW | Volkswagen |
| **W**M | Zeitschrift für Wirtschafts- und Bankenrecht |
| WpHG | Wertpapierhandelsgesetz |
| **Z**CG | Zeitschrift für Corporate Governance |
| ZGR | Zeitschrift für Unternehmens- und Gesellschaftsrecht |
| ZHR | Zeitschrift für das gesamte Handels- und Wirtschaftsrecht |
| Ziff. | Ziffer |
| ZIP | Zeitschrift für Wirtschaftsrecht |
| zit. | zitiert |
| ZRP | Zeitschrift für Rechtspolitik |

# Abbildungsverzeichnis

# Beispielklauseln eines virtuellen Aktienoptionsprogramms

# Einleitung

## A. Gegenstand der Untersuchung

Mitarbeiterbeteiligungsprogramme sind seit Jahrzehnten Gegenstand der Rechtsdiskussion und Bestandteil von Unternehmens- und Gehaltsstrukturen auf der ganzen Welt.[1] Nach einer allgemein gefassten Definition versteht man unter Mitarbeiterbeteiligung das Angleichen der Interessen von Mitarbeitern, dem Unternehmen und dessen Inhabern (bzw. Aktionäre) durch Partizipation der Mitarbeiter am Erfolg des Unternehmens.[2] Dabei gibt es verschiedenste Formen der direkten und indirekten Beteiligung am Unternehmenserfolg.[3] Zu den Ausgestaltungen einer direkten Beteiligung gehören neben klassischen Aktienoptionsprogrammen, die am Ende der Laufzeit den Aktienerwerb ermöglichen, auch virtuelle Aktienoptionsprogramme.[4] Virtuelle Mitarbeiterbeteiligungsprogramme sind schuldrechtlich ausgestaltete reine Zahlungsansprüche ohne Anteilsgewährung, die in der Regel im Rahmen eines mehrjährigen Programms eine tatsächliche Beteiligung am Unternehmen nachbilden und sich am Erfolg des Unternehmens orientieren.[5] Aktienkursbasierte virtuelle Aktienoptionsprogramme, die Gegenstand dieser Arbeit sind, weisen dabei eine Verwandtschaft zu klassischen Aktienbeteiligungen und Aktienoptionsprogrammen auf. Über eine schuldrechtliche Nachbildung wird der Begünstigte wirtschaftlich über eine aktienkursbasierte Barzahlung so gestellt, als ob er tatsächlich Inhaber einer Aktie oder Teilhaber eines Aktienoptionsprogramms ist.[6]

---

1 Für eine Zusammenfassung der historischen Entwicklung der Mitarbeiterbeteiligung in Deutschland ab 1918 siehe *Wagner*, BB 1995, Beilage Nr. 7, 1 ff.; zur Verbreitung von Stock Options im Ausland, insbesondere zum Stand im Jahr 1997, *Kohler*, ZHR 161 (1997), 246, 249 f.

2 Vgl. *Kutsch* in: MAH Aktienrecht, § 32, Rn. 1, 4.

3 Vgl. *Kutsch* in: MAH Aktienrecht, § 32, Rn. 1 f.; *Janssen/Riehle* in: Drinhausen/Eckstein, Handbuch der AG, § 24, Rn. 7.

4 Vgl. *Kutsch* in: MAH Aktienrecht, § 32, Rn. 2.

5 Vgl. *Holzborn* in: Marsch-Barner/Schäfer, Rn. 54. 11; *Kutsch* in: MAH Aktienrecht, § 32, Rn. 190; *Mertens/Cahn* in: Kölner Kommentar zum AktG, Bd. 2/1, § 87, Rn. 79.

6 Vgl. überblicksartig *Holzborn* in: Marsch-Barner/Schäfer, Rn. 54.11; *Suchan/Baumunk* in: Kessler/Sauter, Rn. 680 f., 777; *Kuthe/Zipperle* in: Szesny/Kuthe, 12. Kap. Rn. 19. Vgl. ausführlich zu den verschiedenen Begrifflichkeiten Kapitel 1, Abschnitt A.

Ende der 1990er Jahre begann in Deutschland – und auch in anderen Ländern Europas[7] – die Zeit der klassischen Aktienoptionsprogramme, deren Beliebtheit, insbesondere als Element der Vorstandsvergütung[8], in den folgenden Jahren rasant anstieg.[9] Hauptargument der Einführung war der Wunsch, die Interessenlage zwischen Aktionären und Führungsebene über Beteiligungen am Unternehmenserfolg bzw. einen Aktienkursanstieg anzugleichen (sog. Shareholder-Value-Konzept).[10] Pioniere auf diesem Gebiet waren in Deutschland Dax-Unternehmen wie die Continental AG, die Daimler Benz AG und die Deutsche Bank AG, die Ende der 80er und Mitte der 90er Jahre Aktienoptionen als Vergütungskomponente für den Vorstand aufnahmen.[11] Die wegen angeblicher Verstöße gegen das Aktiengesetz gegen die Aktienoptionsprogramme der Daimler Benz AG und der Deutschen Bank AG von Aktionären geführten Rechtsstreitigkeiten sorgten dabei für besonderes Aufsehen.[12] Maßgebend für die umfassende Einführung von klassischen Aktienoptionsprogrammen im deutschen Markt

---

7 Vgl. *Hölscher* in: Harrer, Mitarbeiterbeteiligung, Rn. 64 ff. und Rn. 99 mit einer Darstellung der Verbreitung von Aktienoptionen in Belgien, Frankreich, Großbritannien, den Niederlanden und Spanien aus dem Jahr 2001.

8 *von Rosen/Leven* bezeichneten Aktienoptionspläne 2004 etwa als *„Standardrepertoire bei der Vergütung von Vorständen"*, *von Rosen/Leven* in: Harrer, Mitarbeiterbeteiligung, Rn. 57.

9 Vgl. *Franken*, Aktienoptionen, S. 8 f. mit einem Verweis auf Umfragen des deutschen Aktieninstituts aus dem Zeitraum 1996/1997, nach dem zum Beispiel 1997 rund 25% der börsennotierten Unternehmen Aktienoptionsprogramme aufgesetzt bzw. konkret geplant hatten; *Baums*, FS Claussen 1997, 3, mit Verweis auf den Bundesanzeiger und die dort erwähnten Optionspläne etwa von der Deutschen Bank, Daimler-Benz, Continental, Puma und anderen Aktiengesellschaften; *Feddersen*, ZHR 161 (1997), 269, 270 f.; *Kallmeyer*, AG 1999, 97, 97 f.; *Feddersen/Pohl*, AG 2001, 26; *Kohler*, ZHR 161 (1997), 246, 267 f. In den Vereinigten Staaten von Amerika vergütete zu diesem Zeitpunkt die ganz große Mehrheit der 500 größten Unternehmen ihre Vorstandsmitglieder und/oder Mitarbeiter mit Aktienoptionsprogrammen, vgl. *Schneider*, ZIP 1996, 1769 mwN. Vgl. ferner mit einem Überblick für Deutschland *Sauter/Babel* in: Kessler/Sauter, Rn. 1.

10 Vgl. *Sauter/Babel* in: Kessler/Sauter, Rn. 2; *Richter*, BB 2004, 949; *Kallmeyer*, AG 1999, 97 f. Hierzu ausführlich im Rahmen der Vorteile eines virtuellen Aktienprogramms unter Kapitel 1, Abschnitt B.I.2.a).

11 Vgl. überblicksartig mit Verweis auf den Bundesanzeiger, Zeitungsartikel sowie Gerichtsurteile *Baums*, FS Claussen 1997, 3; *Feddersen*, ZHR 161 (1997), 269, 270; *Franken*, Aktienoptionen, S. 8 f.

12 Vgl. LG Stuttgart, NZG 1998, 233 ff.; OLG Stuttgart, NZG 1998, 822 ff.; LG Frankfurt a.M., WM 1997, 473 ff.

war das Inkrafttreten des Kontroll- und Transparenzgesetzes im April 1998.[13] Es schaffte für die Ausgabe von Aktienbezugsoptionen an Mitarbeiter, in der Praxis insbesondere an Vorstandsmitglieder, mit § 192 Abs. 2 Nr. 3 AktG eine rechtliche Grundlage und führte zu einem deutlichen Anstieg der Ausgabe von Aktienoptionsprogrammen.[14] Mitte der Nullerjahre begann jedoch ein langsamer Abschwung der Popularität der klassischen Aktienoptionsprogramme.[15] Schlagworte der Kritik waren dabei Zweifel an einer effektiven Anreizwirkung sowie die Befürchtung von Manipulationsgefahren und der Gefahr der Übervergütung der Programmbegünstigten.[16]

Trotz dieser Kritikpunkte ist die aktienkursbasierte Vergütung heutzutage sehr präsent, wobei virtuelle Aktienoptionsprogramme klassische Aktienoptionsprogramme zunehmend ersetzen.[17] Dies zeigt ein Blick auf die Vergütungsberichte

---

13 Gesetz zur Kontrolle und Transparenz im Unternehmensbereich, BGBl. I 1998, S. 786 ff.

14 Vgl. *Fuchs* in: MüKo, AktG, Bd. 4, § 192, Rn. 62 ff.; *Rieckers* in: Spindler/Stilz, AktG, Bd. 2, § 192, Rn. 39 f.; *Hüffer/Koch*, AktG, § 192, Rn. 16 f.; *Roschmann/Erwe* in: Harrer, Mitarbeiterbeteiligung, Rn. 166 f.; *Franken*, Aktienoptionen, S. 9, 11; *Feddersen/Pohl*, AG 2001, 26; *Jäger*, DStR 1999, 28, 29. Vgl. zu den in diesem Rahmen erfolgten Entwicklungen *Martens*, FS Ulmer 2003, 399 ff. Mit empirischer Studie zur Verbreitung und Ausgestaltung von Aktienoptionsprogrammen: *Sauter/Babel* in: Kessler/Sauter, Rn. 58 ff.

15 Obwohl *von Rosen/Leven* Aktienoptionen als *„Standardrepertoire"* beschreiben, stellten auch sie schon 2004 fest, dass Aktienoptionspläne in den Unternehmen in diesem Zeitraum auf den Prüfstand gestellt wurden, *von Rosen/Leven* in: Harrer, Mitarbeiterbeteiligung, Rn. 59. Ausführlich zur kritischen Auseinandersetzung mit Aktienoptionsprogrammen *Fuchs* in: MüKo, AktG, Bd. 4, § 192, Rn. 68 ff.; vgl. ferner *Scholz* in: Münch. HdB Gesellschaftsrechts, Bd. 4, § 64, Rn. 101; *Rieckers* in: Spindler/Stilz, AktG, Bd. 2, § 192, Rn. 45 ff.; *Lutter*, ZIP 2003, 737, 742; *Frankfurter Allgemeine Zeitung* 2006, Nr. 48, S. 55; *Frankfurter Allgemeine Zeitung* 2006, Nr. 239, S. C7.

16 *Fuchs* in: MüKo, AktG, Bd. 4, § 192, Rn. 69 f. mit umfangreichen weiteren Nennungen; hierbei ist zu berücksichtigen, dass sich Teile der Kritik der Literatur und Praxis zu Aktienoptionsprogrammen auch auf virtuelle Aktienoptionsprogramme übertragen lassen, vgl. ausführlich zu den bestehenden Bedenken Kapitel 1, Abschnitt B.II.

17 Vgl. *Frankfurter Allgemeine Zeitung* 2005, Nr. 145, S. 57 mit Verweis auf eine Studie von PricewaterhouseCoopers, die einen deutlichen Anstieg der Einführung von virtuellen Aktienoptionsprogrammen unter gleichzeitiger Abnahme klassischer Aktienoptionsprogramme zeigt; *Elser/Wagner* in: Heidel, Aktienrecht, § 192, Rn. 20; *Fleischer*, NZG 2009, 801, 803; *Thüsing*, AG 2009, 517, 521; *DAV-Handelsrechtsausschuss*, NZG 2009, 612, 615; *Mertens/Cahn* in: Kölner Kommentar zum AktG, Bd. 2/1, § 87, Rn. 79, die die Verbreitung der virtuellen Aktienoptionsprogramme vor allem auf den nicht erforderlichen Hauptversammlungsbeschluss zurückführen, vgl. hierzu jedoch Kapitel 4.

der Vorstände der Dax-Unternehmen für das Geschäftsjahr 2015, die überwiegend aktienkursbasierte virtuelle Aktienoptionsprogramme in die Vergütungspakete aufgenommen haben.[18]

**Abbildung 1:** Aktienkursbasierte Vergütung der Vorstandsmitglieder der Dax-Unternehmen (Geschäftsjahr 2015)[19]

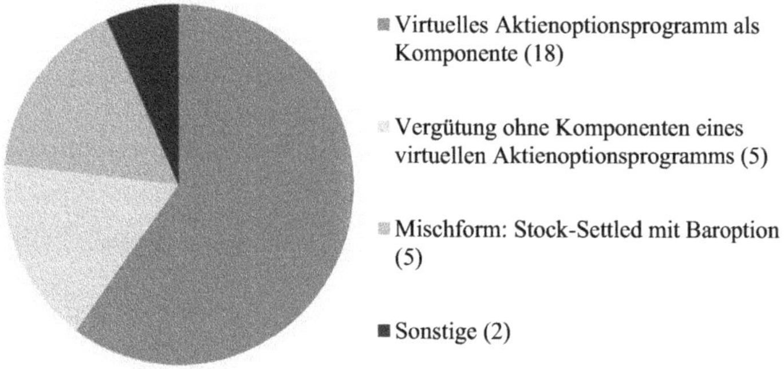


18 Dabei ist zu berücksichtigen, dass von den zwölf Dax-Unternehmen, die nicht (rein) virtuelle Aktienoptionsprogramme als Teil ihrer Vorstandsvergütung vorsahen, vier Unternehmen im Geschäftsjahr 2015 virtuelle Aktienoptionsprogramme zwar nicht an den Vorstand, jedoch an sonstige Führungskräfte (vgl. *Deutsche Telekom AG*, Geschäftsbericht 2015, S. 225; *Henkel AG & Co. KGaA*, Geschäftsbericht 2015, S. 173 f.; *Munic Re AG*, Geschäftsbericht 2015, S. 284) oder den Aufsichtsrat (vgl. *Deutsche Bank AG*, Geschäftsbericht 2015, S. 246) ausgegeben haben. Die Beiersdorf AG hat ferner ein virtuelles Aktienoptionsprogramm an den Vorstand ausgegeben, welches sich an sonstigen Unternehmenswertparametern und nicht am Aktienkurs orientierte (vgl. *Beiersdorf AG*, Geschäftsbericht 2015, S. 13). Derartige Programme werden klassischerweise von nichtbörsennotierten Gesellschaften ausgegeben und knüpfen an den Unternehmenswert, EBITDA oder ähnliche Unternehmenswertkomponenten an, vgl. *Kessler/Suchan* in: Kessler/Sauter, Rn. 780 f.

19 Nicht berücksichtigt wurden Vergütungsprogramme, die vor 2015 aufgesetzt wurden und 2015 noch nachwirken, sondern nur Vergütungsbestandteile beachtet, die für das Geschäftsjahr 2015 ausgegeben wurden. Sofern hierbei andere Rechtsformen als Aktiengesellschaften (etwa KGaA) vorlagen, wurden die für die jeweilige Führungsebene entsprechenden Vergütungsmodelle zugrunde gelegt. Quellen: Analyse der jeweiligen Vergütungsberichte für die Vorstandsvergütung des Geschäftsjahrs 2015, siehe Anhang.

Vor dem Hintergrund dieser Entwicklung will diese Arbeit die Lücke zwischen der vorhandenen theoretischen Auseinandersetzung und der zunehmenden praktischen Bedeutung virtueller Aktienoptionsprogramme schließen. Insbesondere fehlt es bisher an einer umfassenden wissenschaftlichen Darstellung virtueller Aktienoptionsprogramme börsennotierter Aktiengesellschaften. Der Schwerpunkt dieser Abhandlung liegt auf den vielfältigen schuldrechtlichen Ausgestaltungen und deren Auswirkung auf aktienrechtliche Streitfragen. Wiederkehrende Frage ist dabei, ob eine schuldrechtliche Anlehnung an klassische Aktienoptionsprogramme und Genussrechte auch zu einer Anwendung der entsprechenden gesetzlichen Regelungen führt.[20] Insbesondere in der bisherigen wissenschaftlichen Diskussion zur Übertragung der Regelungen zu klassischen Aktienoptionsprogrammen auf ihr virtuelles Gegenstück werden vielfach pauschale Einschätzungen vorgenommen, die der schuldrechtlichen Ausgestaltungsvielfalt nicht immer gerecht werden. Ein Anliegen dieses Beitrags ist daher, aktienrechtliche Probleme zu virtuellen Aktienoptionsprogrammen differenzierter zu betrachten, um den verschiedenartigen Ausgestaltungsvarianten gerecht zu werden.

Zudem soll die Arbeit die Notwendigkeit aufzeigen, dass sich der Gesetzgeber intensiver mit virtuellen Aktienoptionsprogrammen zu befassen hat. Vielfach droht die Grenze zwischen klassischen und virtuellen Aktienoptionsprogrammen zu verschwimmen. Diese Konturenlosigkeit geht einher mit einer Verunsicherung der Praxis, die angesichts der gewachsenen Bedeutung virtueller Aktienoptionsprogramme adressiert werden sollte.

Fortlaufend wird auf eine Auswertung der Vergütungsberichte der Dax-Vorstände zurückgegriffen, die im Rahmen dieser Arbeit durchgeführt wurde. Grundlage für die Auswertung bilden die von den Dax-Gesellschaften veröffentlichten Jahresabschlüsse für das Geschäftsjahr 2015 und insbesondere die in diesen enthaltenen Vergütungsberichte zur Vorstandsvergütung. Die Auswertung wurde durch das Gesetz zur Offenlegung der Vorstandsvergütung vom 3. August 2005 (VorstOG) ermöglicht.[21] Es bewirkte eine Erweiterung der

20 Immer wieder dient die wirtschaftliche Ähnlichkeit zwischen virtuellen und klassischen Aktienoptionsprogrammen als Argument, die Regelungen zu Letzteren auf Erstere zu übertragen; so etwa *Hambloch-Gesinn/Gesinn* in: Hölters, AktG, § 113, Rn. 21, die bei der Frage, ob auch die Gewährung virtueller Aktienoptionsprogramme an Aufsichtsratsmitglieder gesperrt sein soll, von „*Placebos*" spricht. Vgl. näher zu der Problematik der Vergabe an Aufsichtsratsmitglieder Kapitel 5.

21 Gesetz zur Offenlegung der Vorstandsvergütung vom 3. August 2005 (BGBl. I S. 2267), in Kraft getreten am 11. August 2005.

Offenlegungspflichten der Vorstandsvergütung börsennotierter Aktiengesellschaften und erlaubt, die Kernkomponenten der Programme (etwa den Wert der zugteilten virtuellen Anteile oder Obergrenzen der Vergütung) vergleichen zu können.[22] Nicht zuletzt soll diese Abhandlung somit auch ein Abbild der Ausgestaltungen der Dax-Unternehmen wiedergeben und anhand beispielhafter Musterformulierungen virtuelle Aktienoptionsprogramme plastisch darstellen.[23]

Diese Arbeit verfolgt nicht den Anspruch, sämtliche zu virtuellen Aktienoptionsprogrammen bestehenden aktienrechtlichen Problematiken zu beleuchten. Vielmehr soll anhand der zentralen Streitpunkte für eine Neubefassung der Literatur, Rechtsprechung und des Gesetzgebers mit dem Thema der virtuellen Aktienoptionsprogramme geworben werden. Übergreifendes Ziel ist, dass vermehrt ein Augenmerk auf individuelle Programmkomponenten und die Unterscheidung zwischen klassischen und virtuellen Programmen gelegt wird.

## B. Gang der Darstellung

Die Untersuchung gliedert sich in fünf Kapitel. Um die verschiedenen Ausgestaltungsformen einordnen zu können, widmet sich das erste Kapitel zunächst den Begriffsbestimmungen der Theorie und Praxis zu virtuellen Aktienoptionsprogrammen. Es soll ein besonderes Augenmerk auf der irreführenden Verwendung englischer Begrifflichkeiten liegen. Ebenfalls im ersten Kapitel sollen die verschiedenen Motive bzw. Vor- und Nachteile der Aufsetzung virtueller Aktienoptionsprogramme dargestellt werden. Bei den Vor- und Nachteilen virtueller Aktienoptionsprogramme soll besonders auf schuldrechtliche Reaktionsmöglichkeiten im Rahmen einer konkreten Ausgestaltung der Programme eingegangen werden. Durch die mannigfaltigen Begrifflichkeiten und verschiedenartigen Motivationslagen wird erstmals die Vielfalt der Ausgestaltungsvarianten aufgezeigt.

Die konkrete Bedeutung dieser Vielfalt für die Praxis und die kautelarjuristische Umsetzung wird im zweiten Kapitel ausgeführt. Anhand der zentralen Klauseln eines virtuellen Aktienoptionsprogramms werden verschiedene Ausgestaltungsmöglichkeiten dargestellt. Insbesondere werden der Wert virtueller Aktienoptionen, Ausübungsbedingungen, Obergrenzen der Vergütung und

---

22 Vgl. *Spindler*, NZG 2005, 689, 690; *ders.* in: MüKo, AktG, Bd. 2, § 87, Rn. 228 f.; *Böcking/Groß* in: Ebenroth/Boujong/Joost/Strohn, HGB, Bd. 1, § 285, Rn. 13. Auch das Gesetz zur Angemessenheit der Vorstandsvergütung (VorstAG) vom 31. Juli 2009 (BGBl. I S. 2509) hat zu einer Verbesserung der Transparenz der Vorstandsvergütung beigetragen, vgl. *Fleischer*, NZG 2009, 801, 805 f.

23 Vgl. hierzu insbesondere Kapitel 2.

Verfallklauseln beleuchtet. Neben die rechtliche Bewertung dieser zentralen Klauseln tritt die Auswertung der Vergütungsberichte der Dax-Vorstände, die auch als Fundament für Musterklauseln dient, um beispielhaft Ausgestaltungsmöglichkeiten aufzuzeigen. Diese beiden ersten Kapitel bilden die Grundlage für das in den folgenden Kapiteln vorgetragene Bestreben, virtuelle Aktienoptionsprogramme differenzierter zu betrachten.

Die folgende Analyse aktienrechtlicher Problemstellungen umfasst in Kapitel drei bis fünf die Einbeziehung der Hauptversammlung, die Übertragung von Wartezeiten zu klassischen Aktienoptionsprogrammen und die Gewährung virtueller Aktienoptionsprogramme an Aufsichtsratsmitglieder. Ausgangspunkt der eigenen Einordnung dieser Fragestellungen ist dabei immer, wie sich schuldrechtliche Ausgestaltungsformen auf eine Übertragung aktienrechtlicher Normen auswirken und ob eine Andersbehandlung des virtuellen gegenüber einem klassischen Aktienoptionsprogramm bzw. eines Genussrechts geboten erscheint.

Im Rahmen der Beteiligung der Hauptversammlung bei der Vergabe virtueller Aktienoptionen wird in Kapitel drei zunächst der breit gefächerte Meinungsstand dargestellt. Den Schwerpunkt bildet die Einordnung virtueller Aktienoptionen als Genussrechte im Sinne des § 221 AktG. Die Analyse des Meinungsstandes schließt mit dem Versuch einer Neuordnung der Hauptversammlungszuständigkeit basierend auf einer Unterscheidung zwischen verschiedenen schuldrechtlichen Leistungskomponenten und den Begünstigten (Vorstand / sonstige Mitarbeiter) virtueller Aktienoptionsprogramme.

Kapitel vier nimmt die für klassische Aktienoptionsprogramme normierte vierjährige Wartezeit des § 193 Abs. 2 Nr. 4 AktG in den Blick. Die historische Verschärfung des § 193 Abs. 2 Nr. 4 AktG sowie der Schutzzweck der Norm werden rechtlich erörtert. Basierend auf diesen Ausführungen wird eine Übertragung auf virtuelle Aktienoptionsprogramme besprochen, die zu einer Reduzierung der Ausgestaltungsfreiheit führen würde. Das Augenmerk liegt dabei insbesondere auf der Frage, ob der Gesetzgeber den Willen gezeigt hat, klassische und virtuelle Aktienoptionsprogramme identischen Regelungen zu unterwerfen.

Abschließend befasst sich das fünfte und letzte Kapitel mit der Gewährung virtueller Aktienoptionsprogramme an Aufsichtsratsmitglieder. Nach einer Darstellung der derzeitigen Gesetzeslage zu aktienkursbasierter Aufsichtsratsvergütung wird eine Übertragung des Verbots der Gewährung klassischer Aktienoptionsprogramme an Aufsichtsratsmitglieder auf virtuelle Aktienoptionsprogramme diskutiert. Insbesondere wird beleuchtet, inwiefern in der Gesetzesbegründung die Grenze zwischen klassischen und virtuellen Aktienoptionsprogrammen zu verschwimmen droht. Den verschiedenen Meinungen der Literatur werden schuldrechtliche Ausgestaltungen entgegengehalten. Ferner wird die Intention des Gesetzgebers hinterfragt, sich generell gegen eine aktienkursbasierte Vergütung von Aufsichtsratsmitgliedern auszusprechen und im Ergebnis virtuelle Aufsichtsrats-Aktienoptionsprogramme gleich den klassischen einem Verbot zu unterwerfen.

Im Rahmen einer Schlussbetrachtung werden die gewonnenen Erkenntnisse für Praxis und Theorie abschließend erörtert.

# 1. Kapitel: Begrifflichkeiten und Motive virtueller Aktienoptionsprogramme

## A. Begriffsbestimmung

Virtuelle Aktienoptionsprogramme haben ihren Ursprung in den Vereinigten Staaten von Amerika.[24] Entsprechend werden überwiegend englische Termini verwendet, um die einzelnen Ausgestaltungen zu beschreiben. Einer breiten und grundsätzlichen Definition nach weisen virtuelle Mitarbeiterbeteiligungsprogramme die folgenden drei Komponenten auf: (1) einen schuldrechtlich begründeten Zahlungsanspruch mit (2) Fälligkeit nach mehrjähriger Laufzeit, um (3) eine tatsächliche Beteiligung am Unternehmen nachzubilden und somit den Empfänger am Erfolg des Unternehmens zu beteiligen.[25] Virtuelle Mitarbeiterbeteiligungsprogramme börsennotierter Aktiengesellschaften bilden in der Regel Aktien und Aktienoptionen schuldrechtlich nach, was im deutschen Sprachgebrauch oft durch den Zusatz „virtuell" ausgedrückt wird.[26] Die schuldrechtliche Nachbildung erfolgt dergestalt, dass der Mitarbeiter wirtschaftlich über eine Barzahlung so gestellt wird, als ob er tatsächlich Inhaber einer Aktie (hier spricht man von *Phantom Stocks*) oder Teilhaber eines Aktienoptionsprogramms (hier spricht man von *Stock Appreciation Rights*) ist.[27] Die mit der schuldrechtlichen Ausgestaltung einhergehende Flexibilität und Vielfalt verschiedenster Formen und Untergruppen der virtuellen Aktienoptionsprogramme macht eine genaue Definition schwierig. Auch liegt eine Überschneidung zu reinen Bonuszahlungen, die sich am Unternehmenserfolg orientieren, vor.[28]

---

24 Vgl. *Feddersen*, ZHR 161 (1997), 269, 285.

25 Vgl. *Holzborn* in: Marsch-Barner/Schäfer, Rn. 54.11, 54.44; *Kutsch* in: MAH Aktienrecht, § 32, Rn. 190; *Mertens/Cahn* in: Kölner Kommentar zum AktG, Bd. 2/1, § 87, Rn. 79.

26 So etwa *Spindler* in: MüKo, AktG, Bd. 2, § 87, Rn. 112; *Rieckers* in: Spindler/Stilz, AktG, Bd. 2, § 192, Rn. 57. Vgl. ferner die Praxis der Dax-Unternehmen unter Abschnitt A.IV. dieses Kapitels.

27 Vgl. zunächst überblicksartig, sogleich hierzu ausführlich *Holzborn* in: Marsch-Barner/Schäfer, Rn. 54.11; *Suchan/Baumunk* in: Kessler/Sauter, Rn. 680 f., 777; *Kuthe/Zipperle* in: Szesny/Kuthe, 12. Kap. Rn. 19.

28 Vgl. *Janssen/Riehle in*: Drinhausen/Eckstein, Handbuch der AG, § 24, Rn. 64.

## I. Grundlegende Ausgestaltungen

### *1. Stock Appreciation Rights*

*Stock Appreciation Rights* bilden ein Aktienoptionsprogramm schuldrechtlich nach, indem sie dem Mitarbeiter eine Barauszahlung am Laufzeitende des Programms, angelehnt an die Differenz zwischen dem Aktienkurs des Unternehmens im Zeitpunkt der Ausgabe (Ausgabezeitpunkt) und der Ausübung (Ausübungszeitpunkt), gewähren.[29] Sie werden daher auch als Wertsteigerungsrechte bezeichnet, da sie den Mitarbeiter für die Steigerung des Aktienkurses innerhalb des festgesetzten Zeitraums belohnen.[30] Die Auszahlung kann anstatt einer reinen Anknüpfung an den Aktienkurs mit Zielerreichungskomponenten wie dem Erreichen bestimmter Börsenkurssteigerungen, Unternehmenszielen oder der Wertentwicklung eines Index verbunden werden.[31] Im Unterschied zu klassischen Aktienoptionsprogrammen wird dem Begünstigten hier neben der Gewährung dieser finanziellen Vorteile weder während noch nach der Laufzeit des Programms eine mitgliedschaftliche Stellung eingeräumt.[32]

Beispielhaft kann ein *Stock Appreciation Right*-Programm wie folgt zusammengefasst werden:

> Das Unternehmen X entscheidet zum 1. Januar 2018 ein Mitarbeiterbeteiligungsprogramm mit einer Laufzeit von vier Jahren und 1.000 *Stock Appreciation Rights* für Mitarbeiter A aufzulegen. Ausgabezeitpunkt ist der 1. Januar 2018, Ausübungszeitpunkt der 1. Januar 2022. In diesem Zeitraum steigt der Aktienkurs von 25 Euro auf 40 Euro, es

---

29 Vgl. *Kort* in: Großkommentar AktG, 5. Auflage, Bd. 4/1, § 87, Rn. 247; *Spindler* in: MüKo, AktG, Bd. 2, § 87, Rn. 112; *Rieckers* in: Spindler/Stilz, AktG, Bd. 2, § 192, Rn. 57; *Holzborn* in: Marsch-Barner/Schäfer, Rn. 54.11; *Kuthe/Zipperle* in: Szesny/Kuthe, 12. Kap. Rn. 21; *Reufels* in: Hümmerich/Reufels, § 3, Rn. 446; *Kutsch* in: MAH Aktienrecht, § 32, Rn. 190; *Janssen/Riehle in*: Drinhausen/Eckstein, Handbuch der AG, § 24, Rn. 62; *Suchan/Baumunk* in: Kessler/Sauter, Rn. 681; *Feddersen*, ZHR 161 (1997), 269, 285; *Reufels* in: Hümmerich/Reufels, § 3, Rn. 446; *Hoffmann-Becking*, NZG 1999, 797, 801. *Wohlfarth/Brause* nennen *Stock Appreciation Rights „nackte Optionsscheine auf eigene Aktien mit Kursdifferenzausgleich"*, *Wohlfarth/Brause*, WM 1997, 397.

30 Vgl. *Rieckers* in: Spindler/Stilz, AktG, Bd. 2, § 192, Rn. 57; *Portner* in: Harrer, Mitarbeiterbeteiligung, Rn. 276.

31 Vgl. *Lüpkes,* Zulässigkeit und Zweckmäßigkeit aktienkursorientierter Vergütung von Mitgliedern des Aufsichtsrats, S. 61 f.; *Feddersen*, ZHR 161 (1997) 269, 285 f.; *Spindler* in: Spindler/Stilz, AktG, Bd. 1, § 113, Rn. 53.

32 Vgl. *Suchan/Baumunk* in: Kessler/Sauter, Rn. 680; *Rieckers* in: Spindler/Stilz, AktG, Bd. 2, § 192, Rn. 57; *Holzborn* in: Marsch-Barner/Schäfer, Rn. 54.12; *Fuchs* in: MüKo, AktG, Bd. 4, § 192, Rn. 85.

erfolgt eine jährliche Dividendenzahlung von 2 Euro pro Aktie. Auch das Unternehmen Y legt ein derartiges Programm mit 1.000 *Stock Appreciation Rights* für Mitarbeiter B auf, jedoch fällt der Aktienkurs im gesamten Zeitraum um 10 Euro von 25 Euro auf 15 Euro. Lediglich 2021 wurde eine Dividende in Höhe von 2 Euro pro Aktie ausgeschüttet. Mitarbeiter A hat demnach mit Ausübung am 1. Januar 2022 einen Barzahlungsanspruch in Höhe von 15.000 Euro. Mitarbeiter B erhält demgegenüber wegen des fehlenden Anstiegs des Aktienkurses zum Ausübungszeitpunkt keine Zahlung.

## 2. *Phantom Stocks*

*Phantom Stocks* bilden schuldrechtlich die Inhaberschaft einer Aktie nach und werden daher im deutschen Raum teilweise auch als virtuelle Aktie bezeichnet.[33] Bei der Ausgabe durch börsennotierte Unternehmen orientieren sich die Programme in der Regel an dem realen Aktienkurs des Unternehmens.[34] Wie bei *Stock Appreciation Rights* wird durch *Phantom Stocks* keine mitgliedschaftliche Stellung des Begünstigten begründet.[35] Die Grenzen zwischen beiden Ausgestaltungsformen sind mitunter fließend, sodass auch *Phantom Stock*-Programme als Differenzzahlung zwischen Ausgabekurs und aktuellem Kurspreis im Ausübungszeitpunkt definiert werden.[36] Der Unterschied zu *Stock Appreciation Rights* besteht dann lediglich in der Gewährung einer Dividendenzahlung und/ oder von Bezugsrechtswerten.[37] Die Dividendenzahlung erfolgt entweder am

---

33 Vgl. *Rieckers* in: Spindler/Stilz, AktG, Bd. 2, § 192, Rn. 57; *Spindler* in: MüKo, AktG, Bd. 2, § 87, Rn. 112; *Holzborn* in: Marsch-Barner/Schäfer, Rn. 54.11; *Kuthe/Zipperle* in: Szesny/Kuthe, 12. Kap. Rn. 20; *Feddersen*, ZHR 161 (1997), 269, 285; *Reufels* in: Hümmerich/Reufels, § 3, Rn. 447; *Hexel* in: MAH Arbeitsrecht, § 20, Rn. 101; *Kutsch* in: MAH Aktienrecht, § 32, Rn. 190; *Kort* in: Großkommentar AktG, 5. Auflage, Bd. 4/1, § 87, Rn. 247; *Janssen/Riehle in*: Drinhausen/Eckstein, Handbuch der AG, § 24, Rn. 64. Laut *Roschmann/Erwe* werden neben den Begriffen virtuelle Aktie und *Phantom Stocks* ferner die Begriffe *blind stock* oder *shadow stock* benutzt, *Roschmann/ Erwe* in: Harrer, Mitarbeiterbeteiligung, Rn. 141.

34 Vgl. *Rieckers* in: Spindler/Stilz, AktG, Bd. 2, § 192, Rn. 57. Das virtuelle Mitarbeiterbeteiligungsprogramm der Beiersdorf AG ist ein Beispiel für ein Vergütungsprogramm einer börsennotierten Aktiengesellschaft, welches sich nicht am Aktienkurs, sondern nach dem Umsatz und EBIT orientiert, vgl. *Beiersdorf AG*, Geschäftsbericht 2015, S. 13.

35 Vgl. *Hexel* in: MAH Arbeitsrecht, § 20, Rn. 101; *Fuchs* in: MüKo, AktG, Bd. 4, § 192, Rn. 85; *Ihrig/Schäfer*, Rechte und Pflichten des Vorstands, § 12, Rn. 198.

36 Vgl. *Holzborn* in: Marsch-Barner/Schäfer, Rn. 54.11; *Rieckers* in: Spindler/Stilz, AktG, Bd. 2, § 192, Rn. 57; *Hexel* in: MAH Arbeitsrecht, § 20, Rn. 101.

37 Vgl. *Mertens/Cahn* in: Kölner Kommentar zum AktG, Bd. 2/1, § 87, Rn. 79; *Rieckers* in: Spindler/Stilz, AktG, Bd. 2, § 192, Rn. 57; *Spindler* in: MüKo, AktG, Bd. 2, § 87, Rn. 112; *Holzborn* in: Marsch-Barner/Schäfer, Rn. 54.11; *Suchan/Baumunk* in: Kessler/

Ende der Laufzeit des virtuellen Aktienoptionsprogramms oder laufend, analog zu den Zahlungen an die Aktionäre.[38] Mehrheitlich wird jedoch angenommen, dass dem Begünstigten schon bei Zuwendung der *Phantom Stocks* ein *„unverfallbarer Wert“*[39] gewährt wird bzw. vom Mitarbeiter eine sich am Börsenkurs orientierende Zahlung zu leisten ist.[40] Es liegt dann eine wesentlich engere Nachbildung einer Aktie vor, da regelmäßig ein Investment von Nöten ist, dem Mitarbeiter im Gegenzug aber nicht eine bloße Kursdifferenz, sondern der volle Wert der Aktie ausgezahlt wird.[41] Entsprechend partizipiert der Mitarbeiter nicht nur an Kursanstiegen, sondern ist finanziell auch an einem fallenden Aktienkurs beteiligt, da er den ursprünglichen Wert oder sein Investment ganz oder teilweise verlieren kann.[42]

Für das im Rahmen der *Stock Appreciation Rights* gebildete Beispiel der Unternehmen X und Y zugunsten der Mitarbeiter A und B folgt somit beispielhaft für ein *Phantom Stock*-Programm:

Option 1 (Kursanstieg und Dividende): Mitarbeiter A und B werden zum 1. Januar 2018 jeweils 1.000 *Phantom Stocks* zugeteilt. Zusätzlich zu der Endzahlung von 15.000 Euro basierend auf der Wertsteigerung des Aktienkurses werden Mitarbeiter A jährlich 2.000 Euro an Dividenden gutgeschrieben. Somit ist er Inhaber eines Auszahlungsanspruchs in Höhe von insgesamt 21.000 Euro. Angesichts der Tatsache, dass der Aktienkurs von Unternehmen Y nicht gestiegen ist, hat Mitarbeiter B lediglich eine Dividendenzahlung für das Jahr 2021 in Höhe von 2.000 Euro erhalten.

Option 2 (voller Kurswert und Dividende): Mitarbeiter A und B verzichten zum 1. Januar 2018 auf einen Bar-Bonus in Höhe von jeweils 20.000 Euro, um diesen in

---

Sauter, Rn. 777; *Feddersen*, ZHR 161 (1997), 269, 285; *Reufels* in: Hümmerich/Reufels, § 3, Rn. 447; *Hexel* in: MAH Arbeitsrecht, § 20, Rn. 101; *Baums*, FS Claussen 1997, 3, 6; *Hoffmann-Becking*, NZG 1999, 797, 801.

38 Vgl. *von Bredow*, FB 1999, 232 sowie die Darstellung der Praxis der Dax-Unternehmen unter Abschnitt A.IV. dieses Kapitels.

39 *Lüpkes*, Zulässigkeit und Zweckmäßigkeit aktienkursorientierter Vergütung von Mitgliedern des Aufsichtsrats, S. 63.

40 Vgl. *Rieckers* in: Spindler/Stilz, AktG, Bd. 2, § 192, Rn. 57; *Spindler* in: MüKo, AktG, Bd. 2, § 87, Rn. 112; *Suchan/Baumunk* in: Kessler/Sauter, Rn. 779; *Kutsch* in: MAH Aktienrecht, § 32, Rn. 190; *Binz/Sorg*, BB 2002, 1273, 1275; *Kort* in: Großkommentar AktG, 5. Auflage, Bd. 4/1, § 87, Rn. 247.

41 Vgl. *Rieckers* in: Spindler/Stilz, AktG, Bd. 2, § 192, Rn. 57; *Holzborn* in: Marsch-Barner/Schäfer, Rn. 54.11; *Reufels* in: Hümmerich/Reufels, § 3, Rn. 447; *Kutsch* in: MAH Aktienrecht, § 32, Rn. 194;

42 Vgl. *Kort* in: Großkommentar AktG, 5. Auflage, Bd. 4/1, § 87, Rn. 247; *Spindler* in: MüKo, AktG, Bd. 2, § 87, Rn. 112; *Kutsch* in: MAH Aktienrecht, § 32, Rn. 190; *Reufels* in: Hümmerich/Reufels, § 3, Rn. 447; *Binz/Sorg*, BB 2002, 1273, 1275.

*Phantom Stocks* umzutauschen. Hierfür wird als Anreiz ein Abschlag von 5 Euro pro Aktie gewährt, so dass sie je 1.000 *Phantom Stocks* erhalten. Zum Ablauf des Programms werden seine 1.000 *Phantom Stocks* zusätzlich zu den Dividendenzahlungen mit einer Zahlung von 40.000 Euro entsprechend dem Gegenwert der Aktie vergütet. Der Mitarbeiter A hat somit insgesamt – gegenüber dem initial eingesetzten Bonus von 20.000 Euro – 28.000 Euro an Gewinn durch Partizipation an dem *Phantom Stock*-Programm erzielt. Mitarbeiter B werden neben der Dividendenzahlung in Höhe von 2.000 Euro 15.000 Euro für seine 1.000 *Phantom Stocks* überwiesen, eine Zahlung, die dem Aktienkurs des Unternehmens Y im Ausübungszeitpunkt am 1. Januar 2016 entspricht. Er hat somit – im Vergleich zu seinem initial eingesetzten Bonus von 20.000 Euro – 3.000 Euro Verlust gemacht.

## II. Sonstige Ausgestaltungen

Neben diesen klassischen Ausgestaltungsformen virtueller Mitarbeiterbeteiligungsprogramme gibt es weitere Untergruppen sowie Kombinationen mit klassischen Aktienoptionsprogrammen.

*Performance Shares* stellen einen in der Praxis weit verbreiteten Sonderfall der *Stock Appreciation Rights* oder *Phantom Stocks* dar.[43] Neben der reinen Anlehnung an den Aktienkurs wird das Programm hierbei mit Zielerreichungskomponenten verbunden, deren Erfüllung Auswirkungen auf die Ausübungsmöglichkeit des Programms oder die Anzahl der zugeteilten Einheiten des virtuellen Aktienoptionsprogramms haben kann.[44]

Bei *Stock-Settled Stock Appreciation Rights* erfolgt am Ende des Programms eine Zuteilung realer Aktien an den Mitarbeiter.[45] Die Anzahl der zugeteilten Aktien richtet sich nach dem Anstieg des Aktienkurses während der Laufzeit des Programms.[46] Im Gegensatz zu klassischen Aktienoptionsprogrammen ist daher eine Zahlung für die Ausübung der Aktienoption nicht erforderlich. Diese „*Stock-Settled*"-Komponente kann auch als Option in ein *Stock Appreciation Right*-Programm aufgenommen werden.[47] Der Begünstigte hat dann die Wahl

43 Vgl. die Praxis der Dax-Unternehmen unter Abschnitt A.IV. dieses Kapitels.

44 Vgl. *Thüsing* in: Fleischer, Vorstandsrecht, § 6, Rn. 60.

45 Vgl. *Janssen/Riehle in*: Drinhausen/Eckstein, Handbuch der AG, § 24, Rn. 70.

46 Vgl. von *Bredow*, FB 1999, 232, der ein *Stock-Settled Stock Appreciation Right*-Programm beschreibt, ohne es als solches zu bezeichnen.

47 Vgl. *Ihrig/Schäfer*, Rechte und Pflichten des Vorstands, § 12, Rn. 198, die jedoch von einem *Stock Appreciation Right*-Programm sprechen. Angesichts der weit verbreiteten Annahme, dass *Stock Appreciation Rights* lediglich zu einer Barzahlung führen (vgl. insofern die Nachweise im Rahmen der Definition von *Stock Appreciation Rights* unter Abschnitt A.I.1 dieses Kapitels) ist der Zusatz „*Stock-Settled*" ratsam.

zwischen einer Barzahlung und/oder der Zuteilung einer dem Wert der Barzahlung entsprechenden Anzahl von Aktien.[48] Die Barkomponente soll es den Mitarbeitern erleichtern Steuerzahlungen, die durch die Gewährung der Aktien anfallen, zu begleichen oder einen Aktienerwerb zu finanzieren.[49] Hierbei wird teilweise auch der Begriff der *Tandem Stock Appreciation Rights* verwendet.[50] Die Praxis der Dax-Unternehmen kennt jedoch eher den umgekehrten Fall, der nicht dem Begünstigten, sondern dem Aufsichtsrat oder dem Unternehmen das Recht eingeräumt, anstelle der Lieferung von Aktien eine Barzahlung an das Vorstandsmitglied oder den Mitarbeiter zu leisten.[51]

## III. Definition im Sinne dieser Arbeit

Auf Grund der schuldrechtlichen Ausgestaltung sind die Unterscheidungen zwischen den oben beschriebenen einzelnen Ausgestaltungen teilweise marginal.[52] Trotz dieser Unterschiede stellen sich in dieser Arbeit dieselben Fragen, nämlich inwiefern die aktienrechtlichen Regelungen auf das schuldrechtliche Vertragskonstrukt der Nachbildung einer Aktie oder einer Aktienoption übertragbar sind. In dieser Arbeit sollen die oben dargestellten Mitarbeiterbeteiligungsprogramme unter dem Begriff der virtuellen Aktienoptionsprogramme zusammengefasst werden.[53] Unter diesen Begriff sollen solche Mitarbeiterbeteiligungsmodelle von börsennotierten Aktiengesellschaften subsumiert werden, die unter Anlehnung an den Aktienkurs und ggf. der Gewährung weiterer Rechte, wie etwa der Zahlung einer Dividende, der Beteiligung am Liquidationserlös

---

48 Vgl. *Ihrig/Schäfer*, Rechte und Pflichten des Vorstands, § 12, Rn. 198.

49 Vgl. *Janssen/Riehle in*: Drinhausen/Eckstein, Handbuch der AG, § 24, Rn. 70; *Lüpkes*, Zulässigkeit und Zweckmäßigkeit aktienkursorientierter Vergütung von Mitgliedern des Aufsichtsrats, S. 63.

50 Vgl. *Roß/Baumunk* in: Kessler/Sauter, Rn. 202 ff., die sich auch eingehend mit den bilanzrechtlichen Problemen auseinandersetzen, wenn das Wahlrecht dem ausgebenden Unternehmen zusteht.

51 So etwa die folgenden Vorstandsvergütungen: *BMW AG*, Geschäftsbericht 2015, S. 189; *Infineon AG*, Geschäftsbericht 2015, S. 188; *Linde AG*, Geschäftsbericht 2015, S. 24 f.; *ProSiebenSat1 Media SE*, Geschäftsbericht 2015, S. 58, 295 f.; *Siemens AG*, Geschäftsbericht 2015, S. 45.

52 Vgl. ferner *Herzig*, DB 1999, 1.

53 Diesen Oberbegriff verwenden unter anderem auch *Rieckers* in: Spindler/Stilz, AktG, Bd. 2, § 192, Rn. 57; *Scholz* in: Münch. HdB Gesellschaftsrechts, Bd. 4, § 64, Rn. 133; *Kuthe/Zipperle* in: Szesny/Kuthe, 12. Kap. Rn. 22 f.; *Kutsch* in: MAH Aktienrecht, § 32, Rn. 190; *Fuchs* in: MüKo, AktG, Bd. 4, § 192, Rn. 85.

oder der Gewährung von Bezugsrechten, den Mitarbeiter am Erfolg des Unternehmens beteiligen, ohne dass der Mitarbeiter gleichzeitig bei Zuteilung oder in Zukunft Aktionär wird.

Sofern eine Unterscheidung zwischen verschiedenen Arten der virtuellen Aktienoptionsprogramme erforderlich ist, wird der Begriff *Phantom Stock* für Programme verwendet, welche an den Wert der Aktie im Ausübungszeitpunkt anknüpfen und unter Umständen auch eine Dividendenzahlungskomponente enthalten. *Stock Appreciation Rights* sollen demgegenüber Programme sein, die an die Differenz des Aktienkursanstiegs zwischen Ausgabe und Ausübung angelehnt sind. Beide Programme sind mit zusätzlichen Rechten, wie zum Beispiel der Beteiligung am Liquidationserlös oder der Gewährung von Bezugsrechten, kombinierbar. Sofern die Gewährung derartiger zusätzlicher Rechte von Relevanz ist, wird hierauf gesondert hingewiesen.

Die Mischformen der *Stock-Settled Stock Appreciation Rights* bzw. *Stock-Settled Phantom Stocks* und *Tandem Stock Appreciation Rights* überschneiden sich wesentlich mit Aktienoptionsprogrammen und werden daher in dieser Arbeit nicht behandelt, da die für rein virtuelle Aktienoptionsprogramme aufzustellenden Grundsätze nicht übertragbar sind.

## IV. Spiegelung der Begrifflichkeiten in der Praxis

Analysiert man die Geschäftsberichte der Dax-Unternehmen und die darin dargestellten Vorstandsvergütungskomponenten für das Geschäftsjahr 2015, so fällt auf, dass die Praxis nur teilweise den dargestellten Begriffsbestimmungen der Rechtswissenschaft folgt. Die Begrifflichkeiten der virtuellen Aktienoptionsprogramme der Dax-Unternehmen wurden dabei nach den oben aufgestellten Definitionsgrundsätzen den Kategorien der *Phantom Stocks*, also Programmen, die als Vergütungselement den vollen Aktienkurswert auszahlen, und *Stock Appreciation Rights*, also Programmen, die als Wertseigerungsrechte die Differenz des Aktienkursanstiegs vergüten, zugeordnet.

**Abbildung 2:** Bezeichnungen virtueller Aktienoptionsprogramme durch Dax-Unternehmen (Geschäftsjahr 2015)[54]

| Kategorie | Bezeichnung[55] | Dax-Unternehmen |
|---|---|---|
| *Phantom Stock* | *Phantom Stock* | Fresenius SE & CO. KGaA, Fresenius Medical Care AG & Co. KGaA |
| | Virtuelle Aktie | Bayer AG, Commerzbank AG, Continental AG, Deutsche Börse AG, E.ON SE, Thyssen Krupp AG, Volkswagen AG |
| | *Restricted Stock Unit / Restricted Share Unit* | Allianz, SAP |
| | *Performance Shares / Performance Share Unit / Performance Phantom Share* | Daimler AG, HeidelbergCement AG, RWE AG, Vonovia SE |
| | *Share Unit* | Merck KGaA |
| *Stock Appreciation Right* | *Stock Appreciation Right* | Deutsche Post AG |
| | Virtuelle Option | BASF SE |

Auffallend ist, dass die in der Literatur gängig verwendeten englischen Begrifflichkeiten der *Phantom Stocks* und *Stock Appreciation Rights* in der Praxis der Dax-Unternehmen geringere Anwendung finden.[56] Vielmehr scheint

54 Nicht berücksichtigt wurden Vergütungsprogramme, die vor 2015 aufgesetzt wurden und 2015 noch nachwirken. Quellen: Analyse der jeweiligen Geschäftsberichte des Geschäftsjahrs 2015 der in der Einleitung unter Abschnitt A aufgezählten 18 Unternehmen, die virtuelle Aktienoptionsprogramme als Teil ihrer Vorstandsvergütung ausgeben; Nachweise siehe Anhang.

55 Oft beschreiben die Geschäftsberichte den englischen Begriff, ähnlich wie die Literatur, einleitend als *„virtuelle Aktie"*. Im Folgenden wird dann jedoch nur noch der englische Begriff verwendet. Unter der Bezeichnung virtuelle Aktie sind daher nur diejenigen Unternehmen aufgeführt, die ausschließlich diesen Begriff für das aufgesetzte Programm und somit nicht deskriptiv verwenden. So etwa *Allianz SE*, Geschäftsbericht 2015, S. 51; *HeidelbergCement AG*, Geschäftsbericht 2015, S. 150 f.; *Merck KGaA*, Geschäftsbericht 2015, S. 150 f.; *Vonovia SE*, Geschäftsbericht 2015, S. 128 f.

56 Neben der Fresenius SE & Co. KGaA, der Fresenius Medical Care AG & Co. KGaA und der Deutschen Post AG kann hierzu allenfalls noch das Programm der Daimler AG gezählt werden, welches allerdings mit dem Zusatz *„Performance"* versehen wurde.

sich insbesondere für *Phantom Stocks* der deutsche Begriff der virtuellen Aktie, der teilweise auch in der Literatur[57] als beschreibende Formulierung verwendet wird, durchgesetzt zu haben. Unter dem Begriff der virtuellen Aktie bzw. des *Phantom Stocks* versammeln sich Programme mit breiter Ausgestaltungsvariation, die eint, dass jeweils die Auszahlung des Gegenwerts der Aktie zentraler Bestandteil der Barzahlung am Ende des Programms ist. Eine Auszahlung, die sich an eine Differenzberechnung nebst Dividendenkomponente anlehnt, kennt die Praxis der Dax-Unternehmen dagegen nicht.[58]

Als zweite große Formulierungsgruppe der *Phantom Stocks* wird der Begriff der *Performance Shares* bzw. *Units*, also einer Leistungsaktie, verwendet. Sämtliche Programme, die mit dem Zusatz *Performance* versehen werden, verbindet, dass die gewährte Anzahl der *Phantom Stocks*[59] oder die Auszahlung des Aktienwerts[60] unter die Bedingung bestimmter Zielerreichungskomponenten bzw. Leistungsvorgaben, gestellt wird.[61] Anders als bei reinen *Phantom Stock*-Programmen, bei denen die Anknüpfung an den Aktienwert bedeutet, dass, mit Ausnahme eines Aktienkurses von null Euro, immer eine Auszahlung erfolgt, erfordert die Auszahlung des Aktienwerts eines *Performance Shares* das Erreichen gewisser Leistungsvorgaben. Jedoch weisen auch die als *Phantom Stock* bzw. virtuelle Aktie bezeichneten Programmen der DAX-Unternehmen in großer Anzahl entsprechende Leistungskomponenten auf, so dass es sich bei den *Performance Shares* nicht um eine gänzlich eigene Untergruppe handelt.[62]

Auffallend sind die Begrifflichkeiten in den Vergütungsprogrammen der Allianz SE und der SAP AG.[63] Unter einem *Restricted Stock* oder *Restricted Share Plan* wird für gewöhnlich ein Mitarbeiterbeteiligungsprogramm verstanden, welches dem Mitarbeiter Aktien sowie die damit einhergehende mitgliedschaftliche

---

57 So etwa *Spindler* in: MüKo, AktG, Bd. 2, § 87, Rn. 112; *Rieckers* in: Spindler/Stilz, AktG, Bd. 2, § 192, Rn. 57.

58 So aber etwa *Holzborn* in: Marsch-Barner/Schäfer, Rn. 54.11; *Rieckers* in: Spindler/Stilz, AktG, Bd. 2, § 192, Rn. 57; *Hexel* in: MAH Arbeitsrecht, § 20, Rn. 101

59 So *HeidelbergCement AG*, Geschäftsbericht 2015, S. 150 f.; *Vonovia SE*, Geschäftsbericht 2015, S. 128 f.; *Daimler AG*, Geschäftsbericht 2015, S. 125 f.

60 So *RWE AG*, Geschäftsbericht 2015, S. 72.

61 Freilich tauchen derartige Zielvereinbarungskomponenten teilweise auch in virtuellen Aktienoptionsprogrammen auf, die unter dem Titel der virtuellen Aktie ausgegeben werden, so etwa im Programm der Deutschen Börse, vgl. *Deutschen Börse*, Geschäftsbericht 2015, S. 121, oder unter dem Titel *Stock Appreciation Rights*, so etwa im Programm der Deutschen Post, vgl. *Deutsche Post*, Geschäftsbericht 2015, S. 116 f.

62 Vgl. hierzu die Ausführungen in Kapitel 2, Abschnitt B.I.2.b).

63 Vgl. *Allianz SE*, Geschäftsbericht 2015, S. 51; *SAP SE*, Geschäftsbericht 2015, S. 26 f.

Stellung und Dividenden zuteilt, ihn jedoch mit einer Vielzahl an Beschränkungen (auch bezeichnet als *„goldene Handschelle“*[64]) an einer Weiterveräußerung hindert.[65] Im Rahmen virtueller Aktienoptionsprogramme soll aber gerade keine mitgliedschaftliche Stellung gewährt werden. Mutmaßlich erfolgt die Bezeichnung als *Restricted Stock Unit* im Rahmen des Programms der Allianz SE wegen der dort geregelten Verfallbestimmungen bei freiwilligem Ausscheiden aus dem Unternehmen oder Kündigung aus wichtigem Grund.[66] Für die SAP AG könnte die Bezeichnung *Restricted Share Unit* aus dem Umstand folgen, dass abhängig von einer jeweiligen Zielerreichung die Anzahl der ursprünglich gewährten *Phantom Stocks* verringert werden kann, also eine Leistungskomponente aufweist.[67] Derartige Verfallbestimmungen sind auch bei *Phantom Stocks* und *Stock Appreciation Rights* üblich und stellen daher kein Alleinstellungsmerkmal von *Restricted Phantom Stocks.*[68]

Die Analyse der Begrifflichkeiten der Dax-Unternehmen bestätigt die in dieser Arbeit zugrunde gelegte Unterscheidung zwischen *Phantom Stocks* (bzw. virtuellen Aktien) als Programme, die am Ende der Laufzeit den vollen Aktienwert auskehren, und *Stock Appreciation Rights* (bzw. virtuellen Optionen) als Aktienkurswertsteigerungsansprüche über eine Differenzberechnung. Zudem wird deutlich, dass eine reine Orientierung an den Begrifflichkeiten keine abschließende Einordnung des Vergütungsprogramms zulässt, etwa ob ein Programm eine Leistungskomponente aufweist oder nicht. In der Tendenz führt die Übernahme der englischen Begrifflichkeiten eher zu Abgrenzungsschwierigkeiten.[69] Dies zeigt insbesondere die Verwendung der Begrifflichkeiten *Restricted Stock* oder *Restricted Share Plan*, die eine Umschreibung von Programmkomponenten darstellen sollen, dabei aber mit grundsätzlich andersartigen US-amerikanischen Vergütungsmodellen verwechselt werden können.[70] Zusammenfassend

---

64 *Kessler/Strnad* in: Kessler/Sauter, Rn. 402, dort Fn. 568.

65 Vgl. *Kessler/Babel* in: Kessler/Sauter, Rn. 95; *Hüffer/Koch*, AktG, § 87, Rn. 20.

66 Vgl. *Allianz SE*, Geschäftsbericht 2015, S. 51.

67 Vgl. *SAP SE*, Geschäftsbericht 2015, S. 27.

68 Vgl. hierzu ausführlich die Ausführungen unter Kapitel 2.

69 Vgl. *Berger*, FS Maier-Reimer 2010, 17 ff., der anhand von Beispielen die mit einer *„Anglisierung des Wirtschaftsrechts“* einhergehenden Sorgfaltspflichten aufzeigt. Vgl. ferner *Thüsing* in: Fleischer, Vorstandsrecht, § 6, Rn. 60, der feststellt, dass im Rahmen von virtuellen Aktienoptionsprogrammen die Übernahme der angloamerikanischen Begrifflichkeiten nicht einheitlich erfolgt.

70 So auch *Berger*, FS Maier-Reimer 2010, 17, 27, der anmerkt, dass die Verwendung angloamerikanischer Terminologie häufig nur ein *„Schlagwort“* darstellt oder *„ein Geschäfts- oder Finanzierungskonzept“* umschreibt.

zeigt sich, dass – losgelöst von den jeweiligen Begrifflichkeiten – die Ausgestaltung jedes einzelnen Programms zu analysieren ist, um eine Verwechslung etwa mit klassischen *Restricted Stock Plans*, die eine Gewährung von Aktien und somit einer Aktionärsstellung vorsehen, zu vermeiden. Gleichzeitig ist die breite Fächerung von Begrifflichkeiten auch ein Zeichen für die mannigfaltige schuldrechtliche Ausgestaltung virtueller Aktienoptionsprogramme.

## B. Motive virtueller Aktienoptionsprogramme

Die Motive, die für bzw. gegen die Einführung eines virtuellen Aktienoptionsprogramms sprechen, sind wichtige Anhaltspunkte für die konkrete Ausgestaltung der Programme und daher vor den vertraglichen Komponenten der Programme darzustellen. Viele der nachstehend genannten Motive und Bedenken decken sich mit denen von klassischen Aktienoptionsprogrammen, da Ziel beider Beteiligungsarten ist, Begünstigte erfolgsabhängig zu vergüten, sodass die Interessenlagen und Motivationen insofern vergleichbar sind.[71]

### I. Vorteile virtueller Aktienoptionsprogramme

Im Rahmen der Vorteile der Einführung eines virtuellen Aktienoptionsprogramms ist zwischen mitarbeiter- und unternehmensbezogenen Gründen zu unterscheiden.

#### *1. Mitarbeiterbezogene Vorteile*

##### *a) Mitarbeitermotivation und -identifikation mit dem Unternehmen*

Grundlegendes Motiv aller Mitarbeiterbeteiligungsmodelle ist es, eine Mitarbeiteridentifikation mit dem Arbeitgeber herzustellen, um hierdurch den Mitarbeiter langfristig zu motivieren, für sein Unternehmen die bestmögliche Arbeitsleistung zu erbringen.[72] Konkret bedeutet dies für virtuelle Aktienoptionsprogramme, dass der Mitarbeiter über eine Partizipation am Anstieg des Aktienkurses einem Aktionär gleichgestellt werden soll, ohne gleichzeitig Anteilsinhaber der Aktiengesellschaft zu werden.[73] Motivationseffekt ist somit,

---

71 Vgl. *von Rosen/Leven* in: Harrer, Mitarbeiterbeteiligung, Rn. 25; *Rombach*, MittRhNotK 2000, 313, 324.

72 Vgl. *Frey* in: Großkommentar AktG, 4. Auflage, Bd. 6, § 192, Rn. 94 mwN.; *Fuchs* in: MüKo, AktG, Bd. 4, § 192, Rn. 67; *Kuthe/Zipperle* in: Szesny/Kuthe, Kap. 12, Rn. 3; *Baeck/Diller*, DB 1998, 1405.

73 Für den vergleichbaren Fall der virtuellen Anteile an einer GmbH *Schiemzik*, NWB 2011, 798, 799. Zu den hieraus resultierenden Vorteilen siehe Abschnitt B.I.2.c) dieses Kapitels.

dass der Mitarbeiter über das Programm persönlich unmittelbar von einer Steigerung des Aktienkurses profitiert.[74] Dabei geht die Empirik teilweise davon aus, dass der Motivationseffekt umso höher ist, je eher der Begünstigte glaubt, durch seine Fähigkeiten und Arbeitsleistung tatsächlich Einfluss auf die Steigerung des Aktienkurses zu haben.[75]

### b) *Mitarbeiterbindung*

Die schuldrechtliche Ausgestaltung des virtuellen Aktienoptionsprogramms enthält - im Rahmen des arbeitsrechtlich Möglichen - in der Regel Wartezeiten und Verfallklauseln.[76] Scheidet der Begünstigte vor Ablauf der Wartezeit aus, so verfallen seine Ansprüche aus dem Programm teilweise oder vollständig.[77] Hierdurch wird sichergestellt, dass der Mitarbeiter einen finanziellen Anreiz hat, über den gesamten Zeitraum des virtuellen Aktienoptionsprogramms im Unternehmen zu verbleiben.[78] Wartezeiten und Verfallklauseln werden dabei durch Regelungen flankiert, die die Übertragungsmöglichkeit des Programms verhindern, um einem Wegfall der Motivations- und Bindungseffekte durch Verkauf vorzubeugen.[79] Neben der Bindung von *Key Employees* kann in einer

---

74 Vgl. für die vergleichbare Wirkung bei klassischen Aktienoptionen *Roschmann/Erwe* in: Harrer, Mitarbeiterbeteiligung, Rn. 161; *Franken*, Aktienoptionen, S. 11 f. Allerdings ist im Rahmen der virtuellen Aktienoptionsprogramme im Vergleich zu Aktienoptionsprogrammen die längerfristige Identifikationsfunktion wegen der fehlenden Aktionärsstellung mitunter geringer ausgeprägt als bei einem tatsächlichen Aktienbesitz, vgl. *Holzborn* in: Marsch-Barner/Schäfer, Rn. 54.12; *Reufels* in: Hümmerich/Reufels, § 3, Rn. 446.

75 Vgl. *Bonner/Sprinkle*, Accounting, Organizations and Society 27 (2002), 303, 313 f., 337; vgl. ferner *Frey* in: Großkommentar AktG, 4. Auflage, Bd. 6, § 192, Rn. 94.

76 Vgl. zu Wartezeiten die Ausführungen in Kapitel 4 und zu Verfallklauseln die Ausführungen in Kapitel 2, Abschnitt B.IV.

77 Vgl. für virtuelle Aktienoptionsprogramme *Suchan/Baumung* in: Kessler/Sauter, Rn. 681, 683; für virtuelle Anteilsprogramme einer GmbH *Schiemzik*, NWB 2011, 798, 799; für Aktienoptionsprogramme *Kutsch* in: MAH Aktienrecht, § 32, Rn. 110; *Legerlotz/Laber*, DStR 1999, 1658, 1664 f.; *Baeck/Diller*, DB 1998, 1405, 1407 f.; *Rombach*, MittRhNotK 2000, 313, 328; *Friedrichsen*, Aktienoptionsprogramme für Führungskräfte, S. 39 f.; *Staake*, NJOZ 2010, 2494.

78 Vgl. zur vergleichbaren Lage bei Aktienoptionen *Legerlotz/Laber*, DStR 1999, 1658, 1664; *Joest*, Aktienbasierte Entgeltgestaltung, S. 227 f.; *Kutsch* in: MAH Aktienrecht, § 32, Rn. 5; *Mohr/Bihn* in: Kessler/Sauter, Rn. 937.

79 Vgl. für Aktienoptionsprogramme *Legerlotz/Laber*, DStR 1999, 1658, 1663 f.; *Baeck/Diller*, DB 1998, 1405, 1407; *Rombach*, MittRhNotK 2000, 313, 328; *Friedrichsen*, Aktienoptionsprogramme für Führungskräfte, S. 40.

Krisensituation einem Mitarbeiterschwund, insbesondere auf der Führungsebene, durch Setzung zukünftiger finanzieller Anreize begegnet werden.[80]

### c) *Recruiting*

Das Angebot einer am Erfolg des Unternehmens orientierten Vergütung hat im Wettbewerb um Fachkräfte auf dem Arbeitsmarkt eine wichtige Anreizwirkung und wird von Bewerbern eingefordert.[81] Dies gilt umso mehr, wenn lediglich geringe Grundgehälter gezahlt werden. So können etwa junge oder sanierungsbedürftige Unternehmen, die über geringes Kapital verfügen, regelmäßig kein attraktives und dem Wettbewerb angemessenes Grundgehalt bieten.[82] Diesem Vorteil entsprechend wurden die ersten klassischen Aktienoptionsprogramme in den 1960er Jahren in den Vereinigten Staaten von Amerika von jungen Unternehmen aufgesetzt, um als attraktiverer Arbeitgeber auf dem Arbeitsmarkt agieren zu können.[83] Ganz wesentlicher Unterschied der virtuellen Aktienoptionsprogramme gegenüber den klassischen Aktienoptionsprogrammen ist jedoch das Erfordernis einer Barzahlung bei positiver Aktienkursentwicklung am Ende der Laufzeit des Programms, welche gegenüber der Begleichung durch Aktien zu einem erheblichen Liquiditätsabfluss führen kann.[84] Dies mindert die Attraktivität virtueller Aktienoptionsprogramme für finanzschwache Unternehmen, sofern es sich nicht um lediglich vorübergehende finanzielle Probleme handelt.[85]

---

80 Vgl. *Kutsch/Kersting*, BB 2011, 373, 374.

81 Vgl. für eine erfolgsbasierte Vergütung *Janssen/Riehle in*: Drinhausen/Eckstein, Handbuch der AG, § 24, Rn. 5; vgl. für Aktienoptionsprogramme *Feddersen/Pohl*, AG 2001, 26; Jäger, DStR, 1999, 28; *Franken*, Aktienoptionen, S. 13; *Kuthe/Zipperle* in: Szesny/Kuthe, Kap. 12, Rn. 4; *Martens,* FS Ulmer 2003, 399; *Weiß*, Aktienoptionspläne für Führungskräfte, S. 103; *Sauter/Babel* in: Kessler/Sauter, Rn. 28; *Kohler*, ZHR 161 (1997), 246, 256.

82 Vgl. zum vergleichbaren Fall der Ausgabe von *Phantom Stocks* einer GmbH *Weitnauer/Dunkmann*, GWR 2013, 371. Zu vergleichbaren Rekrutierungswirkungen von Aktienoptionsprogrammen *Feddersen/Pohl*, AG 2001, 26; Jäger, DStR, 1999, 28; *Legerlotz/Laber*, DStR 1999, 1658; *Friedrichsen*, Aktienoptionsprogramme für Führungskräfte, S. 32; *Joest*, Aktienbasierte Entgeltgestaltung, S. 227; *Feddersen*, ZHR 161 (1997), 269, 273.

83 Vgl. Jäger, DStR 1999, 28.

84 Vgl. hierzu die Ausführungen unter Abschnitt B.II.1 dieses Kapitels.

85 Anders ist dies lediglich dann, wenn die virtuellen Aktienoptionsprogramme auf einen Unternehmensverkauf bezogen sind, was regelmäßig im Start-up-Bereich vorkommt.

### 2. *Unternehmensbezogene Vorteile*

#### a) *Shareholder-Value-Konzept und Entschärfung des Principal-Agent-Konflikts*

Das Shareholder-Value-Konzept verlangt, dass die Unternehmensführung eine kontinuierliche und nachhaltige Steigerung des Unternehmenswerts im Interesse der Aktionäre anstrebt und zum Kern der Geschäftsentscheidungen macht.[86] Ausschlaggebend ist dabei der Wettbewerb am internationalen Kapitalmarkt, auf dem ein Unternehmen für die Kapitalanleger umso attraktiver wird, je mehr es auf eine kontinuierliche Steigerung des Börsenkurses ausgerichtet ist.[87] Grundlegendes Problem ist, dass die Aktionäre primär an einer Unternehmenswertsteigerung interessiert und somit prinzipiell risikoaffin sind, während die Unternehmensführung grundsätzlich eher an ihrem Arbeitsplatz und den Arbeitsplätzen der Arbeitnehmer, dem Fortbestand des Unternehmens, an Kundenbeziehungen und erfolgreichem Wettbewerb mit Konkurrenten interessiert ist, mithin tendenziell risikoavers agiert.[88]

Neben das Shareholder-Value-Konzept treten die Theorien zum Principal-Agent-Konflikt.[89] Eine Principal-Agent-Beziehung ist dort einschlägig, wo ein Agent (hier: Vorstand bzw. Mitarbeiter in Führungsposition) für den Prinzipal (hier: die Aktionäre) eine Tätigkeit ausführt und dem Agenten insofern eine

---

Dann kommt es nur bei einem Unternehmensverkauf zu einer Auszahlung, der Begünstigte wird virtuell wie ein Gesellschafter behandelt. Aus den Einnahmen des Unternehmensverkaufs wird dann das virtuelle Aktienoptionsprogramm bedient, regelmäßig über eine Freistellung durch die Gesellschafter, vgl. etwa *Bank/Möllmann* in: Bank/Möllmann, VC in Germany, Teil 3, Rn. 422; *Weitnauer*, GWR 2017, 427, 431.

86 Eine umfassende Übersicht zum Shareholder-Value-Konzept unter dem besonderen Aspekt der Aktienoptionsprogramme findet sich bei *Klahold*, Aktienoptionen als Vergütungselement, S. 10 f.; *Friedrichsen*, Aktienoptionsprogramme für Führungskräfte, S. 16 ff.; *Joest*, Aktienbasierte Entgeltgestaltung, S. 224 ff. sowie *Englert/Scholich*, BB 1998, 684 ff. Grundlegend zum Shareholder-Value-Konzept *Busse von Colbe*, ZGR 1997, 271 ff.; *Ballwieser*, FS Moxter 1994, 1378, 1380 ff.; Sauter/*Babel* in: Kessler/Sauter, Rn. 3 ff.

87 Vgl. *Englert/Scholich*, BB 1998, 684, 685; *Kallmeyer*, AG 1999, 97 f.; *Friedrichsen*, Aktienoptionsprogramme für Führungskräfte, S. 19.

88 Vgl. *Friedrichsen*, Aktienoptionsprogramme für Führungskräfte, S. 22 f.; *Menichetti*, DB 1996, 1688; *Baums*, FS Claussen 1997, 3, 7; *Sauter/Babel* in: Kessler/Sauter, Rn. 3, 11. Vgl. ferner *Busse von Colbe*, ZGR 1997, 271, 272 mit Verweis auf die *Stakeholder*-Theorie.

89 Vgl. grundlegend zum Principal-Agent-Konflikt und zu den sog. *Agency Costs*: *Jensen/Meckling*, Journal of Financial Economics 3 (1976), 305 ff. Vgl. auch *Franken*,

Entscheidungskompetenz eingeräumt wird.[90] Es entstehen Informationsasymmetrien, da die Aktionäre in die Unternehmensführung im Vergleich zum Vorstand nur bedingt Einsicht nehmen können.[91] Da Überwachungs- und Kontrollmechanismen der Aktionäre in der Regel hohe Kosten verursachen (sog. *Agency Costs*),[92] ist es die Grundidee der Theorien zum Principal-Agent-Konflikt, diese Kosten durch anreizeffiziente (Vorstands-)Vergütung hinfällig zu machen, indem die Interessen des Prinzipals und des Agenten in Einklang gebracht werden.[93] Ergebnis, insbesondere auch der virtuellen Aktienoptionsprogramme, soll dabei sein, dass alle Beteiligten der gleichen Motivation folgen, nämlich den Gewinn und Erfolg des Unternehmens zu steigern, um hierdurch die Notwendigkeit von Überwachungs- und Kontrollmechanismen zu verringern.[94]

Unternehmenswertorientierte Vergütungssysteme, und damit auch virtuelle Aktienoptionsprogramme, werden auf Grund der Anlehnung an den Aktienkurs in diesem Zusammenhang als positives Signal für eine auf den *Shareholder Value* ausgerichtete und den Principal-Agent-Konflikt reduzierende Unternehmensführung gesehen.[95] Während bei nicht börsennotierten Aktiengesellschaften oder sonstigen Gesellschaftsformen eine Ergebniskomponente ermittelt werden muss, die eine Unternehmenswertsteigerung bestmöglich abbildet, ist der Aktienkurs für die Aktionäre ein unmittelbarer Indikator des Unternehmenswerts.[96] Der Kapitalmarkt fordert daher regelmäßig wegen der damit einhergehender Anreizsetzung

---

Aktienoptionen, S. 12; *Friedrichsen*, Aktienoptionsprogramme für Führungskräfte, S. 23; *Joest*, Aktienbasierte Entgeltgestaltung, S. 222 f.

90 Vgl. *Jensen/Meckling*, Journal of Financial Economics 3 (1976), 305, 308.

91 Vgl. *Joest*, Aktienbasierte Entgeltgestaltung, S. 222 f.; *Menichetti*, DB 1996, 1688 f.

92 Vgl. *Jensen/Meckling*, Journal of Financial Economics 3 (1976), 305, 308 ff.

93 Vgl. *Thüsing* in: Fleischer, Vorstandsrecht, § 6, Rn. 50, 58; *Feddersen/Pohl*, AG 2001, 26 mit Verweis auf die Einladung der Softline AG zur außerordentlichen Hauptversammlung 1999 im BAnz. Nr. 168 vom 8. September 1999, S. 15470; *Kuthe/Zipperle* in: Szesny/Kuthe, Kap. 12, Rn. 2; *Baums*, FS Claussen 1997, 3, 7; *Klasen*, AG 2006, 24 f.

94 Vgl. *Feddersen/Pohl*, AG 2001, 26, 28; *Janssen/Riehle in*: Drinhausen/Eckstein, Handbuch der AG, § 24, Rn. 5.

95 Vgl. *Fuchs* in: MüKo AktG, Bd. 4, § 192, Rn. 65; *von Rosen/Leven* in: Harrer, Mitarbeiterbeteiligung, Rn. 21, 25; *Feddersen/Pohl*, AG 2001, 26; *Janssen/Riehle in*: Drinhausen/Eckstein, Handbuch der AG, § 24, Rn. 5; *Martens*, FS Ulmer 2003, 399 f.; *Weber* in: Achleitner/Wollmert, Stock Options, S. 27; *Pellens/Crasselt/Rockholtz* in: Pellens, S. 13 f.

96 Vgl. *Sauter/Babel* in: Kessler/Sauter, Rn. 21 f.; *Weiß*, Aktienoptionspläne für Führungskräfte, S. 80 f.; *Pellens/Crasselt/Rockholtz* in: Pellens, S. 15. In der Tendenz kritisch, jedoch nicht bezogen auf die Unternehmenswertbildung zugunsten der Aktionäre: BGH, NJW 2004, 1109, 1110.

der Unternehmenswertsteigerung die Aufnahme einer aktienkursbasierten Vergütungskomponente in die Vorstandsvergütung.[97]

Dabei wird teilweise angenommen, dass virtuelle Aktienoptionsprogramme eine wesentlich bessere Annäherung an die Interessen der Aktionäre darstellen, da die Begünstigten von Aktienoptionsprogrammen, sobald ihnen die Aktien zugeteilt werden, risikoavers agieren könnten.[98] Pauschal kann dem nicht zugestimmt werden. Es müssen vielmehr die Überlegungen zu einer Unterscheidung zwischen Aktienoptionen und Aktienbesitz auf *Phantom Stocks* und *Stock Appreciation Rights* übertragen werden.[99] Sofern bei *Phantom Stocks* ein unverfallbarer Wert bereits bei Ausgabe ohne weitere Zielerreichungskomponente gewährt wird, handelt der Begünstigte wesentlich risikoaverser, als wenn er eine Zielsetzung erreichen muss oder lediglich an einer Wertsteigerung des Aktienkurses im Rahmen eines *Stock Appreciation Right*-Programms teilnimmt.[100] Denn in letzterem Fall erfolgt eine Barzahlung nur bei Anstieg des Aktienkurses, während bei *Phantom Stocks*, sofern sie bereits bei Ausgabe als unverfallbar gewährt wurden, der Barwert im Ausübungszeitpunkt auch bei negativer Kursentwicklung ausgezahlt wird. Andererseits ist der Empfänger von *Phantom Stocks* über die gesamte Laufzeit des Programms bestrebt, den Unternehmenswert zu steigern, auch wenn der Aktienkurs deutlich unterhalb des Ausgabekurses notiert (was bei den als Wertsteigerungsrechten zu klassifizierenden *Stock Appreciation Rights* mitunter nicht der Fall sein könnte). Für beide Arten der virtuellen Aktienoptionsprogramme gilt gegenüber klassischen Aktienoptionsprogrammen, dass die Begünstigten nach Ablauf des Programms keine Aktionäre werden, so dass eine zukünftige Risikoaversion auf Grund des Haltens von Aktien des Unternehmens nach dem Programmende jedenfalls nicht gegeben ist. Vielmehr beginnt mit einem neuen

---

97 Vgl. *Sauter/Babel* in: Kessler/Sauter, Rn. 2; *Janssen/Riehler in*: Drinhausen/Eckstein, Handbuch der AG, § 24, Rn. 5; *Friedrichsen*, Aktienoptionsprogramme für Führungskräfte, S. 19; *Feddersen/Pohl*, AG 2001, 26; *Kallmeyer*, AG 1999, 97; *Weiß*, Aktienoptionspläne für Führungskräfte, S. 105.

98 So im Ergebnis *von Bredow*, FB 1999, 232, 233. Ein weiterer Vorteil ist, dass statt der Anlehnung an den Aktienkurs auch eine Anlehnung an andere Leistungskennzahlen (etwa *Economic Value Added*) erfolgen kann, vgl. *Feddersen/Pohl*, AG 2001, 26, 28; *Sauter/Babel* in: Kessler/Sauter, Rn. 21 f. Der Aktienkurs ist jedoch der marktgefälligste Parameter der Unternehmenswertbestimmung, vgl. *Weiß*, Aktienoptionspläne für Führungskräfte, S. 80 f.; *Sauter/Babel* in: Kessler/Sauter, Rn. 22. Einzig für nicht börsennotierte Aktiengesellschaften ergibt ein Anknüpfen an sonstige Bemessungsparameter daher Sinn.

99 Vgl. zu diesen Überlegungen *Baums*, FS Claussen 1997, 3, 8 f.

100 Vgl. *Baums*, FS Claussen 1997, 3, 8 f.

Programmzyklus erneut die Aufforderung, den Aktienkurs zu steigern, um den maximalen Wert aus dem virtuellen Aktienoptionsprogramm ziehen zu können.

### *b) Formelle Gesichtspunkte*

Gegenüber klassischen Aktienoptionen lässt sich – etwa über eine Vertragsanpassung – flexibler auf Ereignisse, wie etwa eine Unternehmensübernahme oder eine Fusion, reagieren.[101] Denn nach verbreiteter Ansicht in der Literatur sind anders als bei Aktienoptionsplänen die §§ 71 ff. AktG und §§ 192 ff. AktG nicht anwendbar, ein Hauptversammlungsbeschluss ist folglich nicht notwendig und der administrative Aufwand einer Vertragsanpassung signifikant geringer.[102] Als Vorteil wird dabei insbesondere angesehen, dass die Programme zeitlich unabhängig von Hauptversammlungsterminen aufgesetzt und angepasst werden können und keinen Anfechtungsrisiken unterliegen.[103] Letzteres hat in

---

101 Vgl. *Kubis* in: Semler/Peltzer/Kubis, Vorstand HdB, § 3, Rn. 94. Gleichzeitig sind virtuelle Aktienoptionsprogramme auch nicht bloß auf börsennotierte Aktiengesellschaften beschränkt. Sie können vielmehr durch Anknüpfung an andere Parameter als einen Börsenkurs auch für GmbHs oder sogar Personengesellschaften aufgesetzt werden, vgl. *Kallmeyer*, AG 1999, 97, 98. Ein Beispiel einer Anpassungsmöglichkeit für einen Kontrollwechsel oder einen Fusionsfall findet sich etwa im virtuellen Aktienoptionsprogramm der RWE AG, *RWE AG*, Geschäftsbericht 2015, S. 126. Dort heißt es: „*Kommt es während der Wartezeit zu einem Wechsel der Unternehmenskontrolle, wird eine Entschädigungszahlung gewährt. Sie berechnet sich durch Multiplikation des im Zuge der Übernahme für die RWE Aktien gezahlten Preises mit der endgültigen noch nicht ausgeübten Anzahl der Performance Shares. Letztere wird den Planbedingungen entsprechend bezogen auf den Zeitpunkt der Abgabe des Übernahmeangebots ermittelt. Fusioniert die RWE AG mit einer anderen Gesellschaft, so verfallen die Performance Shares und es wird eine Entschädigungszahlung vorgenommen. Hierzu wird zunächst der Fair Value der Performance Shares zum Zeitpunkt der Fusion berechnet. Dieser Fair Value wird dann mit der pro rata gekürzten Anzahl der gewährten Performance Shares multipliziert. Der Kürzungsfaktor berechnet sich aus dem Verhältnis der Zeit von Laufzeitbeginn bis zur Fusion zur gesamten Laufzeit des Plans multipliziert mit dem Verhältnis der zum Zeitpunkt der Fusion noch nicht ausgeübten Performance Shares zu den zu Beginn der Laufzeit insgesamt gewährten Performance Shares.*“

102 Zur Fragestellung neben anderen *Mertens/Cahn* in: Kölner Kommentar zum AktG, Bd. 2/1, § 87, Rn. 79 f.; *Rieckers* in: Spindler/Stilz, AktG, Bd. 2, § 192, Rn. 57. Ausführlich hierzu Kapitel 3.

103 Vgl. *Martens*, FS Ulmer 2003, 399, 403; *Janssen/Riehler in*: Drinhausen/Eckstein, Handbuch der AG, § 24, Rn. 11.

der Praxis bereits dazu geführt, dass angefochtene Mitarbeiterbeteiligungsprogramme temporär durch virtuelle Aktienoptionsprogramme ersetzt wurden.[104]

Die Frage, ob ein Hauptversammlungsbeschluss erforderlich ist, wird in der Literatur jedoch nicht einheitlich beantwortet. Teilweise wird in Anlehnung an Genussrechte ein Hauptversammlungsbeschluss nach § 221 Abs. 3 iVm. Abs. 1 AktG verlangt. Die Frage, ob dieser formelle Vorteil tatsächlich für virtuelle Aktienoptionsprogramme greift, ist Teil dieser Dissertation und wird in Kapitel 4 behandelt. Unbestritten ist jedenfalls, dass Kosten für eine Aktienbeschaffung oder Aktienausgabe bei der Auflegung eines virtuellen Aktienoptionsprogramms gegenüber einem klassischen eingespart werden.[105]

Die BaFin hat zudem bisher in ihrem Emittentenleitfaden klargestellt, dass – entgegen gewissen Meinungen in der Literatur[106] – virtuelle Aktienoptionsprogramme nicht unter den Begriff der Finanzinstrumente im Sinne von § 12 WpHG subsumiert werden, da sie nicht den Finanzinstrumenten zuzurechnen sind.[107] Dies kann insbesondere für die oberste Führungsebene von großer Bedeutung sein, der kontinuierlich für den Aktienkurs relevante Informationen zur Kenntnis gebracht werden und die entsprechend mitunter auf Dauer an einem Verkauf der über ein Aktienoptionsprogramm erlangten Aktien gehindert sein kann.[108] Eine insiderrechtliche Problematik würde lediglich dann relevant, wenn die virtuellen Aktienoptionsprogramme selbst an der Börse gehandelt werden könnten.[109] Angesichts der erwünschten Effekte der Motivation und Bindung der begünstigten Mitarbeiter und der damit einhergehenden Veräußerungsbeschränkungen ist dies für virtuelle Aktienoptionsprogramme, die zugunsten von Mitarbeitern aufgesetzt werden, jedoch abwegig.

Unklar ist, inwiefern sich die europäische Marktmissbrauchsverordnung und die damit einhergehende Erweiterung des Begriffs des Finanzinstruments

104 Vgl. *von Bredow*, FB 1999, 232, 233 mit Verweis auf das angefochtene Wandelschuldverschreibungsmodell der DaimlerChrysler AG aus dem Jahr 1999.

105 Vgl. *Lüpkes*, Zulässigkeit und Zweckmäßigkeit aktienkursorientierter Vergütung von Mitgliedern des Aufsichtsrats, S. 87, der allerdings auch eingesteht, dass die Kosten der Ausgabe im Gesamtzusammenhang eine untergeordnete Rolle spielen.

106 Eine Übersicht dieser Literaturstimmen findet sich bei *Mertens/Cahn* in: Kölner Kommentar zum AktG, Bd. 2/1, § 87, Rn. 81, dort Fn. 373.

107 Vgl. *BaFin*, Emittentenleitfaden, S. 32; ferner *Mertens/Cahn* in: Kölner Kommentar zum AktG, Bd. 2/1, § 87, Rn. 80; *Kutsch* in: MAH Aktienrecht, § 32, Rn. 190; *Holzborn* in: Marsch-Barner/Schäfer, 3. Auflage, Rn. 54.62; *Klasen*, AG 2006, 24, 27 f.

108 Vgl. *Janssen/Riehle in*: Drinhausen/Eckstein, Handbuch der AG, § 24, Rn. 130.

109 Vgl. *Holzborn* in: Marsch-Barner/Schäfer, 3. Auflage, § 54.62.

auf diese Handhabung der BaFin auswirken wird.[110] Derzeit wird teilweise angenommen, dass die BaFin virtuelle Aktienoptionsprogramme weiterhin nicht unter den Begriff der meldepflichtigen Finanzinstrumente subsumieren wird.[111] Andere raten aus Vorsicht jedoch dazu, bis zu einer Klärung seitens der BaFin die Regelungen des Insiderrechts der MAR anzuwenden.[112] Bei einer Änderung dieser Aufsichtspraxis würde ein wesentlicher Vorteil der virtuellen Aktienoptionsprogramme entfallen. Jedenfalls im Hinblick auf *Directors' Dealings*-Mitteilungen nach Art. 19 MAR hat die BaFin klargestellt, dass virtuelle Aktienoptionsprogramme keine Meldepflichten auslösen.[113]

### *c) Gesellschaftsstruktur*

Während die arbeitnehmerbezogenen Effekte virtueller Aktienoptionsprogramme mit denen der Aktienoptionsprogramme größtenteils übereinstimmen, ist ein Vorteil der virtuellen gegenüber klassischen Aktienoptionen, dass Erstere die Anteilseignerstrukturen des ausgebenden Unternehmens nicht beeinflussen und es zu keinerlei Kapitalverwässerungseffekten der Aktien der bisherigen Aktionäre kommt.[114] Die normalerweise mit einer mitgliedschaftlichen Stellung einhergehenden und je nach Gesellschaftsform mitunter weitreichenden Informations-, Überwachungs- und Verwaltungsrechte werden im Falle der

---

110 Vgl. Art. 2 Abs. 1 lit. d der MAR; *Janssen/Riehle* in Drinhausen/Eckstein, Handbuch der AG, § 24, Rn. 129.

111 Vgl. *Harrer*, Going Public Magazin, Spezial Mitarbeiterbeteiligung 2016, 42, 43; *Kumpan*, AG 2016, 446, 451.

112 Vgl. *Schäfer* in: Marsch-Barner/Schäfer, Rn. 14.75; *Stenzel*, DStR 2017, 883, 885.

113 Vgl. *BaFin*, Art. 19 FAQ, 11/18, S. 7. Damit dürften auch die Gegenmeinungen von *Hitzer/Wasmann*, DB 2016, 1483, 1484 f. und *Söhner*, BB 2017, 259, 264 f. überholt sein.

114 Vgl. *Reufels* in: Hümmerich/Reufels, § 3, Rn. 446; *Lücke* in: Hümmerich, Arbeitsrecht, § 2, Rn. 340; *Hexel* in: MAH Arbeitsrecht, § 20, Rn. 101; *Kubis* in: Semler/Peltzer/Kubis, Vorstand HdB, § 3, Rn. 94; *Friedrichsen*, Aktienoptionsprogramme für Führungskräfte, S. 14; *Lüpkes*, Zulässigkeit und Zweckmäßigkeit aktienkursorientierter Vergütung von Mitgliedern des Aufsichtsrats, S. 62, 65; *von Bredow*, FB 1999, 232 f.; *Rieckers* in: Spindler/Stilz, AktG, Bd. 2, § 192, Rn. 57; *Kuthe/Zipperle* in: Szesny/Kuthe, Kap. 12, Rn. 22; *Holzborn* in: Marsch-Barner/Schäfer, Rn. 54.12; *Feddersen/Pohl*, AG 2001, 26, 28. Diesem Vorteil wird entgegengehalten, dass die Kosten der Bedienung des virtuellen Aktienoptionsprogramms zu einer Gewinnminderung führen und damit Auswirkungen auf den Aktienkurs haben können, vgl. *Friedrichsen*, Aktienoptionsprogramme für Führungskräfte, S. 119; vgl. ferner Abschnitt B.II.1 dieses Kapitels.

virtuellen Aktienoptionsprogramme nicht gewährt.[115] Zwar soll der Mitarbeiter ähnlich einem tatsächlichen Aktionär motiviert werden, den Unternehmensgewinn zu steigern, im Ergebnis jedoch kein Aktionär werden und auch keine mit einer derartigen Stellung einhergehenden Rechte erlangen.[116] Freilich ist dies vor allem bei kleineren Aktionärskreisen von Vorteil. Doch auch bei großen Aktiengesellschaften mit bereits breitem Aktionärsstamm kann der fehlende Eingriff in die Gesellschaftsstruktur von Vorteil sein. So kann es im Interesse bestimmter Aktionäre sein, Mehrheits- oder Minderheitsrechte nicht zu verlieren, die sie auf Grund der vorherigen Beteiligungsquote innehatten (sog. Rechtsverwässerung).[117] Dies gilt insbesondere für Familiengesellschaften, bei denen die Stimmrechtsquote durch die Ausgabe von Mitarbeiterbeteiligungsprogrammen nicht beeinträchtigt werden soll.[118]

### *d) Krisensituationen*

Ein virtuelles Aktienoptionsprogramm als Untergruppe der unternehmenswertorientierten Vergütungssysteme kann auch über eine Sanierungs- oder Krisenphase hinweghelfen.[119] Ein besonderer Effekt kann hier erreicht werden, wenn ein Teil des Gehalts in virtuelle Aktienoptionsprogramme umgewandelt und somit verzögert und nur bei positiver Unternehmensentwicklung ausgezahlt wird.[120]

---

115 Insbesondere für Unternehmen, die noch keinen Börsengang vollzogen haben, kann dies einen wichtigen Grund darstellen, virtuelle Aktienoptionsprogramme einer direkten Kapitalbeteiligung vorzuziehen. Denn ein kleiner Gesellschafterkreis ist bei kleinen Aktiengesellschaften, etwa Start-ups, besonders bedeutsam, um unter Zeitdruck einen Exit oder einen Börsengang vorantreiben zu können, ohne durch einen zu diversifizierten Gesellschafterkreis, etwa durch das strikte Einhalten von Ladefristen, beeinträchtigt zu werden. Freilich ist bei fehlendem Börsengang eine Anlehnung an den Aktienkurs nicht möglich, so dass andere Komponenten herangezogen werden müssen; vgl. für virtuelle Beteiligungsprogramme bei der GmbH *Schiemzik*, NWB 2011, 798, 801; *Nagel* in: Gosch/Schwedhelm/Spiegelberger, GmbH-Beratung, Mitarbeiterbeteiligung, Rn. 7.

116 Für virtuelle Beteiligungen an einer GmbH mit besonderem Verweis auf ein drohendes Streitpotential *Binz/Sorg*, GmbH & Co. KG, § 9, Rn. 92.

117 *Lüpkes*, Zulässigkeit und Zweckmäßigkeit aktienkursorientierter Vergütung von Mitgliedern des Aufsichtsrats, S. 88.

118 Vgl. *Martens*, FS Ulmer 2003, 399, 403; *Lüpkes*, Zulässigkeit und Zweckmäßigkeit aktienkursorientierter Vergütung von Mitgliedern des Aufsichtsrats, S. 62, 65; *Menichetti*, DB 1996, 1688, 1691.

119 Vgl. *Blunck*, BB 2015, 437, 441 f.; *Kutsch/Kersting*, BB 2011, 373 ff.

120 Vgl. *Blunck*, BB 2015, 437, 441 f.; *Kutsch/Kersting*, BB 2011, 373, 375.

Neben Liquiditätsersparnissen wird ein Anreiz für den Mitarbeiter begründet, kostengünstiger und qualitativ hochwertiger zu arbeiten, da die Barzahlung am Ende des virtuellen Aktienoptionsprogramms von einem Fortbestand des Unternehmens abhängt.[121] Dabei ist jedoch immer zu beachten, dass es am Ende der Laufzeit zu Liquiditätsabflüssen kommt, die bei erfolgreichem Verlauf des Programms erheblich sein können.[122] Handelt es sich um ein virtuelles Aktienoptionsprogramm, bei dem bereits vertraglich zugesprochene Arbeitslöhne in Einheiten eines virtuellen Aktienoptionsprogramms umgewandelt werden, so werden diese Liquiditätsabflüsse der Zukunft durch Liquiditätsersparnisse der Vergangenheit ausgeglichen.[123]

Die Praxis zeigt eine weitere interessante Möglichkeit, virtuelle Aktienoptionsprogramme in Krisensituationen einzusetzen. Im Rahmen der Ermittlungen gegen die Volkswagen AG auf Grund falscher Abgaswerte der Diesel-Kraftfahrzeuge wurde von den Arbeitnehmervertretern und dem Land Niedersachsen als Großaktionär ein Verzicht der Vorstände auf die für das Geschäftsjahr 2015 gezahlte variable Vergütung gefordert.[124] Die einschlägigen Zielerreichungskomponenten der variablen Vergütungskomponenten waren bereits erfüllt, weshalb sich der Vorstand schwer tat, einem derartigen Verzicht zuzustimmen.[125] Statt eines Verzichts wurden daher 30% der variablen Vergütung in *Phantom Stocks* umgetauscht. Zugleich wurde die volle Auszahlung des Gegenwerts der Aktien unter die Bedingung eines Anstiegs des Aktienkurses um 25% über einen Zeitraum von drei Jahren gestellt.[126] Das finanzielle Risiko für die Vorstände war dabei gering, da zum einen ein erneuter Anstieg des Aktienkurses zu erwarten und nach der Berechnung des Programms nur bei einem weiteren Absinken des Aktienkurses mit erheblichen finanziellen Einbußen zu rechnen war.[127] Indem

---

121 Vgl. *Kutsch/Kersting*, BB 2011, 373, 374. Gleichzeitig kann das Programm mit einem *Turnaround*-Bonus kombiniert werden, der bei Erreichen bestimmter Kennzahlen gezahlt wird, vgl. *Kutsch/Kersting*, BB 2011, 373, 375.

122 Vgl. hierzu insbesondere die unter Abschnitt B.II.1 dieses Kapitels zu einem Liquiditätsabfluss geäußerten Bedenken.

123 Vgl. *Blunck*, BB 2015, 437, 441 f.

124 Vgl. *Germis*, FAZ.net, 12. April 2016.

125 Vgl. *Lamparter*, Die Zeit, Nr. 17/2016.

126 Vgl. *Volkswagen AG*, Geschäftsbericht 2015, S. 68 f. Dabei wurde jedoch eine Obergrenze von 200% der jeweils eingetauschten Boni aufgenommen, so dass auch eine Vermehrung des Bonus denkbar ist. Dies hat wiederum zu vereinzelter Kritik geführt, vgl. etwa *Hapke*, NDR.de, 23. April 2016.

127 Vgl. insofern die Kritik von *Hapke*, NDR.de, 23. April 2016.

jedoch Teile der bereits verdienten Vergütung erneut in Bezug zu einer Unternehmenswertsteigerung gesetzt wurden, konnte der Vorstand in Zeiten negativer Berichterstattung ein positives Zeichen setzen, um *„das Vertrauen der Kunden zu festigen, die Belegschaft zu motivieren und Beschäftigung an allen Standorten zu sichern“*.[128] Gleichzeitig wurde hierdurch auch das Vertrauen des Vorstands an den Markt signalisiert, dass der Aktienkurs erneut steigen wird.[129]

## II. Bedenken gegen virtuelle Aktienoptionsprogramme

### *1. Liquiditätsabfluss der ausgebenden Gesellschaft*

Virtuelle Aktienoptionsprogramme führen – im Gegensatz zur Gewährung von Aktienoptionen oder Aktien – zu einem Liquiditätsabfluss und damit zu einer finanziellen Belastung der Gesellschaft.[130] Je erfolgreicher das Unternehmen ist, desto teurer wird die Bedienung der Ansprüche durch die Gesellschaft und umso höher ist der Liquiditätsabfluss.[131] Letztlich droht bei enormen Kursanstiegen die Gefahr einer Übervergütung.[132] Zwar erfolgen Liquiditätsabflüsse auch, wenn im Rahmen von klassischen Aktienoptionsprogrammen oder Aktiengewährungsprogrammen die Programme im Wege eines Aktienankaufs nach § 71 Abs. 1 Nr. 2 AktG bedient werden.[133] Dieser Weg ist jedoch eher unüblich, da hierdurch ein Spekulationsdruck entstehen kann und Kursverzerrungen drohen.[134]

---

128 Vgl. *Volkswagen AG*, Pressemitteilung vom 22. April 2016: Variable Vorstandsvergütung wird deutlich reduziert.

129 Allerdings wurde kritisiert, dass angesichts eines in diesem Zeitpunkt deutlichen Kurseinbruches nicht ein höheres Ziel als 25% gewählt wurde, vgl. *Hapke*, NDR.de, 23. April 2016.

130 Vgl. *Rieckers* in: Spindler/Stilz, AktG, Bd. 2, § 192, Rn. 57; *Mertens/Cahn* in: Kölner Kommentar zum AktG, Bd. 2/1, § 87, Rn. 80; *Holzborn* in: Marsch-Barner/Schäfer, Rn. 54.12; *Friedrichsen*, Aktienoptionsprogramme für Führungskräfte, S. 14, 31; *Franken*, Aktienoptionen, S. 13; *Lüpkes*, Zulässigkeit und Zweckmäßigkeit aktienkursorientierter Vergütung von Mitgliedern des Aufsichtsrats, S. 62; *Fuchs* in: MüKo, AktG, Bd. 4, § 192, Rn. 85. Der bei Start-ups im Rahmen von exitbezogenen virtuellen Programmen gewählte Weg, dass die Gründungsgesellschafter die Gesellschaft von den Ansprüchen aus dem virtuellen Programm freistellen (vgl. hierzu etwa *Weitnauer*, GWR 2017, 427, 431), ist bei virtuellen Aktienoptionsprogrammen, jedenfalls bei Börsennotierung, kein gangbarer Weg.

131 Vgl. *Friedrichsen*, Aktienoptionsprogramme für Führungskräfte, S. 14 f.

132 Vgl. *Fuchs* in: MüKo AktG, Bd. 4, § 192, Rn. 71.

133 Vgl. *Oechseler* in: MüKo, AktG, Bd. 1, § 71, Rn. 258.

134 Vgl. *Oechseler* in: MüKo, AktG, Bd. 1, § 71, Rn. 258.

Dieser Nachteil wird durch steuerliche Abzugsfähigkeit leicht abgeschwächt. Bei virtuellen Aktienoptionsprogrammen ist die Barzahlung anders als bei Eigenkapitalvergütungsplänen, wie klassischen Aktienoptionsprogrammen, als Personalaufwand und somit als steuermindernde Betriebsausgabe zu werten.[135] Während Aktienoptionsprogramme somit grundsätzlich lediglich eine Kapitalverwässerung der Aktionärsanteile bewirken, führen virtuelle Aktienoptionsprogramme zu einer mittelbaren Verwässerung der Vermögensrechte der Aktionäre.[136]

## 2. *Zweifel an der arbeitnehmerbezogenen Wirkung*

### a) *Effektive Mitarbeitermotivation*

Zunächst ist fraglich, inwiefern die oben beschriebenen Motivationseffekte im Rahmen von virtuellen Aktienoptionsprogrammen tatsächlich erreicht werden. Schließlich werden die Begünstigten nicht tatsächliche Anteilsinhaber des Unternehmens, sondern profitieren lediglich finanziell gleich einem Aktionär, weshalb ein wesentlich schwächerer Bindungsgrad an das Unternehmen erreicht wird.[137] Sinkt der Aktienkurs bzw. der für das virtuelle Aktienoptionsprogramm maßgebende Unternehmenswert unter den Ausgabepreis, wird das Programm für den Mitarbeiter zudem unter Umständen wertlos.[138] Insbesondere bei

---

135 Vgl. LG Bonn vom 20. Februar 2001, Az. 11 O 83/00, dort Rn. 70; *Reufels* in: Hümmerich/Reufels, § 3, Rn. 446; *Pirchegger*, Aktienkursabhängige Entlohnungssysteme und ihre Anreizwirkungen, S. 55; *Kutsch* in: MAH Aktienrecht, § 32, Rn. 193; *Mertens/Cahn* in: Kölner Kommentar zum AktG, Bd. 2/1, § 87, Rn. 80; *Kubis* in: Semler/Peltzer/Kubis, Vorstand HdB, § 3, Rn. 94; *Joest*, Aktienbasierte Entgeltgestaltung, S. 102; *Binz/Sorg*, BB 2002, 1273, 1276; *Herzig*, DB 1999, 1, 6.

136 Vgl. *Kutsch* in: MAH Aktienrecht, § 32, Rn. 190; *Pellens/Crasselt/Rockholtz* in: Pellens, S. 16.

137 Vgl. *Holzborn* in: Marsch-Barner/Schäfer, Rn. 54.12; *Reufels* in: Hümmerich/Reufels, § 3, Rn. 446; *Feddersen/Pohl*, AG 2001, 26, 28; dabei wird – allerdings im Rahmen von Private-Equity-Transaktionen und GmbH-Anteilen – teilweise auch ein fehlendes Investitionsrisiko bemängelt, da ein Eigeninvestment nicht erforderlich sei, vgl. *Bloß*, GmbHR 2016, 104, 105; die Auswertung der Praxis der Dax-Unternehmen wird jedoch zeigen, dass virtuelle Aktienoptionsprogramme sehr wohl mit einem Eigeninvestment kombinierbar sind, vgl. hierzu Kapitel 2, Abschnitt B.I.3.c). Auch an der Anreizwirkung von klassischen Aktienoptionsprogrammen gibt es Zweifel, vgl. *Fuchs* in: MüKo AktG, Bd. 4, § 192, Rn. 69 mwN.

138 Vgl. *Joest*, Aktienbasierte Entgeltgestaltung, S. 228.

Mitarbeitern, die nicht glauben, direkten Einfluss auf den Unternehmenswert zu haben, kann dies demotivierend wirken.[139]

Gleichzeitig sind die Programme als schuldrechtlicher Vertrag anders als echte Eigenkapitalinstrumente bloß schuldrechtlich und nicht dinglich gesichert.[140]

Im Rahmen von aktienkursorientierter Vergütung kann es ferner zu *Windfall Profits* und *Windfall Losses* kommen. Unter *Windfall Profits* versteht man Gewinne, die nicht auf die Leistung der Mitarbeiter bzw. der Geschäftsführung zurückzuführen sind, sondern durch Zufall oder äußere Umstände eintreten.[141] Als Gegenpart sind *Windfall Losses* denkbar, bei denen ein Kursverlust nicht der Arbeitsleistung der Geschäftsführung bzw. der Mitarbeiter zuzuschreiben ist.[142] *Windfall Profits* belohnen die Begünstigten des virtuellen Aktienoptionsprogramms somit ohne Grund, dennoch schmälert das Programm den Gewinn der Aktionäre. Hierbei wird insbesondere kritisiert, dass der Aktienkurs kein hinreichender Indikator für die Leistung der konkreten Führungsebene sei.[143] *Windfall Losses* können dagegen zu Frustration und Motivationsproblemen führen, da die Begünstigten ggf. gänzlich auf eine Barauszahlung verzichten müssen, weil der Unternehmenswert trotz guter Arbeit während der gesamten Laufzeit des Programms auf Grund externer Umstände kurz vor dem Ausübungszeitpunkt gesunken ist.

### *b) Fehlende Wertsteigerung*

Der Abgleich der Interessen zwischen den Gesellschaftern und dem Mitarbeiter, der den Effekt der Mitarbeitermotivation mit sich bringen soll, wird nur erreicht, wenn eine Wertsteigerung des Unternehmenswerts erfolgt und der Mitarbeiter eine realistische Chance auf eine Auszahlung am Ende der Laufzeit hat.[144] Zudem wird die Wechselwirkung zwischen der Einführung einer aktienkursbasierten Vergütung und einem Anstieg des Aktienkurses teilweise in Zweifel gezogen.[145] So wird etwa angenommen, dass die Auswirkungen der Arbeitskraft

---

139 Vgl. *Joest*, Aktienbasierte Entgeltgestaltung, S. 230.

140 Vgl. *Feddersen/Pohl*, AG 2001, 26, 28.

141 Vgl. *Fuchs* in: MüKo AktG, Bd. 4, § 192, Rn. 72; *Roschmann/Erwe* in: Harrer, Mitarbeiterbeteiligung, Rn. 164; *Thüsing* in: Fleischer, Vorstandsrecht, § 6, Rn. 58.

142 *Fuchs* in: MüKo AktG, Bd. 4, § 192, Rn. 72.

143 Vgl. *Kohler*, ZHR 161 (1997), 246, 258; *Hüffer*, ZHR 161 (1997), 214, 219, 235; *Spindler* in: MüKo, AktG, Bd. 4, § 87, Rn. 101; *Greenbury* Report, Rn. 6.28, 6.39.

144 Vgl. *Joest*, Aktienbasierte Entgeltgestaltung, S. 227.

145 Vgl. jeweils mit ausführlichen weiteren Verweisen *Klahold*, Aktienoptionen als Vergütungselement, S. 23 f.; *Adams*, FS Weizsäcker 2003, 295, 329.

auf den Aktienkurs umso schwächer werden, je mehr der Aktienkurs ansteigt.[146] Dies unterstreicht den begrenzten Effekt, den die Arbeitskraft des Einzelnen auf die Wertentwicklung des Aktienkurses hat.

### c) *Egoistische Motive*

Empirische Studien führen teilweise zu dem Ergebnis, dass Führungskräfte die Auflegung von aktienkursorientierter Vergütung gerade dann anstreben, wenn sie auf Grund von Informationsvorteilen eine positive Entwicklung erwarten.[147] Diese Mitarbeiterbeteiligungsprogramme würden dann nicht zur Steigerung des Unternehmenswerts motivieren, sondern die Führungskräfte lediglich an einer bereits antizipierten Unternehmenswertsteigerung beteiligen. Dem kann mit gewissen Abstrichen jedoch entgegengehalten werden, dass die Einführung von aktienkursorientierter Vergütung am Kapitalmarkt als Indikator für zu erwartende Aktienkurssteigerungen angesehen wird und sich folglich auch positiv im Sinne der Aktionäre auf den Aktienkurs auswirken kann.[148] Dennoch entstehen auch hierdurch Aktienkursanstiege, die nicht ursächlich auf einer Arbeitsleistung der Führungsebene beruhen.[149]

Neben positiven Anreizen, den Aktienkurs zu steigern, steigt durch aktienkursorientierte Vergütung auch die Manipulationsgefahr der künstlichen Beeinflussung des Aktienkurses, da die Führungskräfte von einer derartigen Manipulation direkt monetär profitieren.[150] Das Management könnte auch bestrebt sein, Dividendenzahlungen möglichst gering zu halten, da niedrige Ausschüttungen als Folge der höheren Thesaurierung in der Regel eine positive Wirkung auf den Börsenkurs haben.[151] Dies ist insbesondere für solche Aktionäre nachteilig, die Aktien langfristig halten möchten und folglich neben einem (langfristigen) Kursanstieg auch höhere Dividendenzahlungen erwarten.

146 Vgl. *Thüsing*, ZGR 2003, 457, 496; *ders.*, AG 2009, 517, 522; *Spindler* in: MüKo, AktG, Bd. 4, § 87, Rn. 103.

147 Ein Überblick und eine Einführung in diese Studien finden sich bei *Joest*, Aktienbasierte Entgeltgestaltung, S. 223 f.

148 Vgl. *Menichetti*, DB 1996, 1688, 1689.

149 Vgl. *Kohler*, ZHR 161 (1997), 246, 257.

150 Vgl. *Fuchs* in: MüKo AktG, Bd. 4, § 192, Rn. 69; *Klahold*, Aktienoptionen als Vergütungselement, S. 24f.; *Menichetti*, DB 1996, 1688, 1689; *Pellens/Crasselt/Rockholtz* in: Pellens, S. 16.

151 Vgl. *Menichetti*, DB 1996, 1688, 1689; *Pellens/Crasselt/Rockholtz* in: Pellens, S. 15; *Mertens/Cahn* in: Kölner Kommentar zum AktG, Bd. 2/1, § 87, Rn. 79.

### 3. *Verschärfung des Principal-Agent-Konflikts*

Parallel zu diesen egoistischen Motiven ist denkbar, dass die Programme zu einer Intensivierung des Principal-Agent-Konflikts führen. Zutreffend ist, dass ein virtuelles Aktienoptionsprogramm eine Annäherung der Interessenlage der Geschäftsführungsebene und der Aktionäre bewirken kann. Gleichzeitig kann der Anreiz, den Aktienkurs zu steigern, im Umkehrschluss zu neuem kostspieligem Kontrollbedarf führen. Die Aussicht, dass bei geringem Verlustrisiko (im Vergleich etwa zu einem Großaktionär) eine außergewöhnlich hohe Barzahlung im Falle des Aktienkursanstiegs in Aussicht gestellt wird, könnte dazu führen, dass die Interessen des Prinzipals und des Agenten zwar kurzfristig übereinstimmen, langfristig jedoch divergieren und der *Agent* insbesondere extrem risikoaffin agiert.[152]

### 4. *Unternehmerisches Risiko*

Virtuelle Aktienoptionsprogramme stellen nicht nur eine Chance, sondern auch ein Risiko für den Begünstigten dar. Spiegelbildlich zur Abbildung der positiven Entwicklung des Unternehmens trägt der Mitarbeiter das Risiko einer negativen Unternehmensentwicklung. Dies gilt umso mehr, wenn im Rahmen eines *Phantom Stock*-Programms ein Basispreis geleistet wird, der Mitarbeiter somit riskiert sein Eigeninvestment zu verlieren.[153] Im schlimmsten Fall droht bei einer Insolvenz des Unternehmens nicht nur der Verlust der Arbeitsstelle, sondern auch ein – mitunter nicht unerheblicher – Vermögensverlust.[154] Die gewünschte Mitunternehmerschaft des Begünstigten führt somit zu einem faktischen unternehmerischen Risiko.

## III. Einordnung der Motive

Bewertet man die Vor- und Nachteile aktienkursbasierter Vergütung – und im Speziellen von virtuellen Aktienoptionsprogrammen – so überwiegen im Ergebnis die Vorteile. Dies ist selbst dann der Fall, wenn das Hauptargument für virtuelle Aktienoptionsprogramme, das fehlende Erfordernis eines

---

152 Vgl. *Fuchs* in: MüKo AktG, Bd. 4, § 192, Rn. 69; *Joest*, Aktienbasierte Entgeltgestaltung, S. 224.

153 Vgl. *Spindler* in: MüKo, AktG, Bd. 2, § 87, Rn. 112; *Rieckers* in: Spindler/Stilz, AktG, Bd. 2, § 192, Rn. 57; *Reufels* in: Hümmerich/Reufels, § 3, Rn. 447; *Kutsch* in: MAH Aktienrecht, § 32, Rn. 190; *Binz/Sorg*, BB 2002, 1273, 1275.

154 Vgl. *Kutsch* in: MAH Aktienrecht, § 32, Rn. 7; *Menichetti*, DB 1996, 1688, 1689; *von Bredow*, FB 1999, 232, 233, dort Fn. 5.

Hauptversammlungsbeschlusses – welches umstritten und daher gesondert zu behandeln ist,[155] – ausgeklammert wird.

Dem Zweifel an der arbeitnehmerbezogenen Wirkung der aktienbasierten Vergütung und virtuellen Aktienoptionsprogramme ist ein pragmatisches Argument entgegenzuhalten. Einerseits fordert der Kapitalmarkt eine Ausrichtung der Vergütung am Shareholder-Value-Konzept und mithin aktienkursorientierte Vergütungselemente.[156] Andererseits erwarten qualifizierte Bewerber die Aufnahme aktienbasierter Beteiligungsprogramme als Vergütungskomponente.[157] Ein Blick auf die Vergütungsmodelle der Dax-Unternehmen bestätigt dies und zeigt die Akzeptanz virtueller Aktienoptionsprogramme als Teil der Vergütungsstruktur.[158]

Jenseits dieser pragmatischen Gesichtspunkte können über die schuldrechtliche Ausgestaltung der virtuellen Aktienoptionsprogramme Bedenken beseitigt und entschärft werden. Besonders im Fokus steht dabei die Aufnahme einer Obergrenze, zusätzlicher Leistungsziele neben der reinen Anlehnung an den Aktienkurs sowie der Auszahlungsmodalitäten, deren Wirkung auf die dargestellten Nachteile im Folgenden beschrieben wird.

### *1. Obergrenze*

Der unter Umständen hohe Liquiditätsabfluss stellt den wohl größten Nachteil virtueller Aktienoptionsprogramme dar. Dieser wird in gewissem Maße abgeschwächt, indem die Vermögensverwässerung als Betriebsaufwand steuerlich geltend gemacht werden kann. Somit führt die Vermögensverwässerung, anders als die Kapitalverwässerungseffekte eines Aktienoptionsprogramms oder die Ausgabe realer Aktien, zu einer steuerlichen Anrechenbarkeit.[159] Zudem kann der Liquiditätsabfluss leicht verringert werden, wenn die Einführung des virtuellen Aktienoptionsprogramms an ein Eigeninvestment oder den Umtausch eines Bar-Bonus gekoppelt wird.[160] Letztlich ist es eine Grundsatzfrage, ob die Aktiengesellschaft eine Vermögensverwässerung (bei virtuellen

155 Siehe hierzu Kapitel 3.

156 Vgl. hierzu die Ausführungen in Kapitel 1, Abschnitt B.I.2.a).

157 Vgl. hierzu die Ausführungen in Kapitel 1 zu Recruiting (Abschnitt B.I.1.c)) und Shareholder-Value-Konzept (Abschnitt B.I.2.a)).

158 Vgl. hierzu die Einleitung, Abschnitt A.

159 Ausnahme ist hier der Ankauf von Aktien nach § 71 Abs. 1 Nr. 2 AktG.

160 Dies ist insbesondere in Krisensituationen denkbar, vgl. *Blunck*, BB 2015, 437, 441 f.; *Kutsch/Kersting*, BB 2011, 373, 375.

Aktienoptionsprogrammen) einer Kapitalverwässerung (bei klassischen Aktienoptionsprogrammen) vorziehen möchte. Dennoch darf bei virtuellen Aktienoptionsprogrammen die mitunter erhebliche Gefahr einer grenzenlosen Auszahlung nicht außer Acht gelassen werden.

Schuldrechtlich können durch die Aufnahme einer Obergrenze[161], die einen maximalen Auszahlungswert aus dem virtuellen Aktienoptionsprogramm definiert, Ausschüttungszahlungen begrenzt und der maximale Liquiditätsabfluss vorhersehbar bestimmt werden.[162] Sie hilft auch, ein auf eine extreme Kurssteigerung gerichtetes Verhalten der Führungsebene und eine damit einhergehende Verschärfung des Principal-Agent-Konflikts einzuschränken.[163] Zudem werden *Windfall Profits* der Höhe nach begrenzt.[164]

Gegenüber klassischen Aktienoptionsprogrammen fällt das Setzen einer Obergrenze bei virtuellen Aktienoptionsprogrammen leichter.[165] Erfolgt die Einhaltung der Obergrenze bei Aktienoptionsprogrammen über eine Korrektur der Anzahl der gewährten Aktien oder eine Anpassung des Basispreises, so kann für virtuelle Aktienoptionsprogramme zu Beginn der Programmlaufzeit ein maximaler Auszahlungswert definiert werden, der keinem Anpassungserfordernis unterliegt.[166]

Als Gegenstück zur Obergrenze ist eine Untergrenze denkbar. Hierdurch kann der Begünstigte vor einem Totalverlust – etwa bei Eintauschen eines Anteils seines Festgehalts in Anteile an einem virtuellen Aktienoptionsprogramm – geschützt und sein unternehmerisches Risiko begrenzt werden.

Letztlich steht diesen Vorteilen einer Obergrenze lediglich ein Nachteil gegenüber. Erreicht der Aktienkurs die Obergrenze, besteht ein Anreiz des Begünstigten, dass der Aktienkurs nicht mehr sinkt. Die Incentivierung, den Aktienkurs weiter zu steigern, entfällt und ein risikoaverses Verhalten liegt nahe.[167] Im Ergebnis ist bei der Obergrenze daher das Potential eines kommenden Anstiegs

---

161 In der Praxis teilweise auch als *„Cap"* bezeichnet.

162 Vgl. *Kutsch* in: MAH Aktienrecht, § 32, Rn. 191; *Holzborn* in: Marsch-Barner/Schäfer, Rn. 54.13; *Fonk* in: Semler/von Schenck, Aufsichtsrats HdB, § 10, Rn. 142.

163 In diese Richtung *Fonk* in: Semler/von Schenck, Aufsichtsrats HdB, § 10, Rn. 142.

164 Vgl. *Mutter*, AG 2009, R352.

165 Vgl. *Thüsing*, DB 2003, 1612, 1613.

166 Vgl. *Thüsing*, DB 2003, 1612, 1613.

167 Vgl. *Mertens/Cahn* in: Kölner Kommentar zum AktG, Bd. 2/1, § 87, Rn. 53; ansatzweise auch *Kohler*, ZHR 161 (1997), 246, 257. In der Tendenz anders *Kort* in: Großkommentar AktG, 5. Auflage, Bd. 4/1, § 87, Rn. 265, der die Anreizwirkung schon in

des Aktienkurses zu berücksichtigen. Eine zu strenge Obergrenze birgt zudem die Gefahr eines Nachteils im Wettbewerb um qualifizierte Führungskräfte.[168]

## 2. *Zusätzliche Leistungsziele*

Das virtuelle Aktienoptionsprogramm kann mit individuellen Leistungszielen verbunden werden, die die Auszahlung aus dem Programm unter Bedingungen stellen.[169] Sie dienen als Argument gegen die Kritik, der Aktienkurs könne die tatsächliche Unternehmenslage und Arbeitsleistung allein nicht hinreichend abbilden.[170] Gleichzeitig nähern individuelle Leistungsziele die Vergütung enger den Besonderheiten des Unternehmens jenseits des reinen Aktienkurses an und setzen steuernde Leistungsanreize.[171] Dies wirkt sich auch auf *Windfall Profits* und *Windfall Losses* aus, die es auf Grund der unberechtigten Begünstigung oder Benachteiligung zu vermeiden gilt.[172] Denn in ersterem Fall verpuffen Motivationseffekte, da die Unternehmenswertsteigerung auch ohne das virtuelle Aktienoptionsprogramm eingetreten wäre. In letzterem Fall droht die Frustration des Begünstigten, der trotz belohnungswürdigen Arbeitseinsatzes auf Grund eines außenstehenden Umstandes keine Zahlung aus dem virtuellen Aktienoptionsprogramm erhält. Die konkreten Erfolgsparameter und Auszahlungsbedingungen des virtuellen Aktienoptionsprogramms können derartige Effekte reduzieren.

Im Rahmen der *Windfall Profits* kommt die Anlehnung an einen Vergleichsindex (Benchmarking) in Betracht, wodurch der Erfolg des eigenen Unternehmens

---

der nicht vorhersehbaren Aktienkursentwicklung ausreichend berücksichtigt sieht, ohne auf eine mögliche demotivierende Wirkung bei Erreichen der Obergrenze einzugehen.

168 Vgl. *Thüsing*, ZGR 2003, 457, 488; *Kort* in: Großkommentar AktG, 5. Auflage, Bd. 4/1, § 87, Rn. 270; *Kiethe*, BB 2003, 1573, 1574, 1577.

169 Vgl. *Janssen/Riehle* in: Drinhausen/Eckstein, Handbuch der AG, § 24, Rn. 20; *Suchan/Baumunk* in: Kessler/Sauter, Rn. 681; *Lüpkes*, Zulässigkeit und Zweckmäßigkeit aktienkursorientierter Vergütung von Mitgliedern des Aufsichtsrats, S. 61 f.; *Feddersen*, ZHR 161 (1997) 269, 285 f.; *Spindler* in: Spindler/Stilz, AktG, Bd. 1, § 113, Rn. 53; von *Bredow*, FB 1999, 232, 232; *Kutsch* in: MAH Aktienrecht, § 32, Rn. 191.

170 Vgl. *Kohler*, ZHR 161 (1997), 246, 258; Hüffer, ZHR 161 (1997), 214, 219, 235; *Spindler* in: MüKo, AktG, Bd. 4, § 87, Rn. 101; *Greenbury* Report, Rn. 6.28, 6.39.

171 *Kort* in: Großkommentar AktG, 5. Auflage, Bd. 4/1, § 87, Rn. 217; *Hüffer/Koch*, AktG, § 87, Rn. 19; *Janssen/Riehle* in: Drinhausen/Eckstein, Handbuch der AG, § 24, Rn. 15a.

172 Vgl. hierzu die Ausführungen in Abschnitt B.II.2 dieses Kapitels.

in Relation zu Wettbewerbern gesetzt wird.[173] *Windfall Profits*, die den gesamten Markt betreffen, werden vermieden, indem der aus dem virtuellen Aktienoptionsprogramm folgende Auszahlungsanspruch unter die Bedingung gestellt wird, dass sich der Aktienkurs des Unternehmens besser entwickelt als derjenige der Wettbewerber.[174] Hier ist der richtige Mittelweg zu suchen, um die vom Kapitalmarkt intendierte Anlehnung der Vergütung an das Shareholder-Value-Konzept nicht durch zu viele Komponenten zu überdecken und das Programm allzu komplex zu gestalten. Neutralisiert werden durch Benchmarking zudem nur solche *Windfall*-Effekte, die den gesamten Markt tangieren.[175] Kommt es zu kursbeeinflussenden Ereignissen, die lediglich das ausgebende Unternehmen betreffen, etwa dem Fund von Bodenschätzen auf dem Betriebsgrundstück,[176] kann ein Benchmarking *Windfall Profits* nicht vermeiden. Hier hilft die Kombination mit auf den Begünstigten bezogenen individuellen Leistungskomponenten, die sicherstellen, dass die Auszahlung wenn auch nicht der Höhe nach, dann doch wenigstens dem Grunde nach gerechtfertigt ist.

*Windfall Losses* lassen sich mit der Gewährung von *Phantom Stocks* einschränken. *Phantom Stocks* richten sich anders als *Stock Appreciation Rights* nicht rein nach einer Wertsteigerung, sondern zahlen regelmäßig den Gegenwert des Aktienkurses im Ausübungszeitpunkt aus.[177] Daher kann es auch bei einem etwa im Zusammenhang mit *Windfall Losses* gefallenen Aktienkurs zu einer Auszahlung kommen. Auf Grund der *Windfall Losses* fällt diese Auszahlung dann zwar niedriger aus als vor dem Außenstehenden und für den Aktienkurs negativen Ereignis. Dennoch fällt die Auszahlung nicht gänzlich weg. Denkbar ist zudem eine Kombination mit individuellen Leistungskomponenten und einer Anpassungsklausel. Bei Zielerreichung kann die Anzahl der gewährten *Phantom Stocks* nach oben korrigiert werden, um etwaige *Windfall Losses* auszugleichen. Die vorgenannte Obergrenze schützt vor einer ausufernden Vergütung.

---

173 Vgl. Beschlussempfehlung VorstAG, BT-Drs. 16/13433, S. 10; Regierungsbegründung KonTraG, BT-Drs. 13/9712, S. 24; *Kallmeyer*, AG 1999, 97; *Baums*, FS Claussen 1997, 3, 12 ff.; *Kohler*, ZHR 161 (1997), 246, 260; *Fuchs* in: MüKo AktG, Bd. 4, § 192, Rn. 72; *Kort* in: Großkommentar AktG, 5. Auflage, Bd. 4/1, § 87, Rn. 224 ff.

174 Vgl., wenn auch kritisch, *Kohler*, ZHR 161 (1997), 246, 259 f.

175 Vgl. *Baums*, FS Claussen 1997, 3, 13.

176 Vgl. *Baums* der als Beispiel den *„Ölfund auf dem Grundstück"* anführt, der einen starken Anstieg des Unternehmenswerts ohne Zutun der Führungsebene bewirkt, *Baums*, FS Claussen 1997, 3, 13.

177 Siehe die Ausführungen in Abschnitt A.I.2 dieses Kapitels.

### 3. *Auszahlungsmodalitäten*

Auszahlungsmodalitäten, die den Wert des virtuellen Aktienoptionsprogramms bestimmen, können vor einer Manipulationsgefahr schützen. So kann frei festgelegt werden, ob der für den Auszahlungsanspruch maßgeblich Aktienkurs frei wählbar, stichtagsbezogen oder über einen Durchschnittswert ermittelt wird. Wird der Ausübungszeitpunkt frei gewählt, so kann der Begünstigte Insiderwissen einsetzen, um den Auszahlungsanspruch zu optimieren.[178] Bei vorab festgelegter, stichtagsbezogener Ausübung könnte der Begünstigte geneigt sein, mit lediglich kurzfristigen, nicht nachhaltigen Handlungen (etwa dem Verkauf eines Unternehmenszweiges mit damit einhergehender hoher Dividendenerwartung) den Aktienkurs in die Höhe schnellen zu lassen. Die Anlehnung des Auszahlungsanspruchs an die Ermittlung eines Durchschnitts-Aktienkurses über einen längeren Zeitraum vermeidet diesen Manipulationseffekt. Gleichzeitig werden extreme Kursschwankungen, etwa auch durch *Windfall Losses* oder *Windfall Profits*, relativiert.[179]

Schließlich lässt sich die genannte Manipulationsgefahr einer geringen Dividendenzahlung,[180] die sich nachteilig auf Aktionärsansprüche auswirken würde, eingrenzen, indem auch dem Begünstigten laufend oder am Ende der Laufzeit Dividendenzahlungen zugutekommen. Hierdurch wird ein Anreiz, den Unternehmenswert durch Thesaurierungen und geringe Auszahlung von Dividenden zu steigern, abgeschwächt.[181]

## C. Zwischenfazit

Im Ergebnis verbleiben Zweifel an einer arbeitnehmerbezogenen Wirkung von aktienkursbasierter Vergütung im Generellen und virtuellen Aktienoptionsprogrammen im Speziellen. Entscheidend ist jedoch, dass aktienkursbasierte Programme als Vergütungskomponente von dem Kapitalmarkt und Bewerbern eingefordert werden. Mehr noch als dieses pragmatische Argument hat die exemplarische Darstellung bestimmter vertraglicher Komponenten gezeigt, dass über eine passende und umsichtige schuldrechtliche Ausgestaltung Bedenken gegen virtuelle Aktienoptionsprogramme beseitigt werden können.

---

178 Vgl. Regierungsbegründung KonTraG, BT-Drs. 13/9712, S. 24.

179 Vgl. *Janssen/Riehle* in: Drinhausen/Eckstein, Handbuch der AG, § 24, Rn. 15a, dort Fn. 25.

180 Siehe Abschnitt B.II.2.c) dieses Kapitels.

181 *Mertens/Cahn* in: Kölner Kommentar zum AktG, Bd. 2/1, § 87, Rn. 79.

Die einzelnen Programmkomponenten stellen dabei Stellschrauben dar und erlauben es auf die Bedürfnisse des jeweils Begünstigten und des Unternehmens zu reagieren. Wird etwa eine Manipulationsgefahr durch geringe Dividendenauszahlungen befürchtet, so ergibt es Sinn, eine Dividendenzahlung für all diejenigen Begünstigten aufzunehmen, die Einfluss auf die Höhe der Dividendenauszahlung haben.[182] Ähnlich kann für den einfachen Arbeitnehmer, der einen Teil seines Gehalts im Rahmen eines virtuellen Aktienoptionsprogramms umtauscht, eine Untergrenze aufgenommen werden, um seine Verlustmöglichkeiten zu begrenzen. Dies könnte demgegenüber für ein Vorstandsmitglied, welchem bereits ein hohes Festgehalt gewährt wird, nicht geboten sein.

Die Möglichkeiten der schuldrechtlichen Ausgestaltung werden im folgenden Kapitel vertieft und es wird aufgezeigt, welche alternativen Programmkomponenten denkbar sind.

182 Die Entscheidungskompetenz liegt nach § 174 AktG zwar bei der Hauptversammlung, der Vorstand unterbreitet jedoch einen Gewinnverwendungsvorschlag, von dem die Hauptversammlung unter Bildung einer Mehrheit abweichen müsste, vgl. *Cahn/von Spannenberg* in: Spindler/Stilz, AktG, Bd. 1, § 58, Rn. 96.

# 2. Kapitel: Vertragliche Ausgestaltung virtueller Aktienoptionsprogramme

Zu den wesentlichen Komponenten eines virtuellen Aktienoptionsprogramms gehören der Kreis der Berechtigten, der Wert des Programms, Ausübungsbedingungen, Obergrenzen, Verfallklauseln und Wartezeiten.[183] Ähnlich wie im Rahmen der Motivlage ergeben sich auch hier Überschneidungen zur Ausgabe und Aufsetzung von klassischen Aktienoptionsprogrammen.[184] Besonderes Augenmerk soll auf die Praxis der Dax-Unternehmen gelegt werden, die anhand der Vorstandsvergütungsprogramme für das Geschäftsjahr 2015 beleuchtet wurde und einen Einblick in die praktische Handhabung virtueller Aktienoptionsprogramme gewährt.

Dabei werden bestimmte Gestaltungsmöglichkeiten und Klauseln ausgeklammert, da sie speziellen aktienrechtlichen Problemen ausgesetzt sind. Dies betrifft die formelle Frage der Beteiligung der Hauptversammlung (siehe hierzu Kapitel 3), die Aufnahme und Ausgestaltung von Wartezeiten entsprechend § 193 Abs. 2 Nr. 4 AktG (siehe hierzu Kapitel 4) sowie Aufsichtsratsmitglieder als Begünstigte eines virtuellen Aktienoptionsprogramms (siehe hierzu Kapitel 5).

## A. Vertragliche Gestaltung

### I. Optionsbedingungen und Zuteilungsschreiben

Die Gewährung virtueller Aktienoptionsprogramme wird in der Regel nicht individualvertraglich in den Arbeitsvertrag aufgenommen, sondern zentral vom jeweils zuständigen Organ für eine bestimmte Mitarbeitergruppe über allgemeine Optionsbedingungen festgesetzt.[185] Der konkrete Vertragsschluss zwischen Gesellschaft und Begünstigtem erfolgt über die Absendung und Annahme eines Zuteilungsschreibens, in dem etwa die individuell zugeteilte Anzahl der virtuellen Aktienoptionen festgesetzt wird.[186] Angesichts der Komplexität der

---

183 Vgl. *Suchan/Baumunk* in: Kessler/Sauter, Rn. 682; *Janssen/Riehle in*: Drinhausen/Eckstein, Handbuch der AG, § 24, Rn. 15 ff. Wartezeiten werden wegen der Anwendungsfragen zu § 193 Abs. 2 Nr. 4 AktG gesondert in Kapitel 4 behandelt.

184 Vgl. *Suchan/Baumunk* in: Kessler/Sauter, Rn. 681. *Janssen/Riehle in*: Drinhausen/Eckstein, Handbuch der AG, § 24, Rn. 15 ff. stellen im Ergebnis daher die Parameter für Aktienoptionsprogramme und *Phantom Stocks* in einem Abschnitt zusammen dar.

185 Vgl. *Mohr/Bihn* in: Kessler/Sauter, Rn. 1177; *Staake*, NJOZ 2010, 2494, 2495.

186 Vgl. *Fischer/Schmid*, DStR 2018, 1629 f.

Programme und um etwaigen Auslegungsproblematiken vorzubeugen, bietet es sich an, die Grundzüge und den Zweck des Programms in diesem Zuteilungsschreiben an den Begünstigten näher darzustellen.[187] Durch eine einfache Verständlichkeit kann die effektive Motivation des Mitarbeiters erreicht werden.[188]

Da sich die Programme in der Regel an eine Vielzahl von Mitarbeitern wenden, stellen sie Allgemeine Geschäftsbedingungen im Sinne der §§ 305 BGB ff. dar.[189] Entsprechend ist das Transparenzgebot nach § 307 Abs. 1 Satz 2 BGB zu beachten. Neben den Optionsbedingungen sollte das Zuteilungsschreiben ausführlich die wesentlichen Bestandteile erläutern.[190] Dabei sollten insbesondere etwaige Verfallklauseln, die die Anspruchsentstehung hindern, verständlich beschrieben werden.[191] Schließlich sind Aufklärungspflichten zu beachten. Diese können vor allem dann einschlägig sein, wenn der Begünstigte ein Eigeninvestment tätigt und daher auf eine Verlustmöglichkeit hingewiesen werden sollte.[192]

---

187 Beispielhaft das im Urteil des ArbG Düsseldorf vom 22. August 2005, Az. 7 Ca 2689/05, dort Rn. 4 ff., dargestellte Zuteilungsschreiben. Insbesondere werden die mit dem Programm verfolgten Ziele skizziert, namentlich *„stärkere Ausrichtung der Interessen des Planteilnehmers an den Interessen der Anteilseigner (Shareholder Value)“*, *„Anreiz für die Planteilnehmer, die Wertsteigerung des Unternehmens (im Sinne der Steigerung des Aktienkurses) zu fördern, da die Teilnehmer von einer Kurssteigerung direkt profitieren“*, *„Stärkung der Bindung der Planteilnehmer an ihr Unternehmen“*. Diese ausführliche Beschreibung wird dabei später auch im Rahmen der Zulässigkeit der Verfallsklausel herangezogen, vgl. ArbG Düsseldorf vom 22. August 2005, Az. 7 Ca 2689/05, dort Rn. 77.

188 Vgl. *Janssen/Riehle in*: Drinhausen/Eckstein, Handbuch der AG, § 24, Rn. 20, dort Fn. 29; *Pellens/Crasselt/Rockholtz* in: Pellens, S. 16 ff., wonach der Erfolg des Programms maßgeblich von der Akzeptanz der Begünstigten abhängt und auch die Aktionäre transparent über das Programm aufgeklärt werden sollten, um die Vorteile für den *Shareholder Value* zu verstehen.

189 Vgl. BAG, NZA 2008, 1066, 1070, wonach Allgemeine Geschäftsbedingungen allenfalls dann ausscheiden, wenn *„ernsthafter Verhandlungsspielraum“* hinsichtlich des Programms gewährt wird; *Mohr/Bihn* in: Kessler/Sauter, Rn. 1177; *Schniepp*/Giesecke, NZG 2017, 128 ff; *Hüffer/Koch*, AktG, § 87, Rn. 19. Vgl. ferner zu einem virtuellen Anteilsprogramm einer GmbH: ArbG Mannheim vom 17. März 2015, Az. 8 Ca 233/14, dort Rn. 67 f.; bestätigt durch LAG Baden-Württemberg vom 07. Oktober 2015, Az. 19 Sa 2015, dort Rn. 78.

190 So im Fall des BAG, NZA 2008, 1066, 1070 erfolgt. Vgl. ferner *Mohr/Bihn* in: Kessler/Sauter, Rn. 954.

191 Vgl. BAG, NZA 2008, 699, 700 f.; BAG, NZA 2008, 1066, 1070; vgl. hierzu die Ausführungen in Kapitel 4.

192 Vgl. für Genussrechte mit Verlustteilnahme *Habersack* in: MüKo, AktG, Bd. 4, § 221, Rn. 83; *Florstedt* in: Kölner Kommentar zum AktG, Bd. 4, § 221, Rn. 565; vgl. für

Anstelle eines ausführlichen Zuteilungsschreibens können Erläuterungen in die Präambel der Bedingungen des virtuellen Aktienoptionsprogramms aufgenommen werden.[193] Nachteil ist dann jedoch, dass nicht individuell auf den einzelnen Begünstigten, wie etwa im Zuteilungsschreiben, eingegangen werden kann, sofern nicht für jeden Begünstigten eigene Bedingungen aufgelegt werden.

## II. Kreis der Begünstigten

Das Shareholder-Value-Konzept spricht dafür, virtuelle Aktienoptionsprogramme lediglich solchen Mitarbeitern zu gewähren, die durch ihre Arbeitskraft den Aktienkurs tatsächlich beeinflussen können.[194] Auch die Ausprägung und Intensität eines Motivationseffekts steht im Zusammenhang mit der Möglichkeit der Einflussnahme auf die Steigerung des Aktienkurses.[195] Diese Überlegungen hätten zur Folge, dass lediglich der Vorstand, der Aufsichtsrat[196] und die oberste Führungsebene Empfänger eines virtuellen Aktienoptionsprogramms werden sollten.[197] Jenseits dieses Personenkreises könnte allenfalls sog. *Key Employees* eine Wirkung auf den Aktienkurs zugesprochen werden.[198] Diese Begrenzung des Kreises der Begünstigten scheint auch der Praxis der Dax-Unternehmen zu entsprechen.[199] Nicht außer Acht gelassen werden darf jedoch die Möglichkeit,

---

Programme zum Erwerb von Aktien: BAG, NZA 2006, 545, 548 ff.; zurückhaltend BAG NJW 2007, 2348, 2350. Hierbei wird jeweils von einer aus arbeitsvertraglicher Nebenpflicht folgenden Warn- und Aufklärungspflicht ausgegangen.

193 Vgl. *Kessler/Suchan* in: Kessler/Sauter, Anlagen, S. 478.

194 Vgl. *Sauter/Babel* in: Kessler/Sauter, Rn. 40; *Pellens/Crasselt/Rockholtz* in: Pellens, S. 15; *Klahold*, Aktienoptionen als Vergütungselement, S. 27.

195 Vgl. *Bonner/Sprinkle*, Accounting, Organizations and Society 27 (2002), 303, 313 f., 337; *Frey* in: Großkommentar AktG, 4. Auflage, Bd. 6, § 192, Rn. 94.

196 Für die Ausgabe virtueller Aktienoptionsprogramme an Aufsichtsratsmitglieder sind ferner die Ausführungen in Kapitel 5 zu beachten, da sich hier besondere Probleme stellen.

197 Vgl. *Sauter/Babel* in: Kessler/Sauter, Rn. 40; *Pellens/Crasselt/Rockholtz* in: Pellens, S. 15; *Friedrichsen*, Aktienoptionsprogramme für Führungskräfte, S. 37 ff. mwN.

198 *von Bredow* nennt als Beispiel etwa den Forscher, dessen Erfindungen sich auf die Unternehmenswertentwicklung auswirken, *von Bredow*, FB 1999, 232, 238.

199 Anders als die Vorstandsvergütung wird die Vergütung der sonstigen Arbeitnehmer nicht immer derart detailliert dargestellt, dass eine genaue Auswertung vorgenommen werden könnte. Jedenfalls scheint die Beschränkung der Ausgabe virtueller Aktienoptionsprogramme auf das „*Topmanagement*" oder die „*oberste Führungsebene*" üblich zu sein, vgl. insofern beispielhaft *Allianz SE*, Geschäftsbericht 2015, S. 69; *BASF SE*, Geschäftsbericht 2015, S. 140, 218 f.; *Deutsche Telekom AG*, Geschäftsbericht 2015, S. 225; *Henkel AG & Co. KGaA*, Geschäftsbericht 2015, S. 173 f.; *Munic Re AG*,

durch virtuelle Aktienoptionsprogramme eine Unternehmenskultur zu schaffen, in der sich breite Mitarbeiterkreise mit dem Unternehmen identifizieren.[200] Auch der Vorteil im Wettbewerb um fähige Arbeitskräfte kann dafür sprechen, den Kreis der Begünstigten zu lockern.[201] Bei der Ausgabe an einen zahlenmäßig großen Begünstigten-Kreis sollte jedoch der in Zukunft drohende Liquiditätsabfluss Berücksichtigung finden.

Handelt es sich nicht um individualvertraglich ausgehandelte Vereinbarungen, ist arbeitsrechtlich der Gleichbehandlungsgrundsatz zu beachten und besondere Vorsicht geboten, um eine ungewünschte Ausweitung des virtuellen Aktienoptionsprogramms zu vermeiden.[202] Erfolgt die Zuteilung nach Hierarchieebenen, ist der Gleichbehandlungsgrundsatz nicht verletzt, sofern die Hierarchieebenen klar abgegrenzt sind.[203] Wird demgegenüber ein einzelner Mitarbeiter aus einer Gruppe gleichrangiger Arbeitnehmer als Programmempfänger hervorgehoben, ist ein gesteigerter Begründungsbedarf zu beachten.[204] Entsprechend sollte das Zuteilungsschreiben die herausgehobene Stellung des Arbeitnehmers aufzeigen.

Im Ergebnis steht es der Unternehmensführung frei, den Kreis der Arbeitnehmer enger oder weiter zu wählen.[205] Die vorgenannten Punkte legen jedoch

---

Geschäftsbericht 2015, S. 284; *RWE AG*, Geschäftsbericht 2015, S. 126. Für Aktienoptionsprogramme, die für breite Arbeitnehmerkreise aufgesetzt wurden, vgl. die aufgeführten Beispiele bei *Friedrichsen*, Aktienoptionsprogramme für Führungskräfte, S. 37 f., dort Fn. 152.

200 Vgl. *Klahold*, Aktienoptionen als Vergütungselement, S. 27; *Pellens/Crasselt/Rockholtz* in: Pellens, S. 15; *Frey* in: Großkommentar AktG, 4. Auflage, Bd. 6, § 192, Rn. 94 mwN.; *Fuchs* in: MüKo, AktG, Bd. 4, § 192, Rn. 67; *Kuthe/Zipperle* in: Szesny/Kuthe, Kap. 12, Rn. 3; *Baeck/Diller*, DB 1998, 1405, 1405; *Friedrichsen*, Aktienoptionsprogramme für Führungskräfte, S. 38 mwN.

201 Vgl. hierzu die Ausführungen in Kapitel 1, Abschnitt B.I.1.c).

202 Vgl. *Mohr/Bihn* in: Kessler/Sauter, Rn. 904 f.; *Lingemann* in: Bauer/Lingemann/Diller/Haußmann, Anwalts-Formularbuch Arbeitsrecht, Kap. 12, Rn. 66. Ausführlich zum Gleichbehandlungsgrundsatz im Rahmen der Ausgabe von Aktienoptionsprogrammen *Mohr/Bihn* in: Kessler/Sauter, Rn. 901 ff.

203 Vgl. BAG, NZA-RR 2010, 289, 292.

204 Vgl. BAG, NZA-RR 2010, 289, 292; *Mohr/Bihn* in: Kessler/Sauter, Rn. 936.

205 Im Übrigen ist schon bei klassischen Aktienoptionsprogrammen eine Begrenzung der Auflegung nur für die Führungsebene nicht gegeben, vgl. *Sauter/Babel* in: Kessler/Sauter, Rn. 40; *Friedrichsen*, Aktienoptionsprogramme für Führungskräfte, S. 37. Warum eine derartige Beschränkung für virtuelle Aktienoptionsprogramme gelten sollte, ist nicht ersichtlich.

eine intensive Auseinandersetzung mit der Frage nahe, welche Effekte durch das virtuelle Aktienoptionsprogramm erzeugt werden sollen und wie weit der Kreis der Begünstigten als Folge gezogen wird.[206]

# B. Zentrale Komponenten

## I. Wert des virtuellen Aktienoptionsprogramms

### *1. Ausgestaltung und Auszahlungswert*

Die grundlegenden Ausgestaltungsmöglichkeiten und die Werthaltigkeit von *Phantom Stocks*, ggf. nebst Dividendenzahlungen, und *Stock Appreciation Rights* bestehen darin, dass sich *Phantom Stocks* in der Regel an den Wert einer Aktie zum Ende der Lauf- bzw. Wartezeit[207] anlehnen, während *Stock Appreciation Rights* zwischen einem Wert in der Vergangenheit und dem Ende der Lauf- bzw. Wartezeit eine Differenzberechnung vornehmen:[208]

**Beispielklausel 1: Auszahlungswert *Phantom Stock*-Einheit**[209]
Der Auszahlungswert einer *Phantom Stock*-Einheit berechnet sich nach dem Durchschnitt der Schlusskurse der X-Aktie im Xetra-Handel des auf den Ausübungszeitpunkt folgenden Quartals, zuzüglich des finanziellen Gegenwerts des in der Laufzeit des Programms entstandenen Anspruchs auf Dividenden. Dabei entspricht eine *Phantom Stock*-Einheit einer X-Aktie im Xetra-Handel.

**Beispielklausel 2: Auszahlungswert *Stock Appreciation Right*-Einheit**[210]
Der Auszahlungswert einer *Stock Appreciation Right*-Einheit berechnet sich nach der Differenz zwischen Basispreis und Ausübungspreis. Der Basispreis berechnet sich nach dem Durchschnitt der Schlusskurse der X-Aktie im Xetra-Handel im Quartal vor Beginn der Progammlaufzeit; der Ausübungspreis berechnet sich nach dem Durchschnitt der Schlusskurse der X-Aktie im Xetra-Handel des auf den Ausübungszeitpunkt folgenden Quartals.

---

206 Vgl. *Janssen/Riehle in*: Drinhausen/Eckstein, Handbuch der AG, § 24, Rn. 6.

207 Lauf- und Wartezeit (also die Zeit, nach der erstmals ein Anspruch aus dem virtuellen Aktienoptionsprogramm begründet wird) decken sich in der Regel, da nach Ende der Wartezeit eine Ausübung erfolgt, das konkrete virtuelle Aktienoptionsprogramm endet und durch ein neues ersetzt wird.

208 Vgl. bereits Kapitel 1, Abschnitt A.I. ff.

209 Das Beispiel basiert auf den Begriffsbestimmungen in Kapitel 1, Abschnitt A.I.2. und der Vorstandsvergütung der *ThyssenKrupp AG*, Geschäftsbericht 2015/2016, S. 24; vgl. ferner *Kessler/Suchan* in: Kessler/Sauter, Anlagen, S. 478.

210 Das Beispiel basiert auf den Begriffsbestimmungen in Kapitel 1, Abschnitt A.I.1. und der Vorstandsvergütung der *ThyssenKrupp AG*, Geschäftsbericht 2015/2016, S. 24; vgl. ferner *Kessler/Suchan* in: Kessler/Sauter, Anlagen, S. 478

Sowohl *Phantom Stocks* als auch *Stock Appreciation Rights* entsprechen dabei den Anforderungen des Shareholder-Value-Konzepts, da sie die Höhe des Auszahlungswerts an den Aktienkurs des Unternehmens anlehnen.[211] Um den Anforderungen des Transparenzgebots nach § 307 Abs. 1 Satz 2 BGB Folge zu leisten und den Begünstigten ausreichend zu motivieren, sollte zudem Wert darauf gelegt werden, dass die Wertberechnung verständlich und klar formuliert ist.[212] Dies ist insbesondere dann zu berücksichtigen, wenn durch zusätzliche Bezugnahme auf Faktoren jenseits des Aktienkurses (dazu sogleich) die Komplexität der Ausgestaltung ansteigt.

Der für den Auszahlungswert eines virtuellen Aktienoptionsprogramms maßgebliche Endwert, in dieser Arbeit bezeichnet als der Auszahlungswert, kann entweder über den Aktienkurs an einem bestimmten Stichtag[213] oder einen Durchschnittswert über einen definierten Zeitraum[214] errechnet werden. Der Bezug auf einen Durchschnittswert über einen längeren Zeitraum, wie in den oben aufgeführten Beispielklauseln angelehnt an das Programm der Thyssen-Krupp AG, hat den Vorteil, dass außergewöhnliche Kursschwankungen keinen bzw. geringeren Einfluss in die Wertberechnung finden.[215] Gleichzeitig wird das Ausnutzen von Insiderwissen vermieden, wenn dem Begünstigten keine Wahlmöglichkeit hinsichtlich des für den Auszahlungswert maßgeblichen Zeitraums gewährt wird.[216] Die im Rahmen der Begriffsbestimmung und der Beispielklausel erwähnte Möglichkeit der Gewährung einer Dividende sowie eines Eigeninvestments wird im Rahmen der Vorstandsvergütungspraxis der Dax-Unternehmen für das Geschäftsjahr 2015 anhand von Beispielen weiter konkretisiert.[217]

---

211 Vgl. Kapitel 1, Abschnitt B.I.2.a).

212 Vgl. *Schniepp*/Giesecke, NZG 2017, 128, 131.

213 Vgl. *Volkswagen AG*, Geschäftsbericht 2015, S. 69.

214 Etwa den Durchschnittskurs im 1. Quartal des dem Ablauf der Wartezeit folgenden Geschäftsjahres, vgl. *ThyssenKrupp AG*, Geschäftsbericht 2015/2016, S. 24.

215 Vgl. *ThyssenKrupp AG*, Geschäftsbericht 2015/2016, S. 24 sowie *Janssen/Riehle in*: Drinhausen/Eckstein, Handbuch der AG, § 24, Rn. 15a, dort Fn. 25. Denkbar sind auch noch längere Betrachtungszeiträume, so etwa der 60-Tages-Durchschnittswert der RWE AG, *RWE AG*, Geschäftsbericht 2015, S. 126. In der Praxis wird eine breite Bandbreite verwendet, so etwa die Bayer AG mit einem 30-Tages Zeitraum, vgl. *Bayer AG*, Geschäftsbericht 2015, S. 194 oder die Deutsche Post AG mit einem 5-Tages Zeitraum, vgl. *Deutsche Post AG*, Geschäftsbericht 2015, S. 116.

216 Vgl. Regierungsbegründung KonTraG, BT-Drs. 13/9712, S. 24.

217 Siehe hierzu Abschnitt B.I.3.b) dieses Kapitels.

### 2. *Anzahl der zugeteilten Einheiten*

Neben dem Auszahlungswert ist die Anzahl der ausgegebenen *Phantom Stock-* bzw. *Stock Appreciation Right*-Einheiten entscheidend dafür, in welcher Höhe am Ende der Laufzeit eine Zahlung an den Begünstigten erfolgt.[218] Die Anzahl der Einheiten kann auf unterschiedlichste Art und Weise ermittelt bzw. angepasst werden. Zu unterscheiden ist zwischen dem Zuteilungswert und einer Anpassungskomponente.

#### *a) Zuteilungswert*

Der Zuteilungswert wird in der Regel durch das Unternehmen festgesetzt und durch den aktuellen oder einen durchschnittlichen Aktienkurs des Unternehmens dividiert, um die Anzahl der virtuellen Einheiten zu bestimmen.[219] Als Zuteilungswert kommen zum Beispiel ein Anteil des Jahresgehalts,[220] ein Anteil der anvisierten Zielvergütung,[221] die Einbehaltung einer variablen Vergütungskomponente,[222] die Höhe eines Eigeninvestments,[223] der Erwerb von Aktien des Unternehmens[224] oder die Hierarchieebene[225] in Betracht. Eine Kombination der

---

218 Angesichts des im Rahmen von virtuellen Aktienoptionen drohenden Abflusses von Liquidität ist eine Einschätzung der künftigen Entwicklung des Aktienkurses vorzunehmen, vgl. *Janssen/Riehle in*: Drinhausen/Eckstein, Handbuch der AG, § 24, Rn. 16.

219 So etwa für ein *Phantom Stock*-Programm: *Allianz SE*, Geschäftsbericht 2015, S. 51; *Bayer AG*, Geschäftsbericht 2015, S. 194. Denkbar ist auch die Festsetzung des Zuteilungswerts über ein Eigeninvestment durch den Mitarbeiter, so etwa *Deutsche Post AG*, Geschäftsbericht 2015, S. 116 f.

220 Vgl. *Suchan/Baumunk* in: Kessler/Sauter, Rn. 781; als Beispiel *Daimler AG*, Geschäftsbericht 2015, S. 126.

221 Vgl. als Beispiel *Daimler AG*, Geschäftsbericht 2015, S. 125 f.

222 Vgl. als Beispiel *Commerzbank AG*, Geschäftsbericht 2015, S. 29, 35.

223 Vgl. als Beispiel *Deutsche Post AG*, Geschäftsbericht 2015, S. 116 f. Hier wird ein Anteil der Jahresfestvergütung (10%) nicht ausgezahlt, sondern in *Stock Appreciation Rights* umgetauscht.

224 Vgl. als Beispiel *BASF SE*, Geschäftsbericht 2015, S. 218. Dort heißt es: „*Der Teilnehmer verpflichtet sich, für die Dauer von zwei Jahren ab Optionsgewährung BASF-Aktien in Höhe von 10 % bis 30 % seiner variablen Gehaltsbezüge zu halten. […] Für jede eingebrachte BASF-Aktie erhält der Teilnehmer vier Optionsrechte.*" Es handelt sich dabei um ein *Stock Appreciation Right*-Programm.

225 Vgl. als Beispiel das *Phantom Stock*-Programm für Führungskräfte (nicht für Vorstandsmitglieder) der *Henkel AG & Co. KGaA*, Geschäftsbericht 2015, S. 173 f. Die Fresenius SE & Co. KGaA und die Fresenius Medical Care AG & Co. KGaA gewähren dem Vorsitzenden des Vorstands die doppelte Anzahl an *Phantom Stock*-Einheiten,

verschiedenen Bestimmungsmöglichkeiten ist denkbar.[226] Wie bei der Bestimmung des Aktienkurses am Ende des Programms kann der durch diesen Zuteilungswert zu dividierende Aktienkurs entweder auf ein bestimmtes Datum[227] oder einen Durchschnittskurs[228] bezogen werden.

Eine grundlegende, beispielhafte Berechnung kann am *Phantom Stock*-Programm der Vorstandsvergütung der Allianz SE für das Jahr 2015 dargestellt werden.[229] Als Zuteilungswert wurde im Programm der Jahresbonus des Vorjahres herangezogen. Der als Divisor eingesetzte Marktwert der Allianz-Aktie bestimmte sich nach dem durchschnittlichen Xetra-Schlusskurs an den ersten 10 Handelstagen nach der Bilanzpressekonferenz. Es folgt somit die folgende Formel: $\frac{\textit{Jahresbonus 2014}}{\varnothing \textit{ Marktwert Aktie}}$ = Anzahl *Phantom Stocks* 2015.

### *b) Anpassungskomponente*

Die anhand des Zuteilungswerts errechnete Anzahl an Einheiten des virtuellen Aktienoptionsprogramms kann unter die Bedingung einer Anpassung gestellt werden.[230] Die Anpassung erfolgt am Ende des Programms[231] oder laufend[232] über das Setzen gewisser Zielerreichungskomponenten, anhand derer die Anzahl der Einheiten des virtuellen Aktienoptionsprogramms steigt, herabgesetzt wird oder verfällt.[233] Ferner ist ein Mittelweg denkbar, in dem manche Einheiten als

---

vgl. *Fresenius SE & Co. KGaA*, Geschäftsbericht 2015, S. 83; *Fresenius Medical Care AG & Co. KGaA*, Geschäftsbericht 2015, S. 123.

226 Vgl. als Beispiel *Deutsche Telekom AG*, Geschäftsbericht 2015, S. 225, der Zuteilungswert ergibt sich hierbei aus der *„Management-Gruppen-Einordnung des Teilnehmers, der individuellen Performance und dem Jahreszielgehalt"*.

227 Vgl. als Beispiel *Volkswagen AG*, Geschäftsbericht 2015, S. 69.

228 Vgl. *Suchan/Baumunk* in: Kessler/Sauter, Rn. 683. Vgl. ferner als Beispiel *Allianz SE*, Geschäftsbericht 2015, S. 51.

229 Vgl. *Allianz SE*, Geschäftsbericht 2015, S. 51.

230 Vgl. *Suchan/Baumunk* in: Kessler/Sauter, Rn. 683. Eine Beispielklausel einer derartigen Anpassung der Anzahl der gewährten Einheiten findet sich bei *Kessler/Suchan* in: Kessler/Sauter, Anlagen, S. 480 f.

231 Vgl. als Beispiel *Daimler AG*, Geschäftsbericht 2015, S. 125; *Deutsche Börse AG*, Geschäftsbericht 2015, S. 121.

232 Vgl. als Beispiel *SAP SE*, Geschäftsbericht 2015, S. 27.

233 *Suchan/Baumunk* in: Kessler/Sauter, Rn. 683; vgl. zu derartigen leistungsbezogenen Komponenten auch Abschnitt B.II. dieses Kapitels. Vgl. als Beispiel für einen Verfall *Deutsche Börse AG*, Geschäftsbericht 2015, S. 121; *HeidelbergCement AG*, Geschäftsbericht 2015, S. 150 f.; *Merck KGaA*, Geschäftsbericht 2015, S. 150. Vgl. ausführlich zu Verfallklauseln Kapitel 4.

unverfallbar gewährt werden und andere einer Anpassung unterliegen.[234] Die Grenze zu Ausübungsbedingungen, die im Folgenden dargestellt werden, ist teilweise fließend. Sofern die Ausübungsbedingungen dazu führen, dass gewisse Einheiten nicht ausgeübt werden können und mithin wertlos werden, führt dies indirekt auch zu einer Anpassung der Anzahl der gewährten Einheiten.

Als Zielerreichungskomponenten kommen interne und externe Faktoren in Betracht, wobei auch eine Kombination beider Faktoren möglich ist.[235] Als interne Zielerreichungskomponenten sind etwa Kundenzufriedenheit,[236] individuelle Erfolgsziele, EBITDA-Marge[237] sowie Umsatzerlöse und/oder das Betriebsergebnis[238] denkbar.[239] Als externe Zielerreichungskomponenten kommt die Anlehnung an Wettbewerber, etwa durch Vergleich der Umsatzrendite[240] oder des Aktienkursanstiegs in Relation zu einem Aktienindex,[241] in Betracht. Die Komponentenauswahl sollte für den Begünstigten verständlich und durch seine Arbeitskraft beeinflussbar sein, um Frustrationseffekten vorzubeugen und den Motivationseffekt sicherzustellen.[242] Durch die Wahl derartiger Zielerreichungskomponenten wird im Rahmen der Vorstandsvergütung gleichzeitig das Erfordernis eines leistungsorientierten Vergütungssystems erfüllt.[243] Zudem werden *Windfall Profits* vermieden, etwa wenn der Anstieg des Aktienkurses den gesamten Markt betrifft und nicht lediglich das konkrete Unternehmen.[244]

---

234 Vgl. als Beispiel *E.ON SE*, Geschäftsbericht 2015, S. 84.

235 Vgl. *Suchan/Baumunk* in: Kessler/Sauter, Rn. 683; *Kessler/Suchan* in: Kessler/Sauter, Anlagen, S. 480 f.; *Janssen/Riehle in*: Drinhausen/Eckstein, Handbuch der AG, § 24, Rn. 20. Vgl. als Beispiel *Merck KGaA*, Geschäftsbericht 2015, S. 150. Die Merck KGaA stellt dabei auf die Kursentwicklung im Vergleich zu anderen Dax-Unternehmen und die EBITDA-Marge ab.

236 Vgl. als Beispiel *Vonovia SE*, Geschäftsbericht 2015, S. 129.

237 Vgl. als Beispiel *Merck KGaA*, Geschäftsbericht 2015, S. 150.

238 Vgl. als Beispiel *SAP SE*, Geschäftsbericht 2015, S. 27.

239 Vgl. neben diesen Beispielen der Dax-Praxis *Janssen/Riehle in*: Drinhausen/Eckstein, Handbuch der AG, § 24, Rn. 20.

240 Vgl. als Beispiel *Daimler AG*, Geschäftsbericht 2015, S. 125.

241 Vgl. als Beispiel *Merck KGaA*, Geschäftsbericht 2015, S. 150.

242 Vgl. *Janssen/Riehle in*: Drinhausen/Eckstein, Handbuch der AG, § 24, Rn. 20, dort Fn. 29.

243 Vgl. neben anderen *Spindler* in: MüKo, AktG, Bd. 4, § 87, Rn. 45 ff.; *Mertens/Cahn* in: Kölner Kommentar zum AktG, Bd. 2/1, § 87, Rn. 13.

244 Vgl. zu *Windfall Profits* Kapitel 1, Abschnitt B.II.2.

### 3. *Praxis der Dax-Unternehmen im Geschäftsjahr 2015*

Die Analyse der Praxis der Dax-Unternehmen im Geschäftsjahr 2015 bringt Erkenntnisse zur Verbreitung von *Phantom Stocks* versus *Stock Appreciation Rights*, zum Einsatz und zur Ausgestaltung einer Dividendenkomponente sowie zur Einforderung eines Eigeninvestments des Begünstigten.[245] Anpassungskomponenten, die auf interne und externe Faktoren abzielen, werden im Rahmen der Ausübungsbedingungen thematisiert, da die Grenzen hier fließend sind.

#### a) *Phantom Stocks versus Stock Appreciation Rights*

Ein Blick auf die Praxis der Dax-Unternehmen zur Vorstandsvergütung zeigt, dass vorrangig *Phantom Stock*-Programme und nur in einigen wenigen Fällen *Stock Appreciation Right*-Programme aufgesetzt werden.

Tabelle 2: Anzahl der *Phantom Stock*- und *Stock Appreciation Right*-Programme der Dax-Unternehmen

**Abbildung 3:** Anzahl der *Phantom Stock*- und *Stock Appreciation Right*-Programme der Dax-Unternehmen[246]

| Form des virtuellen Aktienoptionsprogramms | Anzahl | Dax-Unternehmen |
|---|---|---|
| *Phantom Stocks* | 16 | Allianz SE, Bayer AG, Commerzbank AG, Continental AG, Daimler AG, Deutsche Börse AG, E.ON SE, Fresenius SE & Co. KGaA, Fresenius Medical Care SE & Co. KGaA, HeidelbergCement AG, Merck KGaA, RWE AG, SAP SE, Thyssen Krupp AG, Volkswagen AG, Vonovia SE, |
| *Stock Appreciation Rights* | 2 | BASF SE, Deutsche Post AG |

Überwiegend wird am Ende der Laufzeit somit der Gegenwert der Aktie und nicht lediglich die Differenz des Aktienkursanstiegs ausgezahlt. Grund für die Bevorzugung von *Phantom Stock*-Programmen könnten die aufgezeigten Motive der Einführung virtueller Aktienoptionsprogramme sein.[247] *Phantom*

---

245 Für Ausführungen zur Anwendung von Anpassungskomponenten in der Praxis der Dax-Unternehmen vgl. Abschnitt B.II.2. dieses Kapitels.

246 Quellen: Analyse der jeweiligen Geschäftsberichte des Geschäftsjahrs 2015 der in der Einleitung unter Abschnitt A. aufgezählten 18 Unternehmen, die virtuelle Aktienoptionsprogramme als Teil ihrer Vorstandsvergütung ausgeben; Nachweise siehe Anhang.

247 Vgl. Kapitel 1, Abschnitt B.

*Stocks* vermeiden angesichts ihres unverfallbaren Werts demotivierende Effekte von *Windfall Losses*, stellen eine engere Nachbildung einer Aktie dar und somit mutmaßlich eine engere Identifikation mit dem Unternehmen her und ermöglichen, dass der Begünstigte zu jeder Zeit des Programms an einer Steigerung des Unternehmenswerts interessiert ist.[248]

### *b) Dividendenzahlung*

Von den 16 Dax-Unternehmen, die den Grundzügen nach ein *Phantom Stock*-Programm aufgesetzt haben, gewährt die Hälfte den Begünstigten auch eine Dividendenzahlung, wobei zwischen drei verschiedenen Arten der Dividendenzahlung zu unterscheiden ist. Die Ausgestaltungen eint, dass einer *Phantom Stock*-Einheit der gleiche Dividendenanspruch zugesprochen wird, der auch einer realen Aktie des Unternehmens zugutegekommen wäre.

**Abbildung 4:** Gewährung einer Dividende im Rahmen der Vorstandsvergütung über *Phantom-Stocks* der Dax-Unternehmen (Geschäftsjahr 2015)[249]

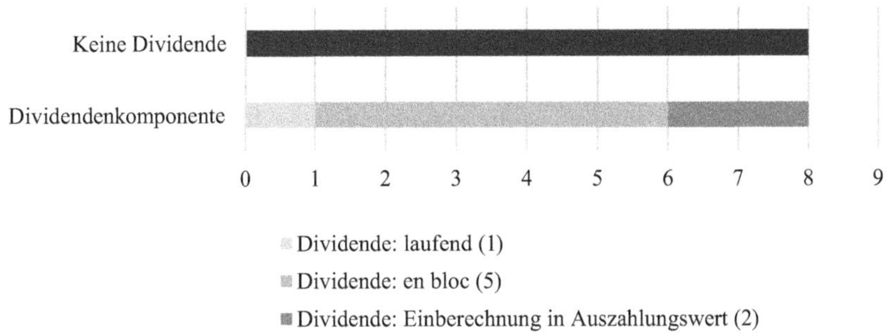


Den einfachsten und häufigsten Fall stellt die Dividendenzahlung am Ende des Programms *en bloc* dar (wie auch in der Beispielklausel eines *Phantom Stock*-Programms unter Abschnitt 0.0. dieses Kapitels dargestellt), bei der die während der Laufzeit des Programms auf die Aktie des Unternehmens entfallenen

248 Vgl. Kapitel 1, Abschnitt B.III.

249 Quellen: Analyse der jeweiligen Geschäftsberichte des Geschäftsjahrs 2015 der in der Einleitung unter Abschnitt A. aufgezählten 18 Unternehmen, die virtuelle Aktienoptionsprogramme als Teil ihrer Vorstandsvergütung ausgeben; Nachweise siehe Anhang.

Dividendenzahlungen im Auszahlungszeitpunkt in den Auszahlungswert einberechnet werden.[250]

Teilweise erfolgt auch eine Einberechnung von Dividendenzahlungen in den Börsenkurs entweder im Zeitpunkt der Ausgabe oder der Ausübung des *Phantom Stock*-Programms.[251] Das *Phantom Stock*-Programm der Allianz SE verringert dabei den Ausgabepreis (durchschnittlicher Xetra-Schlusskurs der Allianz SE Aktie an den ersten 10 Tagen nach der Bilanzpressekonferenz) der *Phantom Stocks* um eine während der Laufzeit des Programms zu erwartende Dividendenzahlung und erhöht somit die Anzahl der ausgegebenen *Phantom Stocks*.[252] Als Formel dargestellt berechnet sich die Anzahl der ausgegebenen *Phantom Stock*-Einheiten dann wie folgt:

$$\frac{\text{Wunschgesamtwert der zugeteilten } \textit{Phantom Stocks}}{(\text{Durchschnitt Xetra Schlusskurs} - \text{erwartete Dividende je Aktie})} = \text{Anzahl Phantom Stocks}$$ [253]

Einzig die Daimler AG vergütet eine laufende Dividendenzahlung, die jährlich an den Begünstigten ausgeschüttet wird.[254] Vorteil einer derartigen Ausgestaltung könnte sein, dass der Begünstigte jährlich an seine Stellung als virtueller Aktionär erinnert wird und somit Motivations- und Identifikationseffekte laufend erneuert werden. Schwierigkeiten entstehen jedoch, wenn während der Laufzeit des Programms eine Anpassung der Anzahl der gewährten Einheiten erfolgen soll. Das Programm der Daimler AG löst dies, indem die vierjährige Laufzeit in zwei Zeiträume eingeteilt wird. Während der ersten drei Jahre

250 Vgl. *Bayer AG*, Geschäftsbericht 2015, S. 194; *Continental AG*, Geschäftsbericht 2015, S. 22; *E.ON SE*, Geschäftsbericht 2015, S. 84; *Volkswagen AG*, Geschäftsbericht 2015, S. 68 f.; *Vonovia SE*, Geschäftsbericht 2015, S. 128 f.

251 Vgl. *Allianz SE*, Geschäftsbericht 2015, S. 51; *HeidelbergCement AG*, Geschäftsbericht 2015, S. 150 f.

252 Vgl. *Allianz SE*, Geschäftsbericht 2015, S. 51.

253 Die HeidelbergCement AG reinvestiert demgegenüber virtuell die Dividende und addiert den sich hierdurch ergebenden Zusatzbetrag auf den Schlusskurs der HeidelbergCement-Aktie im Zeitpunkt der Ausübung, vgl. *HeidelbergCement AG*, Geschäftsbericht 2015, S. 150. Einzelheiten, wie genau das Re-Investment funktioniert, bleiben dabei jedoch ungewiss. Im Vergütungsbericht heißt es hierzu: „*Nach Ablauf der vierjährigen Performance-Periode werden die endgültig erdienten PSUs [Phantom Stocks] in einem zweiten Schritt entsprechend der Zielerreichung ermittelt und zum dann geltenden Referenzkurs der HeidelbergCement-Aktie – angepasst um die reinvestierten Dividendenzahlungen und unter Bereinigung von Kapitalveränderungen – in bar ausgezahlt.*“ *HeidelbergCement AG*, Geschäftsbericht 2015, S. 150.

254 Vgl. *Daimler AG*, Geschäftsbericht 2015, S. 125 f.

bestimmt sich die Dividendenzahlung nach der anhand des Zuteilungswerts festgelegten Anzahl der zugeteilten *Phantom Stock*-Einheiten. Nach Ablauf des dritten Jahres wird die Anzahl anhand von Leistungskomponenten angepasst. Im vierten Jahr ist dann diese angepasste Anzahl der Einheiten für die Dividendenauszahlung relevant.

Die hiermit verbundene Komplexität mag ein Grund dafür sein, dass die Mehrzahl der Dax-Unternehmen die Dividendenzahlungen *en bloc* am Ende der Laufzeit des Programms berechnet. Gleichzeitig wird so sichergestellt, dass der Begünstigte im Falle der Anpassung der Anzahl der Einheiten nur für die verdienten Einheiten eine Dividendenzahlung erhält.

### *c) Eigeninvestment*

Teilweise wird in der Praxis der Dax-Unternehmen verlangt, dass der Begünstigte des virtuellen Aktienoptionsprogramms als Bedingung der Teilnahme am Programm ein Eigeninvestment zu leisten hat.

**Abbildung 5:** Erforderlichkeit eines Eigeninvestments bei Ausgabe von virtuellen Aktienoptionsprogrammen im Rahmen der Vorstandsvergütung der Dax-Unternehmen (Geschäftsjahr 2015)[255]

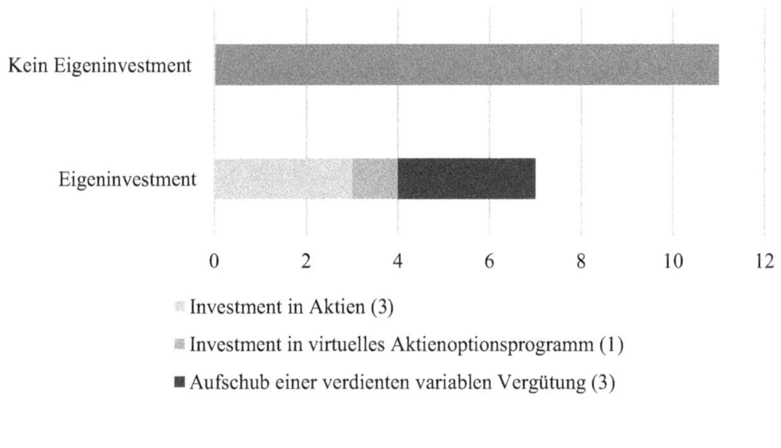


255 Quellen: Analyse der jeweiligen Geschäftsberichte des Geschäftsjahrs 2015 der in der Einleitung unter Abschnitt A. aufgezählten 18 Unternehmen, die virtuelle Aktienoptionsprogramme als Teil ihrer Vorstandsvergütung ausgeben; Nachweise siehe Anhang.

Die Abbildung zeigt, dass die Praxis der Dax-Unternehmen drei Formen einer Ausgestaltung kennt, in denen die Beteiligung am virtuellen Aktienoptionsprogramm unter die Bedingung einer Eigeninvestition gestellt wird: ein Investment in klassische Aktien des Unternehmens, ein anfängliches Investment in das virtuelle Aktienoptionsprogramm und den nachträglichen Aufschub einer dem Grund nach bereits verdienten variablen Vergütung über Umwandlung in Einheiten eines virtuellen Aktienoptionsprogramms. Teilweise tritt neben ein verpflichtendes Eigeninvestment die Möglichkeit einer freiwilligen Investition.[256] Grundlegend kann anhand dieser Analyse bereits festgestellt werden, dass die im Rahmen der Begriffsbestimmung eines *Phantom Stock*-Programms angeschnittene etwaige Erforderlichkeit eines Eigeninvestments in der Praxis auch im Rahmen von *Stock Appreciation Rights* vorkommt.[257] So werden 10% des Jahresfestgehalts der Vorstandsmitglieder der Deutschen Post AG in *Stock Appreciation Rights* umgetauscht und unter die Bedingung des Anstiegs der Deutschen-Post-Aktie sowie ein erfolgreiches Abschneiden in Relation zu einem Aktienindex gestellt.[258] Werden diese Erfolgsziele nicht erreicht, so verfallen die *Stock Appreciation Rights*.[259]

Die verschiedenen Formen des Eigeninvestments verbindet, dass bei schlechter Unternehmensentwicklung ein Verlust der Investition möglich ist. Realistisch denkbar ist der vollständige Verlust dabei lediglich im Rahmen der *Stock Appreciation Right*-Programme, würde doch der vollständige Verlust im Rahmen eines *Phantom Stock*-Programms erfordern, dass der Aktienwert auf null sinkt. Dabei ist zu berücksichtigen, dass die jeweiligen Programme keine Untergrenze kennen. Eine solche war bis zum Geschäftsjahr 2014 Teil der Eigeninvestmentregeln der Continental AG und regelte eine Begrenzung der Verlustmöglichkeiten auf 50%, wurde im Folgenden jedoch gestrichen.[260] Mutmaßlich soll hierdurch der

---

256 Vgl. *BASF SE*, Geschäftsbericht 2015, S. 140. Das Eigeninvestment der Vorstandsmitglieder der Volkswagen AG war rein freiwillig, basierte jedoch auf einem gewissen Druck des Aufsichtsrats, vgl. die Ausführungen und Nachweise unter Kapitel 1, Abschnitt B.I.2.d).

257 Vgl. Kapitel 1, Abschnitt A.I.2.; *BASF SE*, Geschäftsbericht 2015, S. 140, 218 mit Investment in BASF-Aktien; *Deutsche Post AG*, Geschäftsbericht 2015, S. 116 f. mit Investment in *Stock Appreciation Right*-Programm.

258 Vgl. *Deutsche Post AG*, Geschäftsbericht 2015, S. 197. Ausführlich hierzu unter Abschnitt B.I.3.c)(ii) dieses Kapitels.

259 Vgl. *Deutsche Post AG*, Geschäftsbericht 2015, S. 197.

260 Vgl. *Continental AG*, Geschäftsbericht 2015, S. 22.

Druck auf die Vorstandsmitglieder vergrößert werden, den Verlust des Eigeninvestments zu vermeiden.

### (i) Investment in Aktien

Im Rahmen der Kategorie Investment in Aktien wird von den Begünstigten gefordert, dass sie neben der Teilnahme am virtuellen Aktienoptionsprogramm eine Investition in reale Aktien des Unternehmens tätigen. Der Begünstigte muss diese Aktien dabei während der gesamten Laufzeit des Programms halten.[261] Die Höhe des Eigeninvestments richtet sich entweder nach dem durch den Aufsichtsrat festgesetzten Zuteilungswert des virtuellen Aktienoptionsprogramms[262] oder einem bestimmten Prozentsatz der variablen Vergütung[263] bzw. der Jahresfestvergütung.[264]

Die Programme äußern sich dabei nicht zu den Motivationen, ein virtuelles Aktienoptionsprogramm mit einem Erwerb klassischer Aktien zu verbinden. Betrachtet man die im Rahmen der Motive aufgestellten Grundsätze, so könnte hierfür angeführt werden, dass einerseits eine engere Unternehmensidentifikation begründet wird und andererseits eine laufende Motivation besteht, den Unternehmenswert zu steigern, auch wenn die Obergrenze des virtuellen Aktienoptionsprogramms schon erreicht ist.[265] Eine besonders interessante Wechselwirkung zwischen virtuellen Aktienoptionsprogrammen und klassischen Aktien erzeugt dabei das Programm der Merck KGaA. Neben einem Eigeninvestment in Aktien bei Beginn des Programms sind 50% des Auszahlungswerts nach Ablauf des vierjährigen virtuellen Aktienoptionsprogramms wieder in Merck-Aktien zu reinvestieren.[266] Für jedes dieser Investition folgende Jahr kann ein Drittel der erworbenen Aktien veräußert werden. Die Motivationseffekte, insbesondere das Interesse an der Steigerung des Unternehmenswerts, werden somit über das

---

261 Vgl. *BASF SE*, Geschäftsbericht 2015, S. 140, 218; *Merck KGaA*, Geschäftsbericht 2015, S. 150; *RWE AG*, Geschäftsbericht 2015, S. 72.

262 Vgl. *RWE AG*, Geschäftsbericht 2015, S. 72.

263 Vgl. *Merck KGaA*, Geschäftsbericht 2015, S. 150.

264 Vgl. *BASF SE*, Geschäftsbericht 2015, S. 140, 218; *Merck KGaA*, Geschäftsbericht 2015, S. 150.

265 Alle drei der genannten virtuellen Aktienoptionsprogramme haben dabei Obergrenzen. Vgl. zu Obergrenzen Abschnitt B.III. dieses Kapitels.

266 *Merck KGaA*, Geschäftsbericht 2015, S. 150. Ein Re-Investment ist ferner im Rahmen des *Phantom Stock*-Programms der Daimler AG erforderlich, *Daimler AG*, Geschäftsbericht 2015, S. 125.

Ende der Laufzeit des virtuellen Aktienoptionsprogramms hinaus bis zu einem Zeitraum von mindestens sieben Jahren verlängert.

#### (ii) Investment in virtuelles Aktienoptionsprogramm

Bei einem Eigeninvestment in ein virtuelles Aktienoptionsprogramm richtet sich die Anzahl der Einheiten des Programms nach dem Investment. Ein Beispiel ist das Programm der Deutschen Post AG, bei dem ein Teil der Jahresfestvergütung in *Stock Appreciation Right*-Einheiten eingetauscht werden kann bzw. muss.[267] Hierdurch wird ein Teil der Festvergütung unter die Bedingung einer positiven Kursentwicklung gestellt und faktisch somit in eine variable Vergütungskomponente mit mehrjähriger Laufzeit umgewandelt.

Im Rahmen des virtuellen Aktienoptionsprogramms der Deutschen Post AG ist zu beachten, dass die Anzahl der gewährten Einheiten neben der Umwandlung der Jahresfestvergütung zahlenmäßig durch den Aufsichtsrat weiter erhöht werden kann.[268] Zusätzlich werden sämtliche *Stock Appreciation Right*-Einheiten unter die Bedingung gewisser Zielerreichungskomponenten gestellt. Der umgetauschte Anteil der Jahresfestvergütung wird somit unter eine doppelte Bedingung, den Anstieg des Aktienkurses und die individuelle Zielerreichung, gestellt. Da es sich um ein *Stock Appreciation Right*-Programm handelt, ist ein vollständiger Verlust des eingesetzten Investments im Vergleich zu einem Eigeninvestment über Aktien wesentlich wahrscheinlicher, tritt ein solcher Verlust doch schon ein, wenn der Aktienkurs nicht ansteigt. Ein derartiges Programm motiviert den Begünstigten daher mutmaßlich intensiver für eine Aktienkurssteigerung zu sorgen, um dem vollständigen Verlust seines Eigeninvestments vorzubeugen.

#### (iii) Aufschub der variablen Vergütung

Streng genommen handelt es sich bei dieser Form des Eigeninvestments nicht um eine tatsächlich geforderte Zahlung des Begünstigten, sondern vielmehr um den Aufschub eines von diesem bereits verdienten Zahlungsanspruchs (daher auch als *Deferral*[269] bezeichnet).[270] Dieser Aufschub bewirkt die Verlängerung einer leistungsorientierten Vergütungskomponente, indem ein Anteil des variablen Bonus des vergangenen Geschäftsjahres, nach Dax-Praxis 30–50%, der

267 So *Deutsche Post AG*, Geschäftsbericht 2015, S. 116 f.

268 Vgl. *Deutsche Post AG*, Geschäftsbericht 2015, S. 197.

269 So *Continental AG*, Geschäftsbericht 2015, S. 22.

270 Vgl. *Commerzbank AG*, Geschäftsbericht 2015, S. 29, 35; *Continental AG*, Geschäftsbericht 2015, S. 22; *Volkswagen AG*, Geschäftsbericht 2015, S. 68 f.

zukünftigen Entwicklung des Aktienkurses unterworfen wird.[271] Hierbei dürften insbesondere Nachhaltigkeitsgesichtspunkte im Vordergrund stehen, um die in einem Geschäftsjahr angestoßenen Maßnahmen über einen längeren Zeitraum der Wirkung auf den Aktienkurs auszusetzen. Gleichzeitig können unternehmensbezogene Leistungskriterien wie etwa Kundenzufriedenheit (als Kriterium eines variablen Bonus) mit Aspekten des *Shareholder Value* (als Treiber der Einführung eines virtuellen Aktienoptionsprogramms) verbunden werden. Das Erreichen gewisser individueller Unternehmensziele genügt nicht mehr für die Zahlung des Bonus, sondern der Aktienkurs muss zumindest auf dem gleichen Stand wie bei Zuteilung des virtuellen Aktienprogramms verweilen.[272] Ein Absinken des Kurses würde demgegenüber zu einem Rückgang des anhand der Leistungskomponenten für das Geschäftsjahr eigentlich bereits verdienten variablen Bonus führen.

Dabei sind auch verschiedene Kombinationsmöglichkeiten denkbar. Die Commerzbank AG unterscheidet bei dem verdienten variablen Bonus etwa zwischen einem kurzfristigen und einem langfristigen Aufschub.[273] Während die für den kurzfristig aufgeschobenen Bonus gewährten *Phantom Stocks* nach zwölf Monaten bar ausgezahlt werden, erfolgt eine Barzahlung für die einem langfristigen Aufschub unterliegenden *Phantom Stocks* erst nach sechs Jahren. Das Beispiel der Volkswagen AG zeigt, dass der Aufschub – insbesondere bei freiwilligem Eintauschen der variablen Vergütung in Einheiten eines virtuellen Aktienoptionsprogramms – auch als Zeichen an den Kapitalmarkt verstanden werden kann, dass Aufsichtsrat und Vorstand an eine langfristig positive Entwicklung des Aktienkurses glauben.[274]

Nicht verwechselt werden darf diese Form des Eigeninvestments mit dem Aufsetzen eines virtuellen Aktienoptionsprogramms im Rahmen der variablen Vergütung zu Beginn eines Geschäftsjahres.[275] Hier bestimmt der Aufsichtsrat einen Zielwert der variablen Vergütung und teilt einen Anteil dieses Zielwerts dem virtuellen Aktienoptionsprogramm zu. Der Wert des Programms kann dabei auch unter die Bedingung individueller Leistungskomponenten gestellt werden. Anders als in den soeben beschriebenen Beispielen handelt es sich dabei aber nicht um einen Zahlungsaufschub, sondern um eine Ausübungsbedingung

---

271 Vgl. *Commerzbank AG*, Geschäftsbericht 2015, S. 29, 35; *Continental AG*, Geschäftsbericht 2015, S. 22; *Volkswagen AG*, Geschäftsbericht 2015, S. 68 f.

272 Vgl. *Volkswagen AG*, Geschäftsbericht 2015, S. 68.

273 Vgl. *Commerzbank AG*, Geschäftsbericht 2015, S. 29, 35.

274 Vgl. Kapitel 1, Abschnitt B.I.2.d).

275 Vgl. als Beispiel *HeidelbergCement AG*, Geschäftsbericht 2015, S. 150 f.

oder Anpassungskomponente der Anzahl der Einheiten des virtuellen Aktienoptionsprogramms.

## II. Ausübungsbedingungen

### 1. *Ausgestaltung*

Die Ausübung des virtuellen Aktienoptionsprogramms ist durch den Ablauf einer mehrjährigen Wartezeit bedingt.[276] Hierdurch wird sichergestellt, dass ein Anreiz einer nachhaltigen Unternehmensentwicklung gesetzt wird und gleichzeitig der Mitarbeiter über einen längeren Zeitraum im Unternehmen verbleibt.[277] Dabei ist die Notwendigkeit einer Übertragung der starren vierjährigen Mindestwartezeit, die § 193 Abs. 2 Nr. 4 AktG für Aktienoptionsprogramme regelt, umstritten und wird daher gesondert besprochen.[278] Im Anschluss an die Wartezeit kann bis zur Auszahlung weitere Zeit verstreichen, sofern sich der Aktienkurs nach einem Durchschnittswert oder Zeitpunkt nach Ende der Wartezeit berechnet.[279]

Dem Begünstigten können ferner ein Ausübungszeitraum, verschiedene Ausübungszeitpunkte oder eine Staffelung der Ausübung zugesagt werden.[280] Ein Ausübungszeitraum ergibt lediglich dann Sinn, wenn sich der Wert der *Phantom Stocks* nicht nach einem definierten Zeitpunkt oder Zeitraum (Beispiel: Ablauf der Wartezeit) richtet, sondern nach dem Ausübungszeitpunkt. Dem Begünstigten wird hierdurch die Möglichkeit gegeben, auf einen Zeitraum zu setzen, in dem der Aktienkurs besonders hoch notiert. Motivationseffekte des Programms werden hierdurch verlängert, gleichzeitig besteht – insbesondere bei der obersten Führungsebene – die Gefahr von kurzfristigen Kursmanipulationen.[281] Ein Mittelweg ist es, die Laufzeit um ein Jahr zu verlängern, indem nach Ablauf des Programms weitere Ausübungszeiträume gewährt werden, der

---

276 Vgl. *Janssen/Riehle in*: Drinhausen/Eckstein, Handbuch der AG, § 24, Rn. 17; *Suchan/Baumunk* in: Kessler/Sauter, Rn. 681.

277 Vgl. Kapitel 1, Abschnitt B.III.

278 Siehe hierzu näher Kapitel 4.

279 Vgl. als Beispiel der Praxis *ThyssenKrupp AG*, Geschäftsbericht 2015/2016, S. 24.

280 Vgl. als Beispiel der Praxis *Fresenius Medical Care AG & Co. KGaA*, Geschäftsbericht 2015, S. 123, 182; *RWE AG*, Geschäftsbericht 2015, S. 126; *Deutsche Post AG*, Geschäftsbericht 2015, S. 117.

281 Im Ergebnis ebenso: Regierungsbegründung KonTraG, BT-Drs. 13/9712, S. 24, mit dem Verweis auf Insiderkenntnisse sowie *Stenzel*, DStR 2017, 883, 885 f., der sich dafür ausspricht, dass „*Managern*" keine Einflussmöglichkeit gewährt wird.

Auszahlungsanspruch jedoch an einen Aktienkursdurchschnitt über einen längeren Zeitraum geknüpft wird.[282] Notiert die Aktie im ersten Ausübungszeitraum noch nicht wunschgemäß, kann der Begünstigte somit auf einen (weiteren) Aktienkursanstieg setzen und die Programmlaufzeit durch Nicht-Ausüben verlängern.

Teilweise wird vorgesehen, dass die Ansprüche aus dem virtuellen Aktienoptionsprogramm nach Ende des Ausübungszeitraums verfallen, sofern eine Ausübung nicht rechtzeitig erfolgt.[283] Mutmaßlich soll dies zu einer Motivation der Begünstigten des Programms führen, sich enger mit dem Programm und der Kursentwicklung auseinanderzusetzen.

Auch im Rahmen der Ausübungsbedingungen können – wie bereits im Rahmen der Anpassung der Anzahl der gewährten Einheiten dargestellt – Erfolgsziele festgelegt werden, die die Ausübung des virtuellen Aktienoptionsprogramms unter eine Bedingung stellen.[284]

Eine auf der Vorstandsvergütung der RWE AG basierende Beispielklausel kombiniert die beschriebenen Möglichkeiten, namentlich eine Wartezeit, um eine nachhaltige Steigerung des Unternehmenswerts sicherzustellen, Ausübungsperioden, um Effekte des Programms zu verlängern, und Erfolgsziele, um eine konkretere Motivationssteuerung zu bezwecken und *Windfall Profits* zu vermeiden:

**Beispielklausel 3: Ausübungsbedingungen und Wartezeit**[285]
Die Ausübung der *Phantom Stock*-Einheiten ist frühestens am 31.12 des vierten Jahres der Laufzeit (die „**Wartezeit**“) sowie zum 30.06 und 31.12 des auf das Ende der Wartezeit folgenden Jahres (jeweils ein „**Bewertungsstichtag**“) anteilig oder in voller Höhe durch schriftliche Ausübungserklärung gegenüber der Gesellschaft möglich. Zum letztmöglichen Bewertungsstichtag gelten alle verbleibenden *Phantom Stock*-Einheiten als automatisch ausgeübt. Die Ausübung wird unter die Bedingung gestellt, dass sich der Aktienkurs der Gesellschaft zuzüglich fiktiv reinvestierter Dividenden zum jeweiligen Bewertungsstichtag besser entwickelt hat, als mindestens 25% der im STOXX-Europe-600-Utilities-Index vertretenen Gesellschaften.

282 Vgl. als Beispiel der Praxis *RWE AG*, Geschäftsbericht 2015, S. 72.
283 Vgl. *Deutsche Post AG*, Geschäftsbericht 2015, S. 117.
284 Siehe zu derartigen Ausgestaltungsmöglichkeiten Abschnitt B.I.2.b) dieses Kapitels.
285 Vgl. *RWE AG*, Geschäftsbericht 2015, S. 72

### 2. *Praxis der Dax-Unternehmen im Geschäftsjahr 2015*

Die Aufnahme von Ausübungsbedingungen ist nicht zwingend.[286] Jedoch trägt die Aufnahme einer Leistungskomponente dem Umstand Rechnung, dass Teile der Vorstandsvergütung leistungsbezogenen Kriterien folgen sollen.[287] Entsprechend zeigt der Blick in die Praxis, dass der überwiegende Teil der Dax-Unternehmen eine Leistungskomponente entweder über Ausübungsbedingungen oder eine Anpassung der Anzahl der Einheiten in sein virtuelles Aktienoptionsprogramm für Vorstandsmitglieder aufgenommen hat.[288]

**Abbildung 6:** Aufnahme einer Leistungskomponente durch Dax-Unternehmen bei Ausgabe virtueller Aktienoptionsprogramme (Geschäftsjahr 2015)[289]

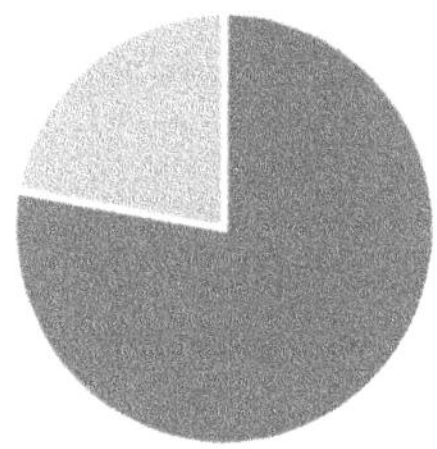


286 Vgl. OLG Stuttgart NZG 1998, 822, 825; OLG Stuttgart NZG 2001, 1089, 1091 f.; *Kort* in: Großkommentar AktG, 5. Auflage, Bd. 4/1, § 87, Rn. 216.

287 Vgl. zum Erfordernis einer leistungsorientierten Vergütung neben anderen *Spindler* in: MüKo, AktG, Bd. 4, § 87, Rn. 45 ff.; *Mertens/Cahn* in: Kölner Kommentar zum AktG, Bd. 2/1, § 87, Rn. 13.

288 Dabei wurde im Rahmen der folgenden Aufstellung nicht zwischen einer Leistungskomponente, die die Anzahl anpasst, und einer solchen, die die Ausübung bedingt, unterschieden, da die Grenzen hier fließend sind. Vergleiche zu Beispielen der Ausgestaltung Abschnitt B.I.2.b) dieses Kapitels.

289 Quellen: Analyse der jeweiligen Geschäftsberichte des Geschäftsjahrs 2015 der in der Einleitung unter Abschnitt A. aufgezählten 18 Unternehmen, die virtuelle Aktienoptionsprogramme als Teil ihrer Vorstandsvergütung ausgeben; Nachweise siehe Anhang. Hinsichtlich der Commerzbank AG, die ein Programm ohne Leistungskomponente ausgibt, müssen leichte Einschränkungen gemacht werden; das Programm wird unter den Vorbehalt *„verschiedener Prüfungsschritte zur Sicherung der Nachhaltigkeit"* gestellt, *Commerzbank AG*, Geschäftsbericht 2015, S. 29; wie diese Prüfungsschritte konkret aussehen, wird nicht erwähnt, hierdurch wird aber wohl die Möglichkeit eröffnet, Anpassungen vorzunehmen; angesichts der fehlenden ausdrücklichen Erwähnung einer Leistungskomponente kann das Programm dennoch der Gruppe der Programme ohne Leistungskomponente zugeordnet werden.

## III. Obergrenzen

### *1. Ausgestaltung*

Virtuelle Aktienoptionsprogramme können – wie klassische Aktienoptionsprogramme – bei einem bedeutenden Anstieg des Aktienkurses den überwiegenden Anteil eines Vergütungssystems darstellen.[290] Die Obergrenze schränkt dies ein, indem sie eine Begrenzung des virtuellen Aktienoptionsprogramms über die Definition eines festen, maximalen Ausschüttungsbetrags bewirkt.[291] Angesichts des nicht vorhersehbaren Anstiegs des Aktienkurses schützt eine Obergrenze (auch: *Cap*)[292] das Unternehmen vor einem übermäßigen Liquiditätsabfluss im Ausübungszeitpunkt des virtuellen Aktienoptionsprogramms.[293] Als Beispiel dient folgende an das Vergütungsprogramm der E.ON SE angelehnte Klausel, die insbesondere zeigt, dass die Obergrenze alle Wertkomponenten umfassen sollte:

> **Beispielklausel 4: Obergrenze**[294]
> Der auszahlbare Wert jeder *Phantom Stock*-Einheit ist begrenzt auf 200% des Wertes derselben im Zeitpunkt der Zuteilung (die „**Obergrenze**"). Zu dem auszahlbaren Wert einer *Phantom Stock*-Einheit gehören dabei auch die während der Laufzeit des virtuellen Aktienoptionsprogramms ausgeschütteten Dividendenzahlungen.

Neben den beschriebenen wirtschaftlichen Erwägungen stellt sich die Frage, ob eine Obergrenze aus Gesichtspunkten einer angemessenen Vorstandsvergütung erforderlich ist.[295]

Schon das Aktiengesetz von 1937 hat dem Aufsichtsrat vorgeschrieben, für eine angemessene Vergütung des Vorstands Sorge zu tragen, um einer ausufernden Vergütung vorzubeugen.[296] Gesetzlich vorgeschrieben war weder damals noch heute die Aufnahme einer betragsmäßigen Obergrenze.[297] Für die variable Vorstandsvergütung spricht § 87 Abs. 1 Satz 3 AktG bei einer außerordentlichen Entwicklung

---

290 Vgl. *Kohler*, ZHR 161 (1997), 246, 255; *Baums*, FS Claussen 1997, 3.

291 Vgl. *Fonk* in: Semler/von Schenck, Aufsichtsrats HdB, § 10, Rn. 142.

292 Vgl. *Kort* in: Großkommentar AktG, 5. Auflage, Bd. 4/1, § 87, Rn. 258.

293 Vgl. *Kutsch* in: MAH Aktienrecht, § 32, Rn. 191; *Holzborn* in: Marsch-Barner/Schäfer, Rn. 54.13.

294 Vgl. *E.ON SE*, Geschäftsbericht 2015, S. 84.

295 Vgl. *Kohler*, ZHR 161 (1997), 246, 255; *Spindler* in: MüKo, AktG, Bd. 2, § 87, Rn. 103.

296 Vgl. § 78 Abs. 1 Satz 1 AktG von 1937, RGBl. I, S. 121; *Thüsing*, DB 2003, 1612.

297 Vgl. Beschlussempfehlung VorstAG, BT-Drs. 16/13433, S. 10; *Kort* in: Großkommentar AktG, 5. Auflage, Bd. 4/1, § 87, Rn. 147, 258 f. *Spindler* in: MüKo, AktG, Bd. 2, § 87, Rn. 103 plädiert demgegenüber dafür, dass aus der Angemessenheit der Vorstandsvergütung das Gebot folgt, einen Höchstbetrag festzusetzen.

jedoch davon, dass der Aufsichtsrat eine „*Begrenzungsmöglichkeit*", vorsehen „*soll*".[298] Die Gesetzesbegründung nennt als Beispiel eine betragsmäßig festgesetzte Obergrenze, stellt die Ausgestaltung aber in das Ermessen des Aufsichtsrats.[299] Als Alternative kann der Aufsichtsrat etwa eine Anpassungsmöglichkeit aufnehmen, sofern eine außerordentliche Entwicklung oder unangemessene Vergütung droht.[300]

Für börsennotierte Unternehmen ergeben sich weitere, engere Vorgaben aus dem Deutschen Corporate Governance Kodex.[301] Der Kodex sieht in Ziffer 4.2.3 Abs. 2 Satz 6 vor, dass die Vergütung „*insgesamt und hinsichtlich ihrer variablen Vergütungsteile betragsmäßige Höchstgrenzen aufweisen*" soll.[302] Damit wird zwar das Setzen einer solchen festen Höchstgrenze bzw. Obergrenze verlangt, allerdings wird in Bezug auf die Höhe keine Grenze gezogen.[303] Für virtuelle

---

298 Vgl. *Fonk* in: Semler/von Schenck, Aufsichtsrats HdB, § 10, Rn. 142; *Hohenstatt/Kuhnke*, ZIP 2009, 1981, 1988; *Kort* in: Großkommentar AktG, 5. Auflage, Bd. 4/1, § 87, Rn. 145 ff.

299 Vgl. Beschlussempfehlung VorstAG, BT-Drs. 16/13433, S. 10; *Mertens/Cahn* in: Kölner Kommentar zum AktG, Bd. 2/1, § 87, Rn. 53; *Kort* in: Großkommentar AktG, 5. Auflage, Bd. 4/1, § 87, Rn. 147, 258a; *Hohenstatt/Kuhnke*, ZIP 2009, 1981, 1988.

300 Vgl. *Seibert*, WM 2009, 1489, 1490; *Kort* in: Großkommentar AktG, 5. Auflage, Bd. 4/1, § 87, Rn. 147; *Spindler* in: MüKo, AktG, Bd. 2, § 87, Rn. 92, der insofern darauf verweist, dass hierdurch eine flexible Berücksichtigung der tatsächlichen Leistung des Vorstandsmitglieds möglich ist; *Hohenstatt/Kuhnke*, ZIP 2009, 1981, 1988 f. Kritisch hierzu *Thüsing*, AG 2009, 517, 522 f.

301 Vgl. zum vergleichbaren Fall des Aktienerwerbs *Fonk* in: Semler/von Schenck, Aufsichtsrats HdB, § 10, Rn. 142.

302 Hierzu ist zudem umstritten, ob eine derartige Obergrenze für den Zuteilungs- und den Ausübungszeitpunkt festgesetzt werden muss. Vgl. *Kort* in: Großkommentar AktG, 5. Auflage, Bd. 4/1, § 87, Rn. 263; *DAV-Handelsrechtsausschuss*, NZG 2013, 419, 420; *Schmidt-Bendun*, AG 2014, 177, 179; *Peters/Hecker*, BB 2013, 2887, 2891; *Klein*, AG 2013, 733, 736. Die SAP SE kündigte als Konsequenz für das Geschäftsjahr 2016 einen zweistufiger *Cap* an, der eine Obergrenze für Zuteilung und Auszahlung des virtuellen Aktienoptionsprogramms setzen soll, *SAP SE*, Entsprechungserklärung Geschäftsjahr 2015, S. 2. Der *DAV-Handelsrechtsausschuss* und *Schmidt-Bendun* verlangen daher eine Klärung der Regierungskommission, vgl. *DAV-Handelsrechtsausschuss*, NZG 2013, 419, 420; *Schmidt-Bendun*, AG 2014, 177, 179.

303 Vgl. *Kort* in: Großkommentar AktG, 5. Auflage, Bd. 4/1, § 87, Rn. 270. Ein Beispiel für das normative Setzen einer derartigen Obergrenze ist etwa § 25a Abs. 5 Satz 5 KWG, der für Mitarbeiter und Geschäftsleiter eine Obergrenze der variablen Vergütung in Höhe von 200% der fixen Vergütung vorsieht, wobei auch hierfür ein Hauptversammlungsbeschluss erforderlich ist, vgl. auch *Rieckers* in: Spindler/Stilz, AktG, Bd. 2, § 192, Rn. 46b.

Aktienoptionsprogramme bedeutet dies, dass bei starken Aktienkursanstiegen nur ein begrenzter Anteil des Aktienwerts oder der Aktienwert ausgezahlt werden darf.[304]

Fehlt es an einer solchen Obergrenze, so hat der Aufsichtsrat zu begründen, warum diese nicht erforderlich ist und er insofern von den Vorgaben des Deutschen Corporate Governance Kodex abweicht.[305] Eine derartige Begründungspflicht kann auch aus der Angemessenheit der Vergütung nach § 87 Abs. 1 AktG geschlussfolgert werden, birgt der Verzicht auf Obergrenzen angesichts unbegrenzt drohender Zahlungsansprüche doch Gefahren für das Unternehmen.[306] Ein denkbarer begründungsfähiger Ausnahmefall könnte ein Eigeninvestment des Begünstigten in virtuelle Aktienoptionen sein, droht hier doch der Verlust der Investition.[307] Letztlich ist dennoch fraglich, ob das Eingehen eines derartigen wirtschaftlichen Risikos mit unbegrenzten Möglichkeiten der Wertsteigerung belohnt werden sollte.

Im Ergebnis sprechen bei Vorstandsmitgliedern Gründe der Praktikabilität[308] dafür, eine Obergrenze in das virtuelle Aktienoptionsprogramm aufzunehmen.[309] Der Aufsichtsrat kommt nicht in Begründungsnot hinsichtlich der Angemessenheit der Vergütung und einer Abweichung vom Deutschen Corporate Governance Kodex. Ganz allgemein schützt die Obergrenze zudem vor einer außerordentlichen Liquiditätsbelastung des Unternehmens und dem Eingehen unnötiger Risiken, die rein an einer maximalen Steigerung des Aktienkurses orientiert sind.[310]

### 2. *Praxis der Dax-Unternehmen im Geschäftsjahr 2015*

Die Praxis der Dax-Unternehmen im Geschäftsjahr 2015 bestätigt das dargestellte Ergebnis. Im Rahmen der Vorstandsvergütung werden regelmäßig Obergrenzen vereinbart, wobei Obergrenzen zwischen 200% und 300% am gängigsten sind.

---

304 Vgl. *Kort* in: Großkommentar AktG, 5. Auflage, Bd. 4/1, § 87, Rn. 263; *Fonk* in: Semler/von Schenck, Aufsichtsrats HdB, § 10, Rn. 142.

305 Vgl. § 161 Abs. 1 Satz 1 AktG sowie *Sünner*, AG 2014, 115, 118.; *Klein*, AG 2013, 733, 737.

306 Vgl. *Thüsing*, ZGR 2003, 457, 498.

307 Vgl. *Fonk* in: Semler/von Schenck, Aufsichtsrats HdB, § 10, Rn. 142.

308 So *Hüffer/Koch*, AktG, § 87, Rn. 16; *Kort* in: Großkommentar AktG, 5. Auflage, Bd. 4/1, § 87, Rn. 147; ähnlich *Hoffmann-Becking/Krieger*, NZG-Beilage 2009, 1, 4.

309 Ebenso *Hohenstatt/Kuhnke*, ZIP 2009, 1981, 1988.

310 Vgl. zu den Vorteilen einer Obergrenze Kapitel 1, Abschnitt B.III.1.

**Abbildung 7:** Anzahl der Obergrenzen virtueller Aktienoptionsprogramme für Vorstandsmitglieder der Dax-Unternehmen (Geschäftsjahr 2015)[311]

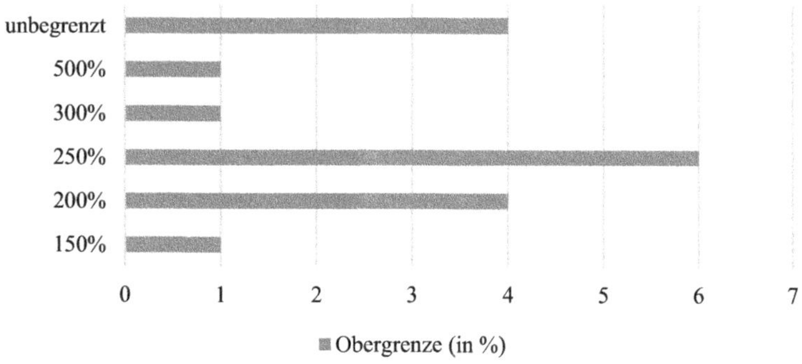


Diese Obergrenzen knüpfen prozentual an den Wert im Zeitpunkt der Zuteilung an und werden mit dem Wert des virtuellen Aktienoptionsprogramms im Zeitpunkt der Zuteilung zuzüglich etwaiger Dividendenzahlungen verrechnet.[312] Insofern ändert eine nachträgliche Anpassung der Anzahl der gewährten Einheiten des virtuellen Aktienoptionsprogramms die bei Aufsetzung des Programms festgelegte Obergrenze nicht.[313] Dies lässt sich für ein *Phantom Stock*-Programm in der folgenden Beispielformel ausdrücken:

(Wert PS bei Zuteilung × Obergrenze%) – (Wert PS bei Ausübung + [Dividendenzahlung je Aktie × Anzahl Phantom Stocks])[314]

Ergibt diese Subtraktion einen negativen Wert, so wird nur ein der Obergrenze entsprechender Betrag ausgezahlt.

Von den Dax-Unternehmen, die keine Obergrenze festsetzen, wird lediglich im Programm der Commerzbank AG ein Eigeninvestment über Aufschub des

---

311 Quellen: Analyse der jeweiligen Geschäftsberichte des Geschäftsjahrs 2015 der in der Einleitung unter Abschnitt A. aufgezählten 18 Unternehmen, die virtuelle Aktienoptionsprogramme als Teil ihrer Vorstandsvergütung ausgeben; Nachweise siehe Anhang. Die Deutsche Post AG setzt für jedes Vorstandsmitglied individuelle Betragsgrenzen fest, eine einheitliche Obergrenze für alle Vorstandsmitglieder gibt es – soweit ersichtlich – nicht.

312 Vgl. als Beispiel der Praxis *E.ON SE*, Geschäftsbericht 2015, S. 84.

313 Vgl. als Beispiel der Praxis *E.ON SE*, Geschäftsbericht 2015, S. 84.

314 PS steht hier für *Phantom Stocks*.

variablen Vergütungsbestandteils getätigt.[315] Das insofern bestehende Risiko wird als Grund angeführt, warum keine Obergrenze vereinbart wurde. Hierzu heißt es:

> „*Nach dem Konzept des Vergütungssystems sollen die Vorstandsmitglieder als Element einer nachhaltigen Vergütung ab Ermittlung des Gesamtzielerreichungsbetrages im Hinblick auf die Entwicklung der virtuellen Aktien im Risiko sein. Die Begrenzung der Chance auf Teilhabe an einer positiven Kursentwicklung wäre insbesondere vor dem Hintergrund, dass keine Begrenzung für Kursverluste vorgesehen ist, nicht angemessen.*“[316]

Die Beteiligung an „*Risiken und Chancen*“[317] der Unternehmensentwicklung stellt auch für die Übrigen Dax-Unternehmen ohne Obergrenze das maßgebliche Begründungskriterium des Verzichts dar, wobei fraglich ist, worin bei fehlender Eigenbeteiligung das Risiko liegen mag. Die SAP SE bezeichnet eine Obergrenze gar als Einschränkung der „*Grundgedanken einer aktienbezogenen Vergütung*“.[318] Erkennbar treten für diese Unternehmen die Bedenken gegen die Incentivierung zu außergewöhnlichen Risiken, die mit gesteigerten *Agency Costs* einhergehen dürften,[319] in den Hintergrund.

Die oben beschriebenen Grundsätze der angemessenen Vorstandsvergütung werden bei fehlender Obergrenze über eine Begrenzungsmöglichkeit des Aufsichtsrats gewahrt.[320] Auf die Abweichung von Nummer 4.2.3 Abs. 2 Satz 6 Deutscher Corporate Governance Kodex wird jeweils explizit hingewiesen.[321] Es zeigt sich also, dass auf den Verzicht einer Obergrenze mit einem gesteigerten Begründungsaufwand reagiert wird.

---

315 Vgl. *Commerzbank AG*, Geschäftsbericht 2015, S. 29. Hierzu könnte unter Umständen angesichts der hohen Obergrenze von 500% auch das virtuelle Aktienoptionsprogramm der BASF SE gezählt werden, *BASF SE*, Geschäftsbericht 2015, S. 218 f. Auch hier ist ein Eigeninvestment erforderlich, allerdings lediglich ein Erwerb von realen BASF-Aktien.

316 *Commerzbank AG*, Geschäftsbericht 2015, S. 29.

317 *Fresenius Medical Care AG & Co. KGaA*, Geschäftsbericht 2015, S. 117.

318 *SAP SE*, Entsprechungserklärung Geschäftsjahr 2015, S. 2.

319 Vgl. die Ausführungen in Kapitel 1, Abschnitt B.II.3.

320 Vgl. etwa *Fresenius Medical Care AG & Co. KGaA*, Geschäftsbericht 2015, S. 117.

321 Vgl. *Commerzbank AG*, Geschäftsbericht 2015, S. 29; *Fresenius SE & Co. KGaA*, Geschäftsbericht 2015, S. 76; *Fresenius Medical Care AG & Co. KGaA*, Geschäftsbericht 2015, S. 117. Besonders explizit *Fresenius SE & Co. KGaA*, Geschäftsbericht 2015, S. 76; *Fresenius Medical Care AG & Co. KGaA*, Geschäftsbericht 2015, S. 117: „*Von dieser Empfehlung wird abgewichen*“; *SAP SE*, Entsprechungserklärung Geschäftsjahr 2015, S. 2.

## IV. Verfallklausel

Greift eine Verfallklausel, kommt es nicht zu dem Entstehen eines Auszahlungsanspruchs. Vielmehr werden die zuvor zugeteilten Einheiten des virtuellen Aktienoptionsprogramms eingezogen bzw. verfallen. In der Regel knüpfen Verfallklauseln an das fortlaufende Bestehen des Arbeits- oder Dienstverhältnisses des Begünstigten während der Programmlaufzeit an.[322] Die Verfallklausel stellt somit sicher, dass der Begünstigte während der Programmlaufzeit im Unternehmen verbleibt, da ihm anderenfalls finanzielle Nachteile durch Verlust der Ansprüche aus dem virtuellen Aktienoptionsprogramm drohen.[323] Kombiniert werden kann eine derartige Verfallklausel mit einer staffelartig ansteigenden Unverfallbarkeit der Einheiten nach einem bestimmten Zeitablauf (sog. *Vesting*).[324] Dann nimmt der Bindungseffekt über die Laufzeit des Programms jedoch schrittweise ab.

Sicherzustellen ist, dass die Verfallklauseln den Begünstigten nicht unberechtigt benachteiligen.[325] Hierbei ist zwischen den Regelungen in Allgemeinen Geschäftsbedingungen und individualvertraglichen Vereinbarungen zu unterscheiden.

### *1. Einstufung als Allgemeine Geschäftsbedingungen*

Sofern es sich um Allgemeine Geschäftsbedingungen handelt, ist Anknüpfungspunkt für die Zulässigkeit der Verfallklausel § 307 Abs. 2 BGB.[326] Lange Zeit

---

322 Vgl. etwa *Allianz SE*, Geschäftsbericht 2015, S. 51; *Commerzbank AG*, Geschäftsbericht 2015, S. 38 sowie das Beispiel bei *Kessler/Suchan* in: Kessler/Sauter, Anlagen, S. 485. Im Zusammenhang mit virtuellen Aktienoptionsprogrammen, die zugunsten von Mitarbeitern im Start-up-Segment oder im Private-Equity-Bereich bei Managementbeteiligungsprogrammen aufgesetzt werden, unterscheidet man hier zudem zwischen sogenannten *Good* und *Bad Leavern*. Als *Good Leaver* wird in der Regel derjenige bezeichnet, der das Unternehmen nicht freiwillig verlässt (etwa auf Grund einer Berufsunfähigkeit), als *Bad Leaver* derjenige, der entweder freiwillig kündigt oder dem nach § 626 BGB außerordentlich gekündigt wird. Vgl. hierzu *Weitnauer* in: Weitnauer, VC, Teil F, Rn. 205; *Schönhaar*, GWR 2017, 293, 294; *Wilhelm*, NZG 2013, 1211.

323 Vgl. die Ausführungen in Kapitel 1, Abschnitt B.I.1.b) sowie *Schniepp*/Giesecke, NZG 2017, 128, 132.

324 Vgl. etwa *Schönhaar*, GWR 2017, 293, 294.

325 Die Geschäftsberichte der Dax-Unternehmen bieten hier keine hinreichende Konkretisierung derartiger Verfallklauseln, so dass eine Analyse nicht verlässlich möglich ist.

326 Vgl. BAG, NZA 2008, 1066, 1070.

galt die Einstufung von Verfallklauseln als unangemessene Benachteiligung als rechtlich unsicher.[327] Nunmehr ist die Frage – explizit auch für virtuelle Aktienoptionsprogramme – dahingehend höchstrichterlich geklärt, dass die für klassische Aktienoptionsprogramme aufgestellten Grenzen der schuldrechtlichen Ausgestaltungsmöglichkeiten von Verfallklauseln auf virtuelle Aktienoptionsprogramme übertragen werden.[328]

Das Bundesarbeitsgericht lehnt demgegenüber eine uneingeschränkte Anwendung der zu § 307 Abs. 2 BGB für Sondervergütungen aufgestellten strengeren Grenzen ab.[329] Grund hierfür ist der *„spekulative Charakter“* der aktienbasierten Vergütung, der zukünftige und nicht vergangene Leistungen belohnen soll.[330] Da externe Einflüsse unabhängig von der konkreten Leistung des Begünstigten zu einem vollständigen Wertverlust des Programms führen können, ist eine Schutzbedürftigkeit des Begünstigten gegenüber einer Sondervergütung wesentlich schwächer ausgeprägt.[331] § 193 Abs. 2 Nr. 4 AktG manifestiert zudem den Willen des Gesetzgebers, eine Anreizmöglichkeit zur nachhaltigen Unternehmenswertsteigerung zu gewähren, die nur bei Bindung über einen längeren Zeitraum erreicht werden kann.[332] Ein mit einem virtuellen Aktienoptionsprogramm verfolgter Zweck der *„langfristigen Verhaltenssteuerung“* ist daher nicht mit dem Fortlaufen des Programms nach Ausscheiden des Begünstigten aus dem Unternehmen vereinbar.[333] Entsprechend ist der Grund des Ausscheidens letztlich unerheblich.[334]

---

327 Vgl. *Mohr/Bihn* in: Kessler/Sauter, Rn. 937 ff.

328 Vgl. BAG, NZA 2008, 1066, 1073; *Simon/Greßlin*, BB 2009, 168; *Staake*, NJOZ 2010, 2494, 2496; zuvor bereits ArbG Düsseldorf, Urteil vom 22. August 2005, Az. 7 Ca 2689/05, dort Rn. 73. Vgl. ferner *Lingemann* in: Bauer/Lingemann/Diller/Haußmann, Anwalts-Formularbuch Arbeitsrecht, Kap. 12, Rn. 65.

329 Vgl. BAG, NZA 2008, 1066, 1070; *Schniepp*/Giesecke, NZG 2017, 128, 132.

330 BAG, NZA 2008, 1066, 1071; zuvor bereits ArbG Düsseldorf, Urteil vom 22. August 2005, Az. 7 Ca 2689/05, dort Rn. 82; *Legerlotz/Laber*, DStR 1999, 1658, 1664; *Lemke*, BB 2001, 1469, 1473.

331 Vgl. BAG, NZA 2008, 1066, 1071; zuvor bereits *Baeck/Diller*, DB 1998, 1405, 1408, die als Beispiel einen *„schwarzen Freitag“* mit gravierenden Kursverlusten nennen.

332 Vgl. BAG, NZA 2008, 1066, 1072; zuvor bereits ArbG Düsseldorf, Urteil vom 22. August 2005, Az. 7 Ca 2689/05, dort Rn. 72.

333 BAG, NZA 2008, 1066, 1073; vgl. ferner *Staake*, NJOZ 2010, 2494, 2499.

334 Vgl. BAG, NZA 2008, 1066, 1073; zuvor bereits *Baeck/Diller*, DB 1998, 1405, 1407; *Legerlotz/Laber*, DStR 1999, 1658, 1664 f.

Anders ist dies lediglich dort, wo die Vergütung vergangener Leistungen erfolgt oder der Gedanke des Treu und Glaubens einer Verfallklausel ausnahmsweise entgegensteht.[335] Wurde bei Programmbeginn etwa ein Eigeninvestment des Begünstigten getätigt, ist dieses mindestens in Höhe der ursprünglichen Investition zurück zu gewähren.[336] Andernfalls droht eine Unwirksamkeit der Verfallklausel.[337] Auch ist die Gewichtung des virtuellen Aktienoptionsprogramms im Gesamtkontext der Vergütung zu beachten. Besteht die Vergütung zu einem großen Anteil aus dem virtuellen Aktienoptionsprogramm, so wird bei einem Verfall unter Umständen die Grenze der Sittenwidrigkeit nach § 138 BGB überschritten.[338] Schließlich darf die Wirkungsdauer der Verfallklausel nicht derart lang sein, dass eine unzulässige Kündigungserschwerung vorliegt. Die Verfallklausel steht daher in Zusammenhang mit der Laufzeit des virtuellen Aktienoptionsprogramms. Jedenfalls ist eine Orientierung an der vierjährigen Laufzeit des § 193 Abs. 2 Nr. 4 AktG zulässig, allerdings deutet die Rechtsprechung des Bundesarbeitsgerichts an, dass auch eine fünfjährige Höchstgrenze als maximale Wartezeit in Betracht kommt.[339]

Entsprechend diesen Ausführungen ist die folgende Verfallklausel denkbar, die differenzierend sowohl die Interessen des Begünstigten (kein Verfall bei Kündigung aus wichtigem Grund, etwa sexueller Belästigung am Arbeitsplatz) als auch des Unternehmens (keine Ansprüche bei freiwilliger Kündigung oder Kündigung durch das Unternehmen aus wichtigem Grund) berücksichtigt:

---

335 Vgl. BAG, NZA 2008, 1066, 1073. Zu denken wäre etwa an eine willkürliche Kündigung kurz vor Programmende.

336 Vgl. *Baeck/Diller*, DB 1998, 1405, 1408; *Legerlotz/Laber*, DStR 1999, 1658, 1664; *Schanz*, NZA 2000, 626, 634; *Lingemann* in: Bauer/Lingemann/Diller/Haußmann, Anwalts-Formularbuch Arbeitsrecht, Kap. 12, Rn. 65.

337 Vgl. *Lingemann* in: Bauer/Lingemann/Diller/Haußmann, Anwalts-Formularbuch Arbeitsrecht, Kap. 12, Rn. 65. Diese Unwirksamkeit folgt aus § 307 Abs. 1 Satz 2 BGB oder § 307 Abs. 1 Satz 1, Abs. 2 BGB.

338 Vgl. mwN. ArbG Düsseldorf, Urteil vom 22. August 2005, Az. 7 Ca 2689/05, dort Rn. 86; *Mohr/Bihn* in: Kessler/Sauter, Rn. 945 f.; *Schniepp*/Giesecke, NZG 2017, 128, 133.

339 BAG, NZA 2008, 1066, 1072; ebenso *Rieckers* in: Spindler/Stilz, AktG, Bd. 2, § 193, Rn. 34; *Fuchs* in: MüKo, AktG, Bd. 4, § 193, Rn. 34; *Baeck/Diller*, DB 1998, 1405, 1408; *Lemke*, BB 2001, 1469, 1473; *Frey* in: Großkommentar AktG, 4. Auflage, Bd. 6, § 193, Rn. 75; *Schniepp*/Giesecke, NZG 2017, 128, 132.

**Beispielklausel 5: Verfallklausel**[340]
Sofern das Dienst- oder Arbeitsverhältnis des Begünstigten während der Laufzeit durch (i) den Begünstigten (ohne einen durch das Unternehmen veranlassten wichtigen Grund nach § 826 BGB) oder (ii) das Unternehmen aus wichtigem Grund nach § 826 BGB beendet wird, verfallen sämtliche zugeteilten *Phantom Stock*-Einheiten des Begünstigten ohne Entschädigung.

### 2. *Individualvertragliche Ausgestaltung*

Sofern virtuelle Aktienoptionsprogramme im Rahmen des Arbeitsvertrages gewährt werden und für vergangene Arbeitsleistung belohnen sollen, kann eine Gegenleistung für den erbrachten Arbeitseinsatz nicht mehr entzogen werden, da der Zweck des Programms erreicht wurde.[341] Wird auch hier das Programm zu einer Bindung des Begünstigten und zur Partizipation am Unternehmenserfolg und mithin ausdrücklich nicht als Belohnung vergangener Leistungen eingesetzt, so sind die Grundsätze des Bundesarbeitsgerichts zur Zulässigkeit einer Verfallklausel übertragbar.[342] Dies folgt aus dem Umstand, dass das Bundesarbeitsgericht zentral auf die Zielrichtung eines virtuellen Aktienoptionsprogramms abstellt.[343] Daher ist unerheblich, ob dieser Zweck über ein allgemein oder individuell aufgesetztes Programm erreicht werden soll. Die Verfallklausel ist klar und verständlich in den Arbeitsvertrag aufzunehmen.[344]

### 3. *Mischformen*

Eine Differenzierung ist bei Mischformen erforderlich, also einer Kombination aus Leistungskomponenten für vergangene, bereits erbrachte Leistungen und Anlehnung an den Aktienkurs zur Bindung und nachhaltigen Motivation des Begünstigten. Derartige Kombinationen sind in der Praxis der Dax-Unternehmen

---

340 Das Beispiel basiert auf Erfahrungen des Autors in der Praxis sowie *Kessler/Suchan* in: Kessler/Sauter, Anlagen, S. 485; *Allianz SE*, Geschäftsbericht 2015, S. 51; *Commerzbank AG*, Geschäftsbericht 2015, S. 38.

341 Vgl. *Mohr/Bihn* in: Kessler/Sauter, Rn. 947; *Holzborn* in: Marsch-Barner/Schäfer, Rn. 54.39.

342 Ebenso *Staake*, NJOZ 2010, 2494, 2499; *Holzborn* in: Marsch-Barner/Schäfer, Rn. 54.39; vorher bereits mit gleichem Ergebnis *Legerlotz/Laber*, DStR 1999, 1658, 1664. Vormals differenzierend *Mohr/Bihn* in: Kessler/Sauter, Rn. 947.

343 Vgl. BAG, NZA 2008, 1066, 1071 f.

344 Vgl. *Staake*, NJOZ 2010, 2494, 2499; LAG Baden-Württemberg vom 17. Januar 2012, Az. 22 Sa 7/11, dort Rn. 116 ff.

weit verbreitet.[345] Hier ist ein Mittelweg[346] denkbar: Eine zuvor bestimmte Anzahl der Einheiten des virtuellen Aktienoptionsprogramms wird bei erfolgreicher Leistungsbewertung des vergangenen Geschäftsjahrs unverfallbar. Die restlichen Einheiten verbleiben unter dem Anwendungsbereich der Verfallklausel und stehen unter der Bedingung einer laufenden Beschäftigung im Unternehmen im Zeitpunkt der Ausübung.

## C. Zwischenfazit

Würde man aus den Praxisbeispielen jeweils die vorherrschende Ausgestaltung auswählen, so würde ein *Phantom Stock*-Programm ohne Dividendenkomponente, ohne Eigeninvestment des Vorstandsmitglieds, mit an der individuellen Leistung ausgerichteten Anpassungs- oder Ausübungskomponente und einer Obergrenze von 250% des Zuteilungswerts aufgesetzt werden. Die Ausführungen und insbesondere der Blick in die Praxis der Dax-Unternehmen haben jedoch gezeigt, dass virtuelle Aktienoptionsprogramme in einer großen Variationsbreite ausgestaltet werden können und auch ausgestaltet werden. Eine dominierende Form lässt sich anhand einer Analyse der Dax-Unternehmen nicht erkennen. Diese Erkenntnis ist zu berücksichtigen, wenn einzelne Probleme des Aktienrechts zur Ausgestaltung virtueller Aktienoptionsprogramme bearbeitet werden. Die Vielzahl der Möglichkeiten der Ausgestaltung wird es erfordern, diese Probleme aus dem Blickwinkel der verschiedenen möglichen Ausgestaltungsarten und -variationen zu betrachten.

345 Vgl. die Abschnitt B.I.2.b) und B.II. dieses Kapitels.

346 Vgl. die entsprechende Ausgestaltung der SAP SE, *SAP SE*, Geschäftsbericht 2015, S. 27.

# 3. Kapitel: Beteiligung der Hauptversammlung bei Ausgabe virtueller Aktienoptionsprogramme

## A. Meinungsstand und Rechtsprechung

### I. *Say on pay* – Gesetzeslage und Bedeutung

Die Europäische Kommission hat in einer Empfehlung aus dem Jahre 2004 im Rahmen der Erörterung einer angemessenen Vergütung von Vorstandsmitgliedern empfohlen, auch für aktienkursbasierte Vergütung einen legitimierenden Hauptversammlungsbeschluss einzuholen.[347] Dieser Reformimpuls wurde vom deutschen Gesetzgeber bisher weder positiv noch negativ angenommen und eröffnet somit die Frage, wie sich die Rechtslage in Deutschland darstellt.[348] § 120 Abs. 4 AktG regelt lediglich eine „*Billigung*" des Systems zur Vergütung des Vorstands durch die Hauptversammlung. Rechte oder Pflichten, insbesondere ein Initiativrecht der Hauptversammlung über Vergütungsfragen einen Beschluss fassen zu können, werden nicht begründet.[349] Auch die Aktionärsrechterichtlinie II eröffnet in Art 9a Abs. 3 die Möglichkeit, dem Hauptversammlungsbeschluss zur Vergütung des Vorstands lediglich empfehlenden Charakter zukommen zu lassen.[350] Dieser Vorgabe genügt das deutsche Aktienrecht bereits mit § 120

---

347 Vgl. Abschnitt 6.1 der Empfehlung der Kommission vom 14. Dezember 2004 zur Einführung einer angemessenen Regelung für die Vergütung von Mitgliedern der Unternehmensleitung börsennotierter Gesellschaften (2004/913/EG), ABl. EG L 385/55.

348 Vgl. *Schüppen*, ZIP 2010, 905, 910.

349 Vgl. *Seibert*, WM 2009, 1486, 1491; *Kubis* in: MüKo, AktG, Bd. 3, § 120, Rn. 46, 48. Auch im Rahmen der Aktienrechtsnovelle 2016 wurde eine Reform des § 120 Abs. 4 hin zu einem sog. *say on pay*, also einer Wandlung des § 120 Abs. 4 AktG hin zu einem Mitspracherecht der Hauptversammlung, vom Gesetzgeber nicht wieder aufgegriffen, vgl. *Wälzholz/Graf Wolffskeel von Reichenberg*, MittBayNot 2016, 197 f.; *Ihrig/Wandt*, BB 2016, 6. Eingehend zum zwischenzeitlichen Vorhaben, ein *say on pay* einzuführen *Fonk* in: Semler/von Schenck, Aufsichtsrats HdB, § 10, Rn. 118a ff.

350 Richtlinie (EU) 2017/828 des Europäischen Parlaments und des Rates vom 17. Mai 2017 zur Änderung der Richtlinie 2007/36/EG im Hinblick auf die Förderung der langfristigen Mitwirkung der Aktionäre, vgl. auch *Kumpan/Pauschinger*, EuZW 2017, 327, 329 f.; *Hoppe*, NZG 2018, 811, 813. Auch der im Referentenentwurf des Bundesministeriums für Justiz zur Umsetzung der Aktionärsrechterichtlinie

Abs. 4 AktG.[351] Somit hat grundsätzlich die Hauptversammlung weder für Vorstandsmitglieder, noch für sonstige Mitarbeiter eine Entscheidungskompetenz im Hinblick auf Vergütungsfragen.

Die fehlende Notwendigkeit der Beteiligung der Hauptversammlung bei Ausgabe virtueller Aktienoptionsprogramme stellt gegenüber klassischen Programm oder einer direkten Aktienbeteiligung einen zentralen Vorteil dar.[352] Denn der Hauptversammlungsbeschluss führt nicht lediglich zu einer rein formellen Hürde. Zeitliche Flexibilität, die insbesondere etwa bei einem Sanierungsfall entscheidend sein kann, geht verloren, da zunächst eine Hauptversammlung anzusetzen und abzuhalten ist.[353] Es besteht die Gefahr der Anfechtung des Hauptversammlungsbeschlusses und hiermit einhergehender weiterer zeitlicher Verzögerungen und Kosten.[354] Gerade bei Neueinstellungen oder gewünschten Effekten der Mitarbeitermotivation auf Grund besonderer Ereignisse (etwa Unruhen im Mitarbeiterkreis oder drohender Insolvenz) kann dies hinderlich sein bzw. die gewünschten Effekte verzerren. Beispiel aus der Praxis ist die in Kapitel 1 beschriebene Anpassung der Vorstandsvergütung der Volkswagen AG im Rahmen des Dieselskandals.[355] Über das zeitweise Einfrieren des Bonus über Umtausch in ein virtuelles Aktienoptionsprogramm konnte ein positives Signal an Öffentlichkeit und Mitarbeiter gesandt werden, dass der Vorstand bis zu einem erneuten Anstieg des Aktienkurses auf seinen Teil der Boni verzichtet. Eine Beschlussfassung der Hauptversammlung zu diesem Thema hätte eine längere Vorlaufzeit benötigt und gleichzeitig im Rahmen einer Krise zu grundsätzlichen Diskussionen über die Vorstandsvergütung geführt.

Bei großen Aktiengesellschaften sind außerordentliche Hauptversammlungen schließlich unüblich, sodass des guten Rufes wegen die ordentliche Hauptversammlung abgewartet werden müsste.[356] Zusätzlich verursacht eine Hauptversammlung Durchführungs- und Notarkosten von nicht unerheblichem

---

II enthaltene Hauptversammlungsbeschluss erzeugt keine Bindungswirkung, vgl. *Paschos/Goslar*, AG 2018, 857, 863.

351 Vgl. *Kumpan/Pauschinger*, EuZW 2017, 327, 330.

352 Vgl. Kapitel 1, Abschnitt B.I.2.b).

353 Vgl. *Martens,* FS Ulmer 2003, 399, 403; *Janssen/Riehle in*: Drinhausen/Eckstein, Handbuch der AG, § 24, Rn. 11.

354 Vgl. *Martens,* FS Ulmer 2003, 399, 403; *Janssen/Riehle in*: Drinhausen/Eckstein, Handbuch der AG, § 24, Rn. 11.

355 Vgl. Kapitel 1, Abschnitt B.I.2.d).

356 Der außerordentlichen Hauptversammlung wird durch die Öffentlichkeit gelegentlich eine gewisse „*Dramatik*" zugesprochen, *Kubis* in: MüKo, AktG, Bd. 3, § 118, Rn. 2.

Ausmaß.[357] Für das an der Aufsetzung des virtuellen Aktienoptionsprogramms beteiligte Organ ist es zudem eine haftungsrechtliche Frage, ob die Hauptversammlung beteiligt werden muss.[358]

Im Ergebnis führt die Notwendigkeit eines Hauptversammlungsbeschlusses zu je nach Einzelfall weitreichenden Hürden, die die Einführung eines virtuellen Aktienoptionsprogramms erschweren bzw. verzögern können. Aufsichtsratsmitglieder als Bezugspersonen von virtuellen Aktienoptionsprogrammen werden im Rahmen der folgenden Betrachtung ausgeklammert, da für diese, entweder über Aufnahme in die Satzung oder über jeweilige Zustimmung der Hauptversammlung nach § 113 Abs. 1 Satz 2 AktG, jedenfalls ein Hauptversammlungsbeschluss erforderlich ist.[359] Zudem ist bereits grundsätzlich umstritten, ob virtuelle Aktienoptionsprogramme an Aufsichtsratsmitglieder gewährt werden können, siehe hierzu die Ausführungen in Kapitel 5.

## II. Ansichten der Literatur

Die rechtswissenschaftliche Literatur behandelt im Rahmen des Erfordernisses eines Hauptversammlungsbeschlusses bei Ausgabe virtueller Aktienoptionsprogrammen verschiedene denkbare Anknüpfungsnormen, um eine Hauptversammlungskompetenz zu begründen. Maßgeblich erfolgt dabei eine Auseinandersetzung zur Gleichsetzung mit Genussrechten (hierzu 1.). Vereinzelt wird auch die Gleichsetzung mit Aktienoptionen nach §§ 71 ff. AktG bzw. §§ 192 ff. AktG (hierzu 2.) oder Teilgewinnabführungsverträgen nach §§ 292 Abs. 1 Nr. 2, 293 AktG (hierzu 3.) diskutiert.

---

357 *Loitz/Stindl/Stein*, Hauptversammlung, S. 28 f.; *Fackelmann*, Notarkosten nach dem neuen GNotKG, § 3, Rn. 857 ff.

358 Der Vorstand nach § 93 AktG und der Aufsichtsrat nach § 116 AktG haften gegenüber der Gesellschaft für entstandene Schäden, vgl. *Habersack* in: MüKo, AktG, Bd. 4, § 221, Rn. 151; *Hüffer/Koch*, AktG, § 221, Rn. 52.

359 Insbesondere kann der Vorstand nicht durch die Hauptversammlung über die Aufnahme einer Regelung in der Satzung pauschal mit einer Vergütungskompetenz ausgestattet werden. Vielmehr muss im Falle der Regelung in der Satzung die Vergütung konkret beschrieben werden, vgl. *Hüffer/Koch*, AktG, § 113, Rn. 3; *Oetker* in: Erfurter Kommentar zum Arbeitsrecht, § 113 AktG, Rn. 2; *Habersack* in: MüKo, AktG, Bd. 2, § 113, Rn. 2. Beispiel der Beschreibung eines virtuellen Aktienoptionsprogramms in der Satzung ist die Satzung der Deutschen Bank AG, vgl. hierzu die Ausführungen in Kapitel 5, Abschnitt A.II. sowie *Deutsche Bank AG*, Satzung, § 14 Abs. 3.

### 1. *Einstufung als Genussrecht*

Vornehmlich wird eine Gleichsetzung virtueller Aktienoptionsprogramme mit Genussrechten im Sinne des § 221 Abs. 3 AktG diskutiert. Rechtliche Konsequenz wäre, dass ein Hauptversammlungsbeschluss mit einer Mehrheit von drei Viertel des bei der Beschlussfassung vertretenen Grundkapitals vor Abschluss des virtuellen Aktienoptionsprogramms mit dem bzw. den Begünstigten nach § 221 Abs. 3 AktG iVm. Abs. 1 AktG durchgeführt sowie das Bezugsrecht der Aktionäre nach § 221 Abs. 4 Satz 2 iVm. § 186 AktG ausgeschlossen werden müsste.[360] Auch wenn auf Rechtsfolgenseite die fehlende Beteiligung der Hauptversammlung die Wirksamkeit des Programms nach Vertragsschluss mit dem Mitarbeiter nicht berührt, sind die Gesellschaftsorgane aus Haftungsgesichtspunkten angehalten, die Hauptversammlung, sofern erforderlich, einzubinden.[361]

#### a) *Schutzzweck und Definition*

Systematisch knüpft § 221 AktG an die Instrumente der Eigenkapitalbeschaffung in den §§ 182 bis 200 AktG an.[362] Die in § 221 AktG genannten Fremdkapitalinstrumente (Genussrechte, Wandelschuldverschreibungen und Gewinnschuldverschreibungen) ermöglichen es dem Inhaber entweder Aktionär zu werden oder räumen jedenfalls eine Annäherung an die Stellung eines Aktionärs ein.[363] Die Konkurrenz mit Aktionärsrechten ist daher immanent mit diesen Finanzierungstiteln verbunden.[364] Die in § 221 Abs. 3 AktG geregelten Genussrechte agieren dabei als Auffangbecken des § 221 AktG für all diejenigen Drittrechte, die nicht in den Anwendungsbereich des § 221 Abs. 1 AktG fallen, aber dennoch in die von § 221 geschützten Aktionärsrechte eingreifen.[365] Dieser Schutzbereich

---

360 Vgl. neben vielen *Kuthe/Zipperle* in: Szesny/Kuthe, Kap. 12, Rn. 23. Als sachliches Argument für den Ausschluss des Bezugsrechts kann dann angeführt werden, dass die Ausgabe im Interesse der Gesellschaft und ihrer Aktionäre zur Motivierung und Bindung der Mitarbeiter erfolgt, ein Umstand, der für Aktionäre nicht gegeben ist, vgl. *Hoppe*, NZG 2018, 811, 814.

361 Vgl. OLG Frankfurt, AG 2013, 132, 133; *Habersack* in: MüKo, AktG, Bd. 4, § 221, Rn. 150; *Hüffer/Koch*, AktG, § 221, Rn. 52.

362 *Hirte* in: Großkommentar AktG, 4. Auflage, Bd. 7/1, § 221, Rn. 10.

363 Vgl. *Merkt* in: Schmidt/Lutter, AktG, § 221, Rn. 1; *Hirte* in: Großkommentar AktG, 4. Auflage, Bd. 7/1, § 221, Rn. 10; *Hüffer/Koch*, AktG, § 221, Rn. 1.

364 Vgl. *Merkt* in: Schmidt/Lutter, AktG, § 221, Rn. 2; *Haberstock/Greitemann* in: Hölters, AktG, § 221, Rn. 19; *Seiler* in: Spindler/Stilz, AktG, Bd. 2, § 221, Rn. 22.

365 Vgl. *Habersack* in: MüKo, AktG, Bd. 4, § 221, Rn. 21.

der Aktionäre ist vermögensrechtlicher Natur; im Kern geht es darum, die Vermögensinteressen der Aktionäre wegen der Ausgabe weiterer Finanzierungstitel, die Ansprüche auf Gewinne des Unternehmens oder auf andere sonstige mitgliedschaftlichen Vermögensrechten der Aktionäre, wie etwa den Liquidationserlös, begründen, zu schützen.[366] Diese Kollision zwischen Aktionärsrechten und Interessen der Genussrechtsbezieher führt sodann zu dem Erfordernis eines zustimmenden Hauptversammlungsbeschlusses vor Ausgabe der Genussrechte nach § 221 Abs. 3 iVm. Abs. 1 AktG.[367]

Die deutsche Geschichte kennt eine Vielzahl verschiedener Genussrechte mit unterschiedlichen Interessenlagen.[368] So waren nach 1870 in Deutschland zunächst Gründergenussscheine bedeutsam, die Leistungen im Rahmen der Gründung von Gesellschaften belohnten.[369] In den 20er und 30er Jahren des 20. Jahrhunderts gewannen dann Finanzierungsgenussscheine an Bedeutung.[370] Durch diese Finanzierungsgenussscheine sollte die Aufnahme von Kapital ermöglicht werden, ohne den Aktionärskreis auszuweiten.[371] Im Folgenden verloren Genussscheine an Bedeutung und wurden größtenteils durch Vorzugsaktien ersetzt.[372] Eine Vielzahl von Unternehmen begann ab 1980 zu Zwecken der Mitarbeiterbeteiligung Genussscheine zu begeben.[373] Teilweise sahen die

---

366 Vgl. *Merkt* in: Schmidt/Lutter, AktG, § 221, Rn. 9, der insofern von einem „*Risiko*" spricht, dass die Bezugsberechtigten der Finanzierungstitel des § 221 AktG „*vor den Aktionären gewinnbringend befriedigt*" werden, ferner *ders.* in: Schmidt/Lutter, AktG, § 221, Rn. 56: „*Jedoch ist zu beachten, dass existenzielle Voraussetzung eines Genussrechts die Konkurrenz des Gewinnanteils eines Genussrechtsinhabers mit dem Dividendenanteil eines Aktionärs ist*". Vgl. ferner *Seiler* in: Spindler/Stilz, AktG, Bd. 2, § 221, Rn. 22; *Habersack* in: MüKo, AktG, Bd. 4, § 221, Rn. 21; *Karollus* in: Geßler/Hefermehl/Eckardt/Kropff, AktG, Bd. 4, § 221, Rn. 234; *Hüffer/Koch*, AktG, § 221, Rn. 1.

367 Vgl. *Merkt* in: Schmidt/Lutter, AktG, § 221, Rn. 9.

368 Überblicksartig *Habersack* in: MüKo, AktG, Bd. 4, § 221, Rn. 15 ff.; *Hirte* in: Großkommentar AktG, 4. Auflage, Bd. 7/1, § 221, Rn. 342 ff.; *Florstedt* in: Kölner Kommentar zum AktG, Bd. 4, § 221, Rn. 76 ff.

369 Vgl. *Habersack* in: MüKo, AktG, Bd. 4, § 221, Rn. 16; *Hirte* in: Großkommentar AktG, 4. Auflage, Bd. 7/1, § 221, Rn. 343.

370 Vgl. *Habersack* in: MüKo, AktG, Bd. 4, § 221, Rn. 16; *Florstedt* in: Kölner Kommentar zum AktG, Bd. 4, § 221, Rn. 78.

371 Vgl. *Habersack* in: MüKo, AktG, Bd. 4, § 221, Rn. 16.

372 Vgl. *Habersack* in: MüKo, AktG, Bd. 4, § 221, Rn. 16; *Florstedt* in: Kölner Kommentar zum AktG, Bd. 4, § 221, Rn. 78.

373 Vgl. *Habersack* in: MüKo, AktG, Bd. 4, § 221, Rn. 17; *Hirte* in: Großkommentar AktG, 4. Auflage, Bd. 7/1, § 221, Rn. 344; *Florstedt* in: Kölner Kommentar zum AktG, Bd. 4, § 221, Rn. 81. Prominentes Beispiel war dabei etwa das Genussscheinprogramm der

Beteiligungsmodelle eine gewinnunabhängige,[374] teilweise eine gewinnabhängige Verzinsung vor.[375] Gleichzeitig wurden vermehrt Genussscheine auch dem breiten Anlegerpublikum als Finanzierungsinstrument zur Eigenkapitalausstattung der Unternehmen angeboten.[376]

Diese verschiedensten historischen Ausgestaltungen von Genussrechten haben dazu geführt, dass der Gesetzgeber bis heute Genussrechte in § 221 AktG nicht legal definiert hat, um eine nähere Ausgestaltung der Genussrechtsvariationen der Vertragsfreiheit zu überlassen.[377] Eine Definition ergibt sich auch nicht aus anderen Gesetzen; vielmehr bestimmt sich der Begriff des Genussrechts nach dem Anwendungs- und Schutzbereich der Norm.[378] Die Praxis und Rechtswissenschaft hat im Laufe der Jahre daher die folgende, grundlegende Definition für Genussrechte gebildet: Genussrechte begründen schuldrechtliche Ansprüche auf aktionärstypische Vermögensrechte, ohne dabei unter die Begriffe der Wandel- oder Schuldverschreibungen subsumiert zu werden.[379] Neben den aktionärstypischen Vermögensrechten gewähren die Genussrechte keine mitgliedschaftliche Stellung, ein Recht zur Teil- und Einflussnahme auf Hauptversammlungen besteht etwa nicht.[380] Aus der Formulierung „-rechte"

---

Bertelsmann AG, vgl. *Niewiarra*, BB 1984, 1652 f. Ausführlich zu den verschiedenen Arten der Mitarbeitergenussrechte *Florstedt* in: Kölner Kommentar zum AktG, Bd. 4, § 221, Rn. 563 ff. Vgl. ferner *Sureth/Haberstadt*, FB 2006, 677 mit Verweis auf eine Studie des AGP und GIZ, nach der zum 01. Januar 2004 von 3.300 Unternehmen 10,61% ihre Mitarbeiter über eine Ausgabe von Genussrechten am Vermögen des Unternehmens beteiligen.

374 So etwa die Genussrechtsmodelle von Altana, BMW und Varta, vgl. *Reuter*, NJW 1984, 1849, 1851.

375 Vgl. *Niewiarra*, BB 1984, 1652.

376 Vgl. *Habersack* in: MüKo, AktG, Bd. 4, § 221, Rn. 17.

377 Vgl. Begründung zum Entwurf des AktG 1930, S. 124; abgedruckt bei *Gehling*, WM 1992, 1093, 1094, dort Fn. 10. Vgl. ferner BGH, AG 1993, 125; *Habersack* in: MüKo, AktG, Bd. 4, § 221, Rn. 64; *Merkt* in: Schmidt/Lutter, AktG, § 221, Rn. 43; *Haberstock/Greitemann* in: Hölters, AktG, § 221, Rn. 18; *Hüffer/Koch*, AktG, § 221, Rn. 23.

378 Vgl. *Habersack* in: MüKo, AktG, Bd. 4, § 221, Rn. 64; *Seiler* in: Spindler/Stilz, AktG, Bd. 2, § 221, Rn. 21; *Merkt* in: Schmidt/Lutter, AktG, § 221, Rn. 3; *Hirte* in: Großkommentar AktG, 4. Auflage, Bd. 7/1, § 221, Rn. 323; *Hüffer/Koch*, AktG, § 221, Rn. 23.

379 Vgl. *Habersack* in: MüKo, AktG, Bd. 4, § 221, Rn. 64; *Seiler* in: Spindler/Stilz, AktG, Bd. 2, § 221, Rn. 22; *Hirte* in: Großkommentar AktG, 4. Auflage, Bd. 7/1, § 221, Rn. 328; *von Bredow*, FB 1999, 232, 233.

380 Vgl. BGH, AG 1993, 125 f.; *Seiler* in: Spindler/Stilz, AktG, Bd. 2, § 221, Rn. 24; *Hirte* in: Großkommentar AktG, 4. Auflage, Bd. 7/1, § 221, Rn. 331; *Feddersen/Meyer-Landrut*, ZGR 1993, 312, 313.

folgt im Vergleich zu den Wandel- und Gewinnschuld- „Verschreibungen" in § 221 Abs. 1,[381] dass Genussrechte nicht zwingend verbrieft werden müssen.[382] Das Erfordernis einer massenweisen Begebung wird zudem von großen Teilen der Literatur abgelehnt, da Aktionärsinteressen auch bei individuellen Genussrechten verletzt werden können.[383] Dies wurde in der Tendenz vom Bundesgerichtshof bestätigt.[384]

### *b) Insbesondere: aktionärstypische Vermögensrechte*

Aus dem Schutzzweck und der Definition der Genussrechte folgt, dass zentrales Element der Genussrechte nach § 221 Abs. 3 AktG die Gewährung eines aktionärstypischen Vermögensrechts an Dritte ist. Eine vollständige Überschneidung mit aktiengleichen Rechten wird nicht gefordert, es genügt bereits die Gewährung eines aktionärstypischen Vermögensrechts.[385] Zu diesen gehören die Beteiligung am Gewinn und/oder Liquidationserlös, Bezugs- oder Vorerwerbsrechte auf Aktien und die in § 221 AktG genannten Titel sowie die Gewährung von den Aktionären statuarisch eingeräumten vermögenswerten Rechten (etwa die Benutzung von Betriebseinrichtungen wie Kindergärten etc.).[386] Insbesondere die Beteiligung am Bilanzgewinn über Zahlung einer Dividende nach

---

381 Wandel- und Gewinnschuldverschreibungen werden in § 221 Abs. 1 AktG ebenfalls legal definiert.

382 Vgl. *Habersack* in: MüKo, AktG, Bd. 4, § 221, Rn. 63; *Karollus* in: Geßler/Hefermehl/Eckardt/Kropff, AktG, Bd. 4, § 221, Rn. 236; a.A. *Florstedt* in: Kölner Kommentar zum AktG, Bd. 4, §, Rn. 525, der den Begriff der Genussrechte dahingehend einschränkt, dass es sich um *„fungible abstrakte Schuldversprechen"* handeln müsse.

383 Vgl. jeweils mwN. *Habersack* in: MüKo, AktG, Bd. 4, § 221, Rn. 66; *Hüffer/Koch*, AktG, § 221, Rn. 25; *Hirte* in: Großkommentar AktG, 4. Auflage, Bd. 7/1, § 221, Rn. 333, *Sethe*, AG 1993, 293, 309. a.A. *Karollus* in: Geßler/Hefermehl/Eckardt/Kropff, AktG, Bd. 4, § 221, Rn. 241, der aus dem Merkmal der massenweisen Begebung schlussfolgert, dass eine Ausgabe an einzelne Angestellte nicht unter den Begriff der Genussrechte fällt; im Ergebnis ebenso *Ernst*, AG 1967, 75, 77.

384 So hat der BGH etwa zu einem Bezugsrechtsausschluss per Hauptversammlungsbeschluss bezüglich zweier Genussrechtsverträge über je 15 Mio. DM entschieden, ohne eine, im konkreten Fall fehlende, massenweise Begebung zu fordern, siehe BGH, NJW 1993, 400.

385 Vgl. *Habersack* in: MüKo, AktG, Bd. 4, § 221, Rn. 65; *Hirte* in: Großkommentar AktG, 4. Auflage, Bd. 7/1, § 221, Rn. 329.

386 Vgl. *Habersack* in: MüKo, AktG, Bd. 4, § 221, Rn. 65; *Hirte* in: Großkommentar AktG, 4. Auflage, Bd. 7/1, § 221, Rn. 329; *Hüffer/Koch*, AktG, § 221, Rn. 25; allgemein zu Vermögensrechten von Aktionären *Vatter* in: Spindler/Stilz, AktG, Bd. 1, § 11, Rn. 8 ff.

§ 58 Abs. 4 AktG gilt dabei als das bedeutendste Vermögensrecht der Aktionäre.[387] Ein aktionärstypisches Vermögensrecht durch Beteiligung am Liquidationserlös liegt lediglich in zwei Fällen vor, namentlich bei einer Beteiligung an dem Liquidationserlös, der nach Befriedigung sämtlicher Verbindlichkeiten verbleibt, und bei einer Beteiligung an den stillen Reserven des Unternehmens.[388]

Die Konkurrenz zu aktionärstypischen Vermögensrechten ist insbesondere bei einer Beteiligung am Gewinn denkbar.[389] Schließlich ist zentrales Element eines virtuellen Aktienoptionsprogramms, dass es bei Steigerung des Unternehmenswerts am Ende der Laufzeit zu einer Barzahlung kommt.[390] Problematisch ist dabei, wie weit für Genussrechte der Begriff der Gewinnbeteiligung gefasst wird.[391] In der Praxis werden Genussrechte mit einer ganzen Bandbreite von Parametern, von einer Anknüpfung an den Jahresüberschuss, den Bilanzgewinn oder Dividenden bis hin zu anderen wirtschaftlichen Kennwerten wie EBIT, ausgegeben.[392] Ferner kann auch an einzelne Teilbereiche des Unternehmens oder den Gewinn durch Verkauf einzelner Wertposten angeknüpft werden.[393] Der Begriff der Gewinnbeteiligung wird durch die Praxis daher tendenziell weit ausgelegt. Eine Begrenzung der Ausweitung des Begriffs und mithin auch der Anwendung der Genussrechte erfolgt über den Schutzzweck der Genussrechte.[394] Demzufolge fallen unter den Gewinnbegriff der Genussrechte nach

---

387 *Drygala* in: Kölner Kommentar zum AktG, Bd. 1, § 58, Rn. 112 bezeichnet die Dividende als das *„wichtigste mitgliedschaftliche Vermögensrecht des Aktionärs"*. Vgl. ferner *Fleischer* in: Schmidt/Lutter, § 58, Rn. 43; *Drinhausen* in: Heidel, Aktienrecht, § 58, Rn. 39; *Henze* in: Großkommentar AktG, 4. Auflage, Bd. 2, § 58, Rn. 85 sowie mit leichter Differenzierung *Bayer* in: MüKo, AktG, Bd. 1, § 58, Rn. 96.

388 Vgl. *Merkt* in: Schmidt/Lutter, AktG, § 221, Rn. 74 f.; *Habersack* in: MüKo, AktG, Bd. 4, § 221, Rn. 114 f.

389 Vgl. in Bezug auf virtuelle Aktienoptionsprogramme ausführlich Abschnitt B.I. dieses Kapitels.

390 Vgl. die Begriffsdefinitionen in Kapitel 1, Abschnitt A. sowie die Motivlage der Mitarbeitermotivation in Kapitel 1, Abschnitt B.I.1.a).

391 Vgl. zu der engen Definition bei Teilgewinnabführungsverträgen Abschnitt A.II.3. dieses Kapitels.

392 Vgl. *Habersack* in: MüKo, AktG, Bd. 4, § 221, Rn. 95; *Haberstock/Greitemann* in: Hölters, AktG, § 221, Rn. 34; *Merkt* in: Schmidt/Lutter, AktG, § 221, Rn. 59; *Seiler* in: Spindler/Stilz, AktG, Bd. 2, § 221, Rn. 32.

393 Vgl. *Merkt* in: Schmidt/Lutter, AktG, § 221, Rn. 56; *Habersack* in: MüKo, AktG, Bd. 4, § 221, Rn. 95.

394 Vgl. *Habersack* in: MüKo, AktG, Bd. 4, § 221, Rn. 20, 95.

§ 221 AktG nur solche Gewinnansprüche des Genussrechtsinhabers, die mit den Vermögensansprüchen der Aktionäre in Konkurrenz treten.[395]

Freilich bleibt auch trotz dieser Begrenzung durch den Schutzzweck im Ergebnis der Anwendungsbereich des § 221 Abs. 3 AktG vage. Insbesondere mangels der fehlenden konkreten Definition der Genussrechte verbleiben Abgrenzungsschwierigkeiten, wann die Interessen der Aktionäre derart intensiv beeinträchtigt werden, dass ein Hauptversammlungsbeschluss nach § 221 Abs. 3 iVm. Abs. 1 AktG erforderlich ist.[396] Vereinzelt wird daher ein schwerwiegender Eingriff in die Vermögensrechte der Aktionäre gefordert.[397] Dieser soll gegeben sein, wenn die Auswirkungen der Einräumung dieses Vermögensrechts im Zeitpunkt der Gewährung nicht absehbar sind.[398] Diese Ansicht ist jedoch mit dem weiten Schutzzweck des § 221 AktG nicht vereinbar, der die Aktionäre generell vor dem Zugriff Dritter auf in ihrer Aktionärsstellung begründete Vermögensrechte schützen soll.[399]

### *c) Anwendung auf virtuelle Aktienoptionsprogramme*

Überwiegend wird die Einstufung von virtuellen Aktienoptionsprogrammen als Genussrechte abgelehnt.[400] Die weite Definition dient dabei als Argument, den

---

395 Vgl. *Habersack* in: MüKo, AktG, Bd. 4, § 221, Rn. 20, 95.

396 Vgl. *Hirte* in: Großkommentar AktG, 4. Auflage, Bd. 7/1, § 221, Rn. 323; *Hüffer/Koch*, AktG, § 221, Rn. 24; *Merkt* in: Schmidt/Lutter, AktG, § 221, Rn. 43; *Habersack* in: MüKo, AktG, Bd. 4, § 221, Rn. 62. Eingehend hierzu *Karollus* in: Geßler/Hefermehl/Eckardt/Kropff, AktG, Bd. 4, § 221, Rn. 235: „*Noch nicht gelöst ist damit die entscheidende Abgrenzungsfrage, ab wann die Aktionärsinteressen derart erheblich tangiert werden, daß dies qualitativ über die Auswirkungen einer reinen Schuldverschreibung hinausgeht und damit das Eingreifen des besonderen Aktionärsschutzes erfordert.*"

397 Vgl. *von Bredow*, FB 1999, 232, 234.

398 Begründet wird dies mit im Rahmen des 34. Deutschen Juristentags 1927 geäußerten Ausführungen zu Wandelschuldverschreibungen, vgl. *von Bredow*, FB 1999, 232, 234. Demnach sei die Sonderregelung des § 221 AktG erforderlich, um die Aktionäre auf Grund des „*spekulativen Elements*" von Wandelschuldverschreibungen vor einem „*nicht kalkulierbaren Risiko*" zu schützen.

399 Vgl. *Merkt* in: Schmidt/Lutter, AktG, § 221, Rn. 9; *Seiler* in: Spindler/Stilz, AktG, Bd. 2, § 221, Rn. 22; *Habersack* in: MüKo, AktG, Bd. 4, § 221, Rn. 21; *Karollus* in: Geßler/Hefermehl/Eckardt/Kropff, AktG, Bd. 4, § 221, Rn. 234; *Hüffer/Koch*, AktG, § 221, Rn. 1.

400 Mit unterschiedlichen Argumentationen und Konsequenzen (dazu sogleich) *Kutsch* in: MAH Aktienrecht, § 32, Rn. 190; *Scholz* in: Münch. HdB Gesellschaftsrechts, Bd. 4, § 64, Rn. 134; *Mertens/Cahn* in: Kölner Kommentar zum AktG, Bd. 2/1, § 87, Rn. 80;

Genussrechtsbegriffs einer gewissen teleologischen Reduktion zuzuführen.[401] Anders als bei dem Erwerb eines Genussrechts stehe im Rahmen von virtuellen Aktienoptionsprogrammen nicht das Motiv der Gewinnerzielung, sondern primär die Vergütung von Mitarbeitern im Mittelpunkt.[402] Entsprechend ist denkbar, die Ausgabe von virtuellen Aktienoptionsprogrammen als Bestandteil der Vergütung des Vorstands und der Arbeitnehmer originär als reine Geschäftsführungsmaßnahme einzuordnen, die weder ein Genussrecht darstellt noch eine Zuständigkeit der Hauptversammlung begründet.[403] Dies wird insbesondere im Rahmen der Vergütung des Vorstands vertreten, wobei auf eine verdrängende Zuständigkeit des Aufsichtsrats aus § 87 Abs. 1 AktG verwiesen wird.[404]

Doch gerade bei der Ausgabe an breite Arbeitnehmerkreise ist eine erhebliche Vermögensverwässerung der Aktionäre, die dem Schutzzweck des § 221 Abs. 3 iVm. Abs. 1 AktG nach die Zustimmungskompetenz der Hauptversammlung begründen soll, zu befürchten.[405] Bei einer Anlehnung eines virtuellen Aktienoptionsprogramms an den Aktienkurs ist die Verwässerung - die bei extremen Kursanstiegen bedeutend sein kann - zudem nicht vorhersehbar und kann auch im Falle eines schlechten Geschäftsjahres eintreten.[406] Dem wird

---

*Seyfarth*, Vorstandsrecht, § 5, Rn. 152; *Wohlfarth/Brause*, WM 1997, 397, 398 ff.; Busch AG 1999, 58, 65; im Ergebnis ebenso *von Bredow*, FB 1999, 232, 236 ff.

401 Vgl. *Wohlfarth/Brause*, WM 1997, 397, 399; virtuelle Aktienoptionsprogramme werden dort als *„nackte Optionsscheine auf eigene Aktien mit Kursdifferenzausgleich“* bezeichnet.

402 Vgl. *Kessler/Suchan* in: Kessler/Sauter, Rn. 686.

403 Vgl. *Kessler/Suchan* in: Kessler/Sauter, Rn. 686; *Kutsch* in: MAH Aktienrecht, § 32, Rn. 190.

404 Vgl. *Scholz* in: Münch. HdB Gesellschaftsrechts, Bd. 4, § 64, Rn. 134; *Mertens/Cahn* in: Kölner Kommentar zum AktG, Bd. 2/1, § 87, Rn. 80; *von Bredow*, FB 1999, 232, 236 f.; *Seyfarth*, Vorstandsrecht, § 5, Rn. 152, der auf eine Schwerpunktbetrachtung abstellt.

405 Vgl. *Kessler/Suchan* in: Kessler/Sauter, Rn. 686. Ebenso *Frey* in: Großkommentar AktG, 4. Auflage, Bd. 6, § 192, Rn. 108, der jedoch die Vorstandsvergütung in Geld ausschließlich der Zuständigkeit des Aufsichtsrats zuweist. A.A. *Wohlfarth/Brause*, WM 1997, 397, 399.

406 Vgl. *Karollus* in: Geßler/Hefermehl/Eckardt/Kropff, AktG, Bd., 4 § 221, Rn. 319; *von Bredow*, FB 1999, 232, 235. Dabei ist jedoch zu beachten, dass eine massenweise Begebung von der überwiegenden Ansicht der Literatur und wohl auch vom BGH nicht gefordert wird, es folglich auf die Intensität der Vermögensverwässerung nicht ankommen soll, vgl. Abschnitt A.II.1.a) dieses Kapitels. Ferner werden virtuelle Aktienoptionsprogramme regelmäßig mit Obergrenzen ausgegeben, die den Auszahlungswert für den Fall extremer Kursanstiege oder Gewinne eingrenzen, vgl.

entgegengehalten, dass auch durch andere Vergütungssysteme ohne Anlehnung an den Aktienkurs oder Gewährung einer Dividende eine mitunter erhebliche Vermögensverwässerung bei Zahlung erhöhter Vergütungssätze eintritt, ohne eine Hauptversammlungszuständigkeit zu begründen.[407]

Trotz der rein schuldrechtlichen Ausgestaltung virtueller Aktienoptionsprogramme ist – insbesondere für *Phantom Stocks* – im Vergleich zu normalen Vergütungskomponenten eine enge Anlehnung an Aktien nicht von der Hand zu weisen.[408] Bedeutend ist dabei, dass die wirtschaftliche Annäherung an Aktien und die Nachbildung einer Aktionärsstellung gerade den Anwendungsbereich des § 221 Abs. 3 AktG eröffnen sollen, um Aktionäre und ihre Vermögensrechte zu schützen.[409] Diese Annäherung an die Stellung eines Aktionärs ist durch virtuelle Aktienoptionsprogramme auch bewusst gewollt, sind doch die Identifikation mit dem Unternehmen und die damit einhergehenden Motivationseffekte sowie das Angleichen der Interessen von Aktionären und Mitarbeitern Ziel der Ausgabe eines virtuellen Aktienoptionsprogramms.[410] Neben dieser schuldrechtlichen Anlehnung an Aktien können virtuelle Aktienoptionsprogramme zudem mit klassischen aktionärstypischen Vermögensrechten kombiniert werden. Denkbar sind dabei die Gewährung von Dividenden oder Bezugsrechten sowie die Beteiligung am Liquidationserlös.[411] Wertet man den Begriff des Gewinns schließlich nicht rein handelsrechtlich, sondern legt ihn weit aus, so könnte auch die schuldrechtliche Anlehnung an den Anstieg des Aktienkurses,

---

hierzu insbesondere Kapitel 2, Abschnitt B.III. Im Rahmen der Ausgabe an Vorstandsmitglieder folgt dies schon aus dem Erfordernis der angemessenen Vergütung nach § 87 Abs. 1 Satz 1 AktG.

407 Vgl. *Kessler/Suchan* in: Kessler/Sauter, Rn. 686; *Holzborn* in: Marsch-Barner/Schäfer, Rn. 54.34.

408 Vgl. *Fuchs* in: MüKo, AktG, Bd. 4, § 192, Rn. 86.

409 Vgl. hierzu Abschnitt A.II.1.a) dieses Kapitels.

410 Vgl. hierzu ausführlich die Erläuterungen in Kapitel 1, Abschnitt B., dort insbesondere Abschnitt B.I.1.a).

411 Vgl. *Kessler/Suchan* in: Kessler/Sauter, Rn. 783, dort Fn. 10; *von Bredow*, FB 1999, 232, 235 für die Beteiligung am Liquidationserlös und einer folgenden Hauptversammlungszuständigkeit. Vgl. *Mertens/Cahn* in: Kölner Kommentar zum AktG, Bd. 2/1, § 87, Rn. 80 für Dividendenzahlung und Bezugsrechte, die im Ergebnis jedoch einen Hauptversammlungsbeschluss trotz Genussrechtscharakter ablehnen. Vgl. für die Gewährung einer Dividende im Rahmen eines virtuellen Aktienoptionsprogramms allgemein *Rieckers* in: Spindler/Stilz, AktG, Bd. 2, § 192, Rn. 57; *Spindler* in: MüKo, AktG, Bd. 2, § 87, Rn. 112; *Hexel* in: MAH Arbeitsrecht, § 20, Rn. 101; *Spindler* in: Spindler/Stilz, AktG, Bd. 1, § 113, Rn. 53.

der vom Kapitalmarkt als positive Einschätzung des Unternehmenswerts zu beurteilen ist, als Beteiligung des Begünstigten am Unternehmensgewinn im Sinne des § 221 AktG gesehen werden.[412]

Diesen Argumenten wird überwiegend eine Schwerpunktbetrachtung entgegengehalten.[413] So trete etwa die Ausschüttung einer Dividende im Gesamtkonzept des virtuellen Aktienoptionsprogramms als kleiner Bestandteil der Vergütung[414] in den Hintergrund und könne entsprechend keine Hauptversammlungszuständigkeit begründen.[415] Vielmehr verdränge die Zuständigkeit des Aufsichtsrats bzw. der Geschäftsführung auf Grund des überwiegenden Vergütungscharakters des virtuellen Aktienoptionsprogramms die Hauptversammlungskompetenz des § 221 AktG.[416]

## 2. *Gleichsetzung mit klassischen Aktienoptionsprogrammen*

Umfassend werden eine Beteiligung der Hauptversammlung bei der Ausgabe von virtuellen Aktienoptionsprogrammen über §§ 71 ff. AktG bzw. §§ 192 ff. AktG und eine Gleichsetzung mit Aktienoptionen abgelehnt.[417]

---

412 *Hirte* in: Großkommentar AktG, 4. Auflage, Bd. 7/1, § 221, Rn. 377; a.A. *Wohlfarth/Brause*, WM 1997, 397, 399 f.; *Busch*, AG 1999, 58, 65. Hirte nimmt im Ergebnis jedoch Genussrechte, die als Vergütung an Vorstand, Aufsichtsrat und Arbeitnehmer gewährt werden, von § 221 Abs. 3 AktG aus, vgl. *Hirte* in: Großkommentar AktG, Bd. 7/1, § 221, Rn. 333. Diese Problematik wird im Rahmen der Darstellung der eigenen Einordnung aufgegriffen, vgl. hierzu Abschnitt B.I.1. dieses Kapitels.

413 So *Mertens/Cahn* in: Kölner Kommentar zum AktG, Bd. 2/1, § 87, Rn. 80; *Seyfarth*, Vorstandsrecht, § 5, Rn. 152; *Kessler/Suchan* in: Kessler/Sauter, Rn. 783.

414 Im Vordergrund steht vielmehr die Beteiligung am Unternehmenserfolg. Dabei ist zu beachten, dass sich die vorstehenden Meinungen auf ein virtuelles Aktienoptionsprogramm beziehen, das die Begünstigten über den Aktienkurs am Erfolg des Unternehmens beteiligt. Sofern man auf Komponenten wie Jahresüberschuss oder Bilanzgewinn abstellt, führen auch diese zu einer Gewährung eines aktionärstypischen Rechts, so dass nicht mehr davon gesprochen werden kann, dass die Gewährung aktionärstypischer Vermögensrechte in den Hintergrund tritt.

415 Vgl. *Mertens/Cahn* in: Kölner Kommentar zum AktG, Bd. 2/1, § 87, Rn. 80; *Seyfarth*, Vorstandsrecht, § 5, Rn. 152; *Kessler/Suchan* in: Kessler/Sauter, Rn. 783, dort Fn. 10, mit der Einschränkung, wenn kein *„überwiegender Vergütungscharakter“* mehr vorliegt, etwa bei Beteiligung auch am Liquidationserlös.

416 So im Ergebnis *Mertens/Cahn* in: Kölner Kommentar zum AktG, Bd. 2/1, § 87, Rn. 80; *Seyfarth*, Vorstandsrecht, § 5, Rn. 152; *Kessler/Suchan* in: Kessler/Sauter, Rn. 783, dort Fn. 10.

417 Vgl. *Rieckers* in: Spindler/Stilz, AktG, Bd. 2, § 192, Rn. 57; *Spindler* in: MüKo, AktG, Bd. 2, § 87, Rn. 112; *Frey* in: Großkommentar AktG, 4. Auflage, Bd. 6, § 192, Rn. 108;

Teilweise wird dies bereits aus dem Umstand abgeleitet, dass es nicht zu einer Übertragung von Aktien kommt und somit die §§ 71 ff. AktG bzw. §§ 192 ff. AktG weder direkt noch analog angewandt werden können.[418] Für eine Analogie fehlt es auch an der hierfür erforderlichen Gesetzeslücke, da Schutzzweck und Anwendungsbereich beider Normen nicht berührt werden.[419] Zwar ist sowohl bei Aktienoptionen („*äußere Verwässerung durch die bedingte Kapitalerhöhung*“[420]) als auch virtuellen Aktienoptionsprogrammen („*innere Verwässerung durch Verringerung des zu verteilenden Gewinns*“[421]) eine Verwässerung des Vermögens der Aktionäre denkbar. Entscheidend ist aber, dass die Beteiligung der Hauptversammlung nach §§ 71 ff. AktG bzw. §§ 192 ff. AktG nicht vor der Verwässerung des Vermögens der Aktionäre, sondern vor der Beeinträchtigung ihrer mitgliedschaftlichen Stellung schützen soll.[422] Im Rahmen von virtuellen Aktienoptionsprogrammen kommt es jedoch weder zu einer Begründung neuer Mitgliedschaften zu Gunsten der Begünstigten des Programms noch zu einer Kapitalerhöhung oder Satzungsänderung, vielmehr lediglich zu einer

---

*Kort* in: Großkommentar AktG, 5. Auflage, Bd. 4/1, § 87, Rn. 247; *Lücke* in: Hümmerich, Arbeitsrecht, § 2, Rn. 340; *Hexel* in: MAH Arbeitsrecht, § 20, Rn. 101; *Fuchs* in: MüKo, AktG, Bd. 4, § 192, Rn. 86; *Kessler/Suchan* in: Kessler/Sauter, Rn. 686, 783; *Binz/Sorg*, BB 2002, 1273, 1275; *Ekkenga*, AG 2017, 89, 93; *Hoppe*, NZG 2018, 811, 812 f., jeweils ohne Verweis auf Gegenmeinungen. So im Ergebnis auch die Regierungskommission Corporate Governance aus dem Jahr 2001, *Baums*, Bericht Regierungskommission Corporate Governance, S. 43.

418 Vgl. *Lücke* in: Hümmerich, Arbeitsrecht, § 2, Rn. 340; *Hexel* in: MAH Arbeitsrecht, § 20, Rn. 101; *Fuchs* in: MüKo, AktG, Bd. 4, § 192, Rn. 86.

419 Vgl. LG München, AG 2008, 133, 134 f., bestätigt durch das Urteil des OLG München vom 07. Mai 2008, Az. 7 U 5618/07. Der BGH hat die Nichtzulassung zur Revision mit Beschluss vom 09. November 2009 unter dem Az. II ZR 154/08 zurückgewiesen. Vgl. ferner *Kort* in: Großkommentar AktG, 5. Auflage, Bd. 4/1, § 87, Rn. 247; *Rieckers* in: Spindler/Stilz, AktG, Bd. 2, § 192, Rn. 57.

420 *Spindler* in: MüKo, AktG, Bd. 2, § 87, Rn. 112.

421 *Spindler* in: MüKo, AktG, Bd. 2, § 87, Rn. 112.

422 Vgl. *Spindler* in: MüKo, AktG, Bd. 2, § 87, Rn. 112; *Kort* in: Großkommentar AktG, 5. Auflage, Bd. 4/1, § 87, Rn. 247; LG München, AG 2008, 133, 134 f.; OLG München, NZG 2008, 631, 634; *Kessler/Suchan* in: Kessler/Sauter, Rn. 686, 783. *Frey* in: Großkommentar AktG, 4. Auflage, Bd. 6, § 192, Rn. 108 argumentiert mit einem Praxisargument. Selbst wenn ein Schutz vor einer Verwässerung bestünde, seien Bagatellgrenzen schwer zu ziehen; die Hauptversammlung solle nicht mit geringfügigen Anreizen für eine geringe Anzahl an Mitarbeitern aufgehalten werden.

Begründung eines rein schuldrechtlichen Anspruchs auf Zahlung eines Geldbetrags.[423]

Ein generelles Gebot, die Hauptversammlung bei der Ausgabe von klassischen Aktienoptionsprogrammen beteiligen zu müssen, gibt es zudem nicht, was den Umkehrschluss zulässt, dass dies auch für virtuelle Aktienoptionsprogramme gelten muss.[424]

### 3. *Einstufung als Teilgewinnabführungsvertrag*

Virtuelle Aktienoptionsprogramme werden schließlich teilweise unter den Begriff der Teilgewinnabführungsverträge nach § 292 Abs. 1 Nr. 1 AktG subsumiert.[425] Neben einem nach § 293 Abs. 1 AktG erforderlichen Hauptversammlungsbeschluss hätte der Vorstand dann auf Rechtsfolgenseite nach § 293a AktG die Aufsetzung des virtuellen Aktienoptionsprogramms rechtlich und wirtschaftlich schriftlich zu erläutern,[426] das virtuelle Aktienoptionsprogramm nach § 293b AktG von einem sachverständigen Prüfer prüfen zu lassen[427] sowie die Aktionäre umfassend über das Programm zu informieren.[428]

---

423 Vgl. *Kort* in: Großkommentar AktG, 5. Auflage, Bd. 4/1, § 87, Rn. 247; *Kessler/Suchan* in: Kessler/Sauter, Rn. 686.

424 Vgl. *Kessler/Suchan* in: Kessler/Sauter, Rn. 686, 783.

425 Vgl. *Janssen/Riehle in*: Drinhausen/Eckstein, Handbuch der AG, § 24, Rn. 65, die im Rahmen von *Phantom Stocks* das Problem aufwerfen, dass eine Gewinnbeteiligung breiter Mitarbeiterkreise als Teilgewinnabführungsvertrag nach § 292 Abs. 1 Nr. 1 AktG einzustufen ist. Ebenso *Holzborn* in: Marsch-Barner/Schäfer, Rn. 54.34. Inwiefern hierbei von einem virtuellen Aktienoptionsprogramm, welches sich am Unternehmenserfolg bzw. am Gewinn orientiert und nicht – wie in dieser Arbeit untersucht – am Aktienkurs, bleibt offen. Es ist daher genauer zu analysieren, ob § 292 Abs. 1 Nr. 1 AktG auch bei aktienkursorientierter Vergütung Anwendung findet. Für *Phantom Stocks* im Ergebnis ebenso *Hoppe*, NZG 2018, 811, 813 f.

426 Vgl. *Krieger* in: Münch. HdB Gesellschaftsrechts, Bd. 4, § 73, Rn. 30.

427 Dieser Prüfer wird durch das Gericht (Landgericht im Bezirk des Sitzes der Gesellschaft) ausgewählt und bestellt. Hierdurch entstehen zusätzliche Kosten und Zeitverzögerungen, vgl. § 293 c Abs. 1 Satz 5 AktG, § 318 Abs. 5 HGB.

428 Vgl. zu Einzelheiten dieser Informationspflicht *Krieger* in: Münch. HdB Gesellschaftsrechts, Bd. 4, § 73, Rn. 44 ff. Insbesondere müsste der virtuelle Aktienoptionsvertrag zur Einsichtnahme in den Geschäftsräumen nach § 293 f Abs. 1 Nr. 1 ausgelegt werden.

### a) *Definition und Schutzzweck*

Teilgewinnabführungsverträge werden in § 292 Abs. 1 Nr. 2 AktG legal definiert. Sie umfassen danach alle Verträge, die Gewinne der Aktiengesellschaft an eine dritte Partei abführen. Schutzgedanke ist die Wahrung des mitgliedschaftlichen Rechts der Aktionäre auf Auszahlung einer Dividende.[429] Das Gesetz normiert bezüglich der Abführung eines solchen Gewinns an den Begünstigten des Teilgewinnabführungsvertrags keine Mindestgrenze, die überschritten werden muss.[430] Anknüpfungspunkt für den abzuführenden Gewinn ist ein periodisch zu berechnender Gewinn, wie etwa der Jahresüberschuss oder der Bilanzgewinn.[431] Dabei ist nicht ausreichend, dass der vermeintliche Teilgewinnabführungsvertrag auf diese Parameter lediglich Auswirkungen hat bzw. den Gewinn mindert, damit nicht alle Verträge, die keinen Gewinn für das Unternehmen produzieren, von § 292 AktG erfasst werden.[432] Die sich aus dem Teilgewinnabführungsvertrag ergebende Zahlungspflicht muss vielmehr als Referenz tatsächliche Erträge oder Umsätze des Unternehmens heranziehen.[433]

§ 292 Abs. 2 AktG nimmt bestimmte Verträge aus dem Anwendungsbereich der §§ 292 ff. AktG aus, die grundsätzlich unter die Definition des § 292 Abs. 1 Nr. 2 AktG subsumiert werden können. Demnach werden solche Verträge ausgenommen, die mit Mitgliedern von Vorstand und Aufsichtsrat oder einzelnen Arbeitnehmern der Gesellschaft geschlossen werden, vgl. § 292 Abs. 2 AktG. Gedanke des Gesetzgebers ist es, die Hauptversammlung nicht mit *„üblichen*

---

429 Vgl. *Veil* in: Spindler/Stilz, AktG, Bd. 2, § 292, Rn. 14. Nach *Schmidt*, ZGR 1984, 295, 306 ist die Zustimmung der Hauptversammlung im Zusammenhang einer Gewinnbeteiligung im Gegensatz zu übrigen Leistungsversprechen der Gesellschaft geboten, da *„sich die Gesellschafter denjenigen sollen aussuchen dürfen, mit dem sie quotenmäßig am Erfolg oder Mißerfolg des Unternehmens teilhaben wollen, und daß Erfolg und Risiko nicht auf mehr Köpfe verteilt sein sollen, als ihrem Willen entspricht.“*

430 Vgl. *Hüffer/Koch*, AktG, § 292, Rn. 13; *Krieger* in: Münch. HdB Gesellschaftsrechts, Bd. 4, § 73, Rn. 15.

431 Ganz überwiegende Meinung, vgl. *Veil* in: Spindler/Stilz, AktG, Bd. 2, § 292, Rn. 15; *Emmerich* in: Emmerich/Habersack, § 292 AktG, Rn. 25; *Hüffer/Koch*, AktG, § 292, Rn. 13; *Altmeppen* in: MüKo, AktG, Bd. 5, § 292, Rn. 79; *Krieger* in: Münch. HdB Gesellschaftsrechts, Bd. 4, § 73, Rn. 16; KG Berlin, NZG 1999, 1102, 1106. Umstritten ist, ob auch Rohertrag und Umsatzerlöse als Gewinn im Sinne des § 292 Abs. 1 Nr. 2 AktG einzustufen sind, vgl. hierzu eingehend *Koppensteiner* in: Kölner Kommentar zum AktG, Bd. 6, § 292, Rn. 65, 42 ff.

432 Vgl. *Altmeppen* in: MüKo, AktG, Bd. 5, § 292, Rn. 57.

433 Vgl. *Altmeppen* in: MüKo, AktG, Bd. 5, § 292, Rn. 57; BayObLG, NZG 2001, 408.

*Formen der Gewinnbeteiligungen*" zu überladen.[434] Für Arbeitnehmer greift diese Ausnahme lediglich dort, wo eine individuelle Gruppe von Arbeitnehmern mit virtuellen Aktienoptionsprogrammen bedacht wird.[435] Spricht das Gesetz von „*einzelnen*", so ist hiermit „*vereinzelt*"[436] gemeint, im Sinne einer individualvertraglichen Abrede gleich einer Tantieme.[437] Nicht von diesem Ausnahmetatbestand erfasst sind somit solche Verträge, die anhand von abstrakt-generellen Kriterien einer Gruppe von Arbeitnehmern oder sämtlichen Arbeitnehmern zugutekommen.[438]

### *b) Anwendung auf virtuelle Aktienoptionsprogramme*

Diesen Grundsätzen folgend fallen virtuelle Aktienoptionsprogramme nicht unter die Regelung der Teilgewinnabführungsverträge nach §§ 292 ff. AktG.

Aus dem Privilegierungstatbestand des § 292 Abs. 2 AktG folgt zunächst, dass virtuelle Aktienoptionsprogramme, welche nur nach individuellen Kriterien an Arbeitnehmer oder an den Vorstand ausgegeben werden, vom Erfordernis eines Hauptversammlungsbeschlusses nach § 293 AktG auszunehmen sind. Wegen der fehlenden Anknüpfung an einen periodisch berechneten Gewinn greifen die Regelungen zu Teilgewinnabführungsverträgen auch bei übrigen virtuellen Aktienoptionsprogrammen, etwa für breite Arbeitnehmerkreise nach abstrakt-generellen Kriterien, nicht. Für die reine Anlehnung des Programms an den

---

434 So die Regierungsbegründung zum Aktiengesetz 1965 abgedruckt bei *Kropff*, Aktiengesetz 1965, S. 379; vgl. ferner *Veil* in: Spindler/Stilz, AktG, Bd. 2, § 292, Rn. 30; *Koppensteiner* in: Kölner Kommentar zum AktG, Bd. 6, § 292, Rn. 56.

435 Vgl. *Altmeppen* in: MüKo, AktG, Bd. 5, § 292, Rn. 79; *Hüffer/Koch*, AktG, § 292, Rn. 27; *Krieger* in: Münch. HdB Gesellschaftsrechts, Bd. 4, § 73, Rn. 19; *Emmerich/Habersack* in: Emmerich/Habersack, § 292 AktG, Rn. 34. *Koppensteiner* in: Kölner Kommentar zum AktG, Bd. 6, § 292, Rn. 56 spricht hierbei von „*leitenden Persönlichkeiten*", nicht jedoch von der gesamten Führungsebene. Anders explizit zu virtuellen Aktienoptionsprogrammen *von Bredow*, FB 1999, 232, 238, der alle Arbeitnehmer, deren Arbeitskraft sich auf die Bemessungsgrundlage (etwa Gewinn oder Aktienkurs) auswirkt, unter den Anwendungsbereich des § 292 Abs. 2 AktG subsumiert und den Privilegierungstatbestand somit „*qualitativ*" versteht.

436 *Koppensteiner* in: Kölner Kommentar zum AktG, Bd. 6, § 292, Rn. 56; *Altmeppen* in: MüKo, AktG, Bd. 5, § 292, Rn. 79.

437 Vgl. *Koppensteiner* in: Kölner Kommentar zum AktG, Bd. 6, § 292, Rn. 56; *Altmeppen* in: MüKo, AktG, Bd. 5, § 292, Rn. 78; *Hüffer/Koch*, AktG, § 292, Rn. 27.

438 Vgl. *Altmeppen* in: MüKo, AktG, Bd. 5, § 292, Rn. 79; *Krieger* in: Münch. HdB Gesellschaftsrechts, Bd. 4, § 73, Rn. 19; *Emmerich/Habersack* in: Emmerich/Habersack, § 292 AktG, Rn. 34.

Aktienkurs folgt dies schon aus dem Umstand, dass der Aktienkurs kein Parameter eines periodisch berechneten Gewinns darstellt, sondern vielmehr täglich je nach Marktgegebenheiten schwankt.[439] Eine Beteiligung am Anstieg des Aktienkurses wirkt sich somit allenfalls mittelbar auf den Gewinn aus und knüpft nicht unmittelbar an diesen an, was im Rahmen der Teilgewinnabführungsverträge jedoch zu fordern ist.[440] Gleiches gilt für die Gewährung einer an die Dividende angelehnten Zahlung, die ebenfalls nicht periodisch berechnet wird. Die Dividende folgt vielmehr einer „*Definitionsmacht*" der Hauptversammlung, die nach § 174 Abs. 2 AktG über die Verwendung des Bilanzgewinns entscheidet.[441]

---

439 A.A., jedoch ohne näher auf den Begriff des Gewinns einzugehen *Hoppe*, NZG 2018, 811, 814.

440 Vgl. *Wohlfarth/Brause*, WM 1997, 397, 399 f.; *Altmeppen* in: MüKo, AktG, Bd. 5, § 292, Rn. 57.

441 BAG, AG 2003, 426, 427. Das Gericht führt im Rahmen einer Erfolgsbeteiligung eines Mitarbeiters über eine Dividende aus: „*Die Erfolgsbeteiligung knüpft ausschließlich nicht an den – vor der Beschlussfassung der Hauptversammlung festgestellten – Gesamtgewinn des Unternehmens an, sondern an das, was die Hauptversammlung als Dividende beschließt. Sie hat zuvor die Entscheidung zu treffen, ob sie Anteile des Bilanzgewinns in Gewinnrücklagen einstellt oder als Gewinn in das nächste Jahr vorträgt*", BAG, AG 2003, 426, 427.
Das BAG eröffnet in dem vorgenannten Urteil gleichzeitig eine interessante Möglichkeit der Hauptversammlung unter gewissen Umständen die Vergütung der Mitarbeiter über Dividenden einzuschränken. Im streitgegenständlichen Fall gewährte das Unternehmen dem Mitarbeiter individualvertraglich eine Gewinnbeteiligung über Zahlung einer Dividende. In der streitgegenständlichen Hauptversammlung wurde neben der Zahlung einer Dividende eine Sonderausschüttung von 1 Euro je dividendenberechtigter Stückaktie beschlossen. Das BAG legte die arbeitsvertragliche Regelung dergestalt aus, dass einzig Dividenden erfasst sein sollten, die von der Hauptversammlung als solche bezeichnet worden sind.
Nach den Ausführungen des BAG darf sich die Hauptversammlung dabei jedoch nicht dem Vorwurf der Willkür aussetzen. Gerade beim Fall eines extrem erfolgreichen Geschäftsjahres soll die Unterscheidung zwischen Dividende und Sonderausschüttung nachvollziehbar sein. Hierzu das BAG, AG 2003, 426, 427: Die Hauptversammlung „*ist auch nicht gehindert, den sodann verbleibenden Gewinn in eine ‚Dividende' auf das ordentliche Ergebnis aus der normalen Geschäftstätigkeit und eine ‚Sonderausschüttung' aufzuteilen, die auf ein hohes außerordentliches, einmaliges Ergebnis gezahlt wird. Aktienrechtliche Bestimmungen stehen solchen Differenzierungen nicht entgegen. Die Unterscheidung, die die Hauptversammlung möglicherweise aus bilanzpolitischen Erwägungen trifft, um im nächsten Geschäftsjahr ohne außerordentliche Erträge nicht eine sinkende Dividende mit entsprechenden Auswirkungen auf den Aktienkurs ausweisen zu müssen, steht ihr frei.*"

Der Gewinn ist lediglich Grundlage und nicht Anknüpfungspunkt für die Dividendenzahlung. Gleiches gilt im Ergebnis auch für einen Liquidationserlös, der nicht periodischen Gewinn abbildet, sondern das Restvermögen der Gesellschaft vor ihrer Auflösung verteilt.

## III. Richterliche Befassung mit der Fragestellung

Das Landgericht München[442] hat sich als einziges Gericht bisher umfassend mit der Frage auseinandersetzen müssen, ob bei der Ausgabe von virtuellen Aktienoptionsprogrammen an Vorstandsmitglieder ein Hauptversammlungsbeschluss erforderlich ist. Die nachfolgenden Instanzen des Oberlandesgerichts München[443] und des Bundesgerichtshofs[444] befassten sich dabei nicht mit der Frage, ob virtuelle Aktienoptionsprogramme als Genussrechte einzuordnen sind, widerlegten dabei jedoch auch nicht die Argumentation des Landgerichts.

Der Kläger wandte sich mit seiner Klage gegen die Entlastung des Aufsichtsrats unter anderem mit dem Argument, dass der Aufsichtsrat vor Verabschiedung des virtuellen Aktienoptionsprogramms einen Hauptversammlungsbeschluss hätte herbeiführen müssen. Streitgegenstand war ein virtuelles Aktienoptionsprogramm, bei dem zur Berechnung des Auszahlungswerts der Aktienkurs des Mutterunternehmens zugrunde gelegt wurde.[445] Referenzgröße war somit weder der Aktienkurs noch der Gewinn des ausgebenden Unternehmens; auch wurde keine Dividendenzahlung gewährt.

Das Landgericht weist grundsätzlich die Kompetenz der Vorstandsvergütung über § 87 Abs. 1 AktG „*ausschließlich*" dem Aufsichtsrat zu.[446] Trotz dieses „*Grundsatzes*" setzt sich das Landgericht im Folgenden mit der Frage auseinander, ob eine Zuständigkeit der Hauptversammlung aus anderen Regelungen hergeleitet werden kann. Eine umfassende Verdrängung der Hauptversammlungszuständigkeit durch § 87 Abs. 1 AktG und den Aufsichtsrat kann daher aus diesen Ausführungen nicht zwingend geschlussfolgert werden.

---

442 Vgl. LG München, AG 2008, 133, 134 f.; bestätigt durch die Entscheidung des OLG München, NZG 2008, 631, 634.

443 OLG München, NZG 2008, 631 ff.

444 BGH, AG 2010, 79.

445 Als Maßstab für die Barauszahlung zugunsten der Vorstandsmitglieder einer Aktiengesellschaft (der Beklagten) wurde der Aktienkurs der Konzernobergesellschaft eines Aktionärs der Beklagten zugrunde gelegt, vgl. LG München, AG 2008, 133.

446 Vgl. LG München, AG 2008, 133, 134.

Das Landgericht lehnt eine analoge Anwendung des § 192 Abs. 2 Nr. 3 AktG ab, da hierfür eine Gesetzeslücke erforderlich sei.[447] Wie die Literatur[448] führt es den Regelungszweck des § 192 Abs. 2 Nr. 3 AktG an, der Aktionäre und ihre mitgliedschaftliche Stellung schützen soll. Entscheidend sei, dass das virtuelle Aktienoptionsprogramm einen schuldrechtlichen Anspruch begründe und weder die Kapitalstruktur des Unternehmens noch die Zusammensetzung des Aktionärskreises beeinflusse. Die mitgliedschaftliche Stellung der Aktionäre werde nicht berührt.

Das Landgericht stuft das streitgegenständliche virtuelle Aktienoptionsprogramm auch nicht als Genussrecht ein.[449] Zwar verbinde virtuelle Aktienoptionsprogramme und Genussrechte, dass beide kein Recht zum Bezug von Aktien des ausgebenden Unternehmens begründen würden.[450] Entscheidend sei jedoch der Schutzzweck der Norm. Genussrechte würden „*immanent*" eine Konkurrenz von Gläubigerrechten mit Vermögensrechten der Aktionäre beinhalten.[451] In der Konsequenz dieser Aussage bleibt das Landgericht jedoch vage. Es nennt als Vermögensrechte namentlich lediglich die Teilnahme am Liquidationserlös oder das Recht auf Bezug der in § 221 AktG genannten Titel (nicht jedoch ein Recht auf eine an die Dividende angelehnte Zahlung).[452] Da diese unter dem vorliegenden Vergütungsprogramm nicht gewährt würden, scheitere eine Subsumtion unter den Genussrechtsbegriff.

Auch nach den Ausführungen des LG München bleibt im Ergebnis unklar, wann genau die Ausgestaltung eines virtuellen Aktienoptionsprogramms derart wesentliche aktionärstypische Vermögensrechte gewährt, dass nicht mehr von einem bloßen Vergütungsanspruch gesprochen werden kann, sondern ein Genussrecht nach § 221 Abs. 3 AktG vorliegt. Insbesondere fehlt es an einer Auseinandersetzung mit den Auswirkungen der Gewährung einer Dividende. Lediglich die Kombination mit der Beteiligung am Liquidationserlös oder der Gewährung von Bezugsrechten auf die in § 221 AktG genannten Titel wird positiv als genussrechtsbegründend aufgeführt. Die Konsequenz für die eingangs vom Gericht angesprochene „*ausschließliche*" Aufsichtsratszuständigkeit wird jedoch nicht mehr aufgegriffen.

---

447 LG München, AG 2008, 133, 135; im Ergebnis ebenso, jedoch ohne entsprechende Ausführungen: OLG München, NZG 2008, 631, 634.

448 Vgl. Abschnitt A.II.2. dieses Kapitels.

449 Vgl. LG München, AG 2008, 133, 135.

450 Vgl. LG München, AG 2008, 133, 135.

451 LG München, AG 2008, 133, 135.

452 Vgl. LG München, AG 2008, 133, 135.

Die nachfolgenden Instanzen des Oberlandesgerichts München[453] und des Bundesgerichtshofs[454] haben sich nicht mit der Frage, ob virtuelle Aktienoptionsprogramme als Genussrechte einzuordnen sind, befasst. Das Oberlandesgericht München bezog sich zur Frage der Hauptversammlungszuständigkeit einzig auf die verdrängende Kompetenz des Aufsichtsrats.[455] Dies könnte darauf hindeuten, dass das Oberlandesgericht die Aufsichtsratskompetenz zur Vorstandsvergütung gegenüber den Regelungen des § 221 AktG als *Lex specialis* ansieht. Ein eindeutiger Rückschluss lässt sich aus den knappen Ausführungen des Oberlandesgerichts jedoch nicht ziehen.

## IV. Zwischenergebnis

Als Zwischenergebnis kann die Problematik einer notwendigen Beteiligung der Hauptversammlung auf die Frage der Einordnung von virtuellen Aktienoptionsprogrammen als Genussrecht verkürzt werden. Nach den vorgenannten Ausführungen des Standes von Literatur und Rechtsprechung ist eine Zustimmung der Hauptversammlung über direkte oder analoge Anwendung der §§ 71 ff. bzw. §§ 192 ff. AktG wegen des schuldrechtlichen Charakters eines virtuellen Aktienoptionsprogramms und der fehlenden Gewährung einer mitgliedschaftlichen Stellung als Aktionär abzulehnen.[456] Eine Hauptversammlungskompetenz folgt auch nicht aus den Regelungen der §§ 292 Abs. 1 Nr. 1, 293 AktG zu Teilgewinnabführungsverträgen, da es an einer Anknüpfung an einen periodisch berechneten Gewinn fehlt.[457]

Die dargestellten Meinungen und Argumente der Literatur und das Urteil des LG München bzw. OLG München zur Einstufung virtueller Aktienoptionsprogramme als Genussrecht deuten an, dass eine pauschale Beantwortung der Frage, ob im Rahmen von virtuellen Aktienoptionsprogrammen eine Zustimmung der Hauptversammlung erforderlich ist oder nicht, nicht möglich erscheint. Dies liegt maßgeblich daran, dass virtuelle Aktienoptionsprogramme wegen ihrer schuldrechtlichen Ausgestaltung in einer Vielzahl von verschiedenen Erscheinungsformen ausgegeben werden können, wie bereits Kapitel 2 gezeigt hat. So hat etwa die Zahlung einer Dividende im Rahmen eines *Phantom Stock*-Programms im Vergleich zu einer reinen Anlehnung an den Aktienkurs über ein

453 OLG München, NZG 2008, 631, 634.

454 BGH AG 2010, 79.

455 OLG München, NZG 2008, 631, 634.

456 Vgl. hierzu die Ausführungen unter Abschnitt A.II.2. dieses Kapitels.

457 Vgl. hierzu die Ausführungen unter Abschnitt A.II.3.b) dieses Kapitels.

*Stock Appreciation Right* maßgeblichen Einfluss auf die Beantwortung der Frage, wie eng aktionärstypische Vermögensrechte nachgebildet werden. Es stellt sich somit die Frage, ob die aufgezeigten Argumente herangezogen werden können, um eine Neuordnung des Streitstandes vorzunehmen.

## B. Neuordnung der Einordnung virtueller Aktienoptionsprogramme als Genussrechte

Die Diskussion um die Einordnung virtueller Aktienoptionsprogramme als Genussrechte und die damit einhergehende Frage eines erforderlichen Hauptversammlungsbeschlusses wird dominiert von Schlagworten und Begriffen, deren konkrete Handhabung zu Unsicherheiten in der Praxis führt.[458] Ordnet man die verschiedenen Argumente, so lassen sie sich im Wesentlichen auf die Begriffe des aktionärstypischen Vermögensrechts und einer Geschäftsführungsmaßnahme zuspitzen, wobei je nach Schwerpunkt (ein weiterer unbestimmt und schwer zu fassender, aber in diesem Zusammenhang vielfach verwendeter Begriff)[459] die Einordnung als Genussrecht unterschiedlich ausfällt.

Dabei sollte die konkrete schuldrechtliche Ausgestaltung des jeweils zu bewertenden virtuellen Aktienoptionsprogramms die zentrale Rolle bei der Beantwortung der Frage einer Einordnung als Genussrecht und eines entsprechend erforderlichen Hauptversammlungsbeschlusses übernehmen. Nur wenn das Programm in einzelne Ausgestaltungskomponenten seziert wird, kann geklärt werden, ob ein Genussrechtscharakter zu bejahen ist oder nicht. Die Begriffe des aktionärstypischen Vermögensrechts und der Geschäftsführungsmaßnahme können dabei den Aufhänger dafür bilden, welche konkreten schuldrechtlichen Ausgestaltungsmöglichkeiten bzw. Ausgestaltungskomponenten eines virtuellen Aktienoptionsprogramms für die Einordnungsfrage relevant sind.[460]

Die Frage des aktionärstypischen Vermögensrechts spiegelt sich maßgeblich darin wider, welche Leistungen dem Begünstigten durch das virtuelle

---

458 So noch *Kuthe/Zipperle* in: Szesny/Kuthe, 1. Auflage, 13. Kap. Rn. 23, die der Praxis angesichts der unsicheren Rechtslage pragmatisch dazu rieten, sicherheitshalber einen Hauptversammlungsbeschluss vor Ausgabe virtueller Aktienoptionsprogramme zu fassen. In der 2. Auflage vertreten *Kuthe/Zipperle* nun jedoch die Ansicht, dass der Literatur dahingehend gefolgt werden könne, dass ein Hauptversammlungsbeschluss nicht erforderlich sei, vgl. *Kuthe/Zipperle* in: Szesny/Kuthe, 12. Kap. Rn. 23.

459 Vgl. etwa *Mertens/Cahn* in: Kölner Kommentar zum AktG, Bd. 2/1, § 87, Rn. 80; *Seyfarth*, Vorstandsrecht, § 5, Rn. 152; *Kessler/Suchan* in: Kessler/Sauter, Rn. 783.

460 Vgl. mit ähnlicher Unterscheidung jüngst auch *Hoppe*, NZG 2018, 811, 813 ff.

Aktienoptionsprogramm gewährt werden, konkret zu welchen Auszahlungen es an den Mitarbeiter kommt. Die möglichen Ausgestaltungen können unter dem Begriff der Leistungskomponente zusammengefasst werden. Hier ist zu untersuchen, welche schuldrechtlichen Ausgestaltungen unter den Begriff des aktionärstypischen Vermögensrechts nach § 221 Abs. 3 AktG fallen.

Die Einordnung der Ausgabe virtueller Aktienoptionsprogramme als reine Geschäftsführungsmaßnahme[461] legt schließlich eine Unterscheidung zwischen Arbeitnehmern und dem Vorstand nahe. Dies folgt primär aus dem Umstand, dass im Rahmen der Vorstandsvergütung § 87 Abs. 1 AktG als verdrängende Kompetenznorm angeführt wird.[462] Für die Einstufung als Geschäftsführungsmaßnahme im Rahmen der Arbeitnehmervergütung wird demgegenüber mit allgemeineren Argumenten wie der Frage einer Vermögensverwässerung oder einer Schwerpunktbetrachtung argumentiert.[463] Diese Problemgruppe kann als Begünstigtenkomponente bezeichnet werden.[464]

## I. Leistungskomponente

Im Rahmen der Leistungskomponente werden drei Ausgestaltungsmöglichkeiten virtueller Aktienoptionsprogramme beleuchtet: eine Anlehnung an den Aktienkurs, die Zahlung einer Dividende und die Gewährung sonstiger aktionärstypischer Vermögensrechte.[465]

### *1. Aktienkurs*

Im Rahmen der Ausgabe virtueller Aktienoptionsprogramme durch börsennotierte Unternehmen ist der Aktienkurs die Referenzkomponente, die am

---

461 So etwa *Kessler/Suchan* in: Kessler/Sauter, Rn. 686; *Kutsch* in: MAH Aktienrecht, § 32, Rn. 190. Für eine ausschließliche Zuständigkeit des Aufsichtsrats für die Vorstandsvergütung vgl. *Scholz* in: Münch. HdB Gesellschaftsrechts, Bd. 4, § 64, Rn. 134 und *von Bredow*, FB 1999, 232, 236 f. Für *Stock Appreciation Rights*, die an Vorstände ausgegeben werden, ebenso *Seyfarth*, Vorstandsrecht, § 5, Rn. 152.

462 So *Scholz* in: Münch. HdB Gesellschaftsrechts, Bd. 4, § 64, Rn. 134; *Mertens/Cahn* in: Kölner Kommentar zum AktG, Bd. 2/1, § 87, Rn. 80; *von Bredow*, FB 1999, 232, 236 f.; *Seyfarth*, Vorstandsrecht, § 5, Rn. 152, der auf eine Schwerpunktbetrachtung abstellt.

463 So *Mertens/Cahn* in: Kölner Kommentar zum AktG, Bd. 2/1, § 87, Rn. 80; *Seyfarth*, Vorstandsrecht, § 5, Rn. 152; *Kessler/Suchan* in: Kessler/Sauter, Rn. 783, dort Fn. 10.

464 Vgl. hierzu jüngst auch *Hoppe*, NZG 2018, 811, 814 f.

465 Vgl. hierzu auch die Ausführungen zur Praxis der Dax-Unternehmen in Kapitel 2, Abschnitt B.I.3.

einfachsten eine Beteiligung am Unternehmenserfolg mit dem Shareholder-Value-Konzept verbindet, da die Interessen von dem begünstigten Mitarbeiter und den Aktionären am effektivsten angenähert werden können.[466] Zweifelsohne wird der Begünstigte des virtuellen Aktienoptionsprogramms über den Anstieg des Aktienkurses nicht unmittelbar am Gewinn des Unternehmens beteiligt.[467] Sofern vereinzelt vertreten wird, dass der Gewinn nicht bloß handelsrechtlich zu beurteilen sei und mithin auch mittelbare Beteiligungen am Gewinn unter den Genussrechtsbegriff zu fassen seien,[468] überzeugt dies im Ergebnis nicht. Eine Anknüpfung an den Aktienkurs des Unternehmens ist mittelbar nicht mit dem Begriff des Gewinns im Sinne des § 221 Abs. 3 AktG gleichzusetzen.[469] Dies folgt aus dem Umstand, dass der Aktienkurs von verschiedensten Faktoren abhängt.[470] Zwar ist der Gewinn einer dieser Faktoren.[471] Jedoch ist denkbar, dass auch bei ausbleibendem Gewinn der Aktienkurs steigt, etwa wenn der Aktienmarkt eine positive Entwicklung des Unternehmens prognostiziert.[472] Dies ist beispielsweise bei einer jungen Aktiengesellschaft denkbar, der der Markt ein Wachstumspotential zuschreibt, die auf Grund von hohen Kosten im Gründungsstadium jedoch ein Defizit aufweist. Im Rahmen eines Expansionskurses schrieb etwa der Onlinehändler Amazon im Geschäftsjahr 2012 rund 39 Millionen Dollar Verlust, während im gleichen Zeitraum der Aktienkurs um knapp 40% anstieg.[473] Während Gewinn und Aktienkurs somit sehr wohl in einem gewissen Abhängigkeitsverhältnis stehen, sind sie keineswegs gleichzusetzen.

Der durch Anlehnung des virtuellen Aktienoptionsprogramms an den Aktienkurs berechnete Anspruch entspricht daher eher einem reinen Zahlungsanspruch

466 Vgl. hierzu die Ausführungen zu Vorteilen von virtuellen Aktienoptionsprogrammen und dem Shareholder-Value-Konzept in Kapitel 1, Abschnitt B.I.2.a).

467 Vgl. *Wohlfarth/Brause*, WM 1997, 397, 399 f.

468 So *Hirte* in: Großkommentar AktG, 4. Auflage, Bd. 7/1, § 221, Rn. 377.

469 So *Mertens/Cahn* in: Kölner Kommentar zum AktG, Bd. 2/1, § 87, Rn. 80; *Wohlfarth/Brause*, WM 1997, 397, 399 f.; *Busch*, AG 1999, 58, 65; *Scholz* in: Münch. HdB Gesellschaftsrechts, Bd. 4, § 64, Rn. 134; *Kessler/Suchan* in: Kessler/Sauter, Rn. 686; *von Bredow*, FB 1999, 232, 233.

470 Vgl. *Wohlfarth/Brause*, WM 1997, 397, 399; *von Bredow*, FB 1999, 232, 233.

471 Weitere Größen sind nach *Wohlfarth/Brause* etwa die Erwartung der Marktteilnehmer oder das allgemeine Zinsniveau, *Wohlfarth/Brause*, WM 1997, 397, 399 f.

472 Vgl. *Wohlfarth/Brause*, WM 1997, 397, 400; *von Bredow*, FB 1999, 232, 233, der auf die Möglichkeit „*irrationaler Einflüsse*" für den Anstieg des Börsenkurses hinweist.

473 Vgl. Amazon, K-10 Form. Zugrunde gelegt wurde der Börsenkurs der Amazon-Aktie an der Börse Frankfurt und deren Wertentwicklung zwischen dem 2. Januar 2012 (136 Euro) und 28. Dezember 2012 (189 Euro).

im Sinne einer Bartantieme, die leistungsbezogen vergüten soll, als einer Beteiligung am Gewinn.[474] Bedeutend ist in diesem Zusammenhang auch, dass das Aktienrecht einen Anspruch des Aktionärs, den positiven Kursverlauf zugunsten der Aktionäre zu monetisieren und auszukehren, nicht kennt.[475] Die Monetisierung des Aktienkurses ist vielmehr das Gegenstück eines mitgliedschaftlichen Vermögensrechts der Aktionäre, setzt sie doch gerade das Ausscheiden aus der Aktionärsstellung voraus.[476] Die Anlehnung an den Aktienkurs begründet somit keine Konkurrenz zwischen dem aus dem virtuellen Aktienoptionsprogramm folgenden Zahlungsanspruch und einem aktionärstypischen Vermögensrecht, konkret einer Beteiligung am Gewinn, im Sinne des § 221 Abs. 3 AktG.

Eine Gleichsetzung von aktionärstypischem Vermögensrecht und Auskehrung von Aktienkurssteigerungen über virtuelle Aktienoptionsprogramme ist daher im Ergebnis fernliegend.[477] Knüpft das virtuelle Aktienoptionsprogramm somit einzig an den Aktienkurs an, kann das Programm nicht unter den Begriff des Genussrechts nach § 221 AktG subsumiert werden, so dass eine Hauptversammlungszuständigkeit nicht durch § 221 Abs. 3 iVm. Abs. 1 AktG begründet wird. Entsprechend dürften regelmäßig *Stock Appreciation Right*-Programme, die einzig die Wertsteigerung des Aktienkurses abbilden, keine Genussrechte darstellen.[478]

## 2. *Dividende*

Regelmäßig werden im Rahmen von *Phantom Stock*-Programmen Dividendengleiche Zahlungen an den Begünstigten geleistet.[479] Die Inklusion einer derartigen Dividendenzahlung in das virtuelle Aktienoptionsprogramm verändert

---

474 Vgl. *Wohlfarth/Brause*, WM 1997, 397, 400.

475 Vgl. *Mertens/Cahn* in: Kölner Kommentar zum AktG, Bd. 2/1, § 87, Rn. 80; *Hoppe*, NZG 2018, 811, 814.

476 Vgl. *von Bredow*, FB 1999, 232, 233, der im Ergebnis dennoch zu einer Anwendung des § 221 AktG kommt, da er für das Vorliegen eines Genussrechts nicht die Gewährung eines aktionärstypischen Vermögensrechts verlangt.

477 Ebenso *Mertens/Cahn* in: Kölner Kommentar zum AktG, Bd. 2/1, § 87, Rn. 80; *Wohlfarth/Brause*, WM 1997, 397, 399 f.; *Busch*, AG 1999, 58, 65; *Scholz* in: Münch. HdB Gesellschaftsrechts, Bd. 4, § 64, Rn. 134; *Kessler/Suchan* in: Kessler/Sauter, Rn. 686.

478 Vgl. *Hoppe*, NZG 2018, 811, 815.

479 Vgl. die Ausführungen im Rahmen der Definition der *Phantom Stocks* in Kapitel 1, Abschnitt A.I.2. sowie die Ausführungen zur Praxis der Dax-Unternehmen im Geschäftsjahr 2015 in Kapitel 2, Abschnitt B.I.3.b).

den Genussrechtscharakter des Programms maßgeblich.[480] Denn die Beteiligung am Gewinn ist als wichtigstes aktionärstypisches Vermögensrecht einzustufen und in § 58 Abs. 4 AktG manifestiert.[481] Die Dividende, auch wenn vom Gesetzgeber als solche in § 58 Abs. 4 AktG nicht gesondert bezeichnet, verkörpert diese Beteiligung der Aktionäre am Gewinn, konkret am Bilanzgewinn, der Aktiengesellschaft über die Eröffnung einer Zugriffsmöglichkeit durch Hauptversammlungsbeschluss.[482] Sofern hierzu eine teleologische Reduktion des Genussrechtsbegriffs gefordert wird,[483] entspricht dies nicht dem beschriebenen historischen Interesse des Gesetzgebers, den Genussrechtsbegriff weit zu fassen, um eine Ausgestaltung der Praxis zu überlassen.[484] Die weite Definition der Genussrechte erfordert vielmehr eine intensive Auseinandersetzung mit der Frage, ob Vermögensinteressen der Aktionäre beeinträchtigt werden.[485] Denn entscheidend für die Eröffnung des Schutzzwecks des § 221 Abs. 3 AktG ist die Frage der Konkurrenz mit den Vermögensinteressen der Aktionäre.[486] Diese Konkurrenzsituation tritt bei einer Beteiligung am Gewinn als klassisches Vermögensrecht der Aktionäre[487] besonders zutage.[488]

Auch die Frage der Intensität der Vermögensverwässerung führt hier nicht zu einer teleologischen Reduktion und einem generellen Ausschluss eines virtuellen Aktienoptionsprogramms aus dem Bereich der Genussrechte.[489] Zum einen fällt es schwer eine Bagatellgrenze zu ziehen, wann eine Vermögensverwässerung derart erheblich ist, dass ein virtuelles Aktienoptionsprogramm unter

---

480 Vgl. *Mertens/Cahn* in: Kölner Kommentar zum AktG, Bd. 2/1, § 87, Rn. 80; *Hoppe*, NZG 2018, 811, 814.

481 Vgl. die Ausführungen in Abschnitt A.II.1.b) dieses Kapitels sowie *Drygala* in: Kölner Kommentar zum AktG, Bd. 1, § 58, Rn. 112; *Fleischer* in: Schmidt/Lutter, § 58, Rn. 43; *Drinhausen* in: Heidel, Aktienrecht, § 58, Rn. 39; *Henze* in: Großkommentar AktG, 4. Auflage, Bd. 2, § 58, Rn. 85 sowie mit leichter Differenzierung *Bayer* in: MüKo, AktG, Bd. 1, § 58, Rn. 96.

482 Vgl. für die Entstehung des Anspruchs mwN. *Cahn/von Spannenberg* in: Spindler/Stilz, AktG, Bd. 1, § 58, Rn. 94 ff.

483 So *Wohlfahrt/Brause*, WM 1997, 397, 399.

484 Vgl. die Ausführungen zur Definition der Genussrechte unter Abschnitt A.II.1.a) dieses Kapitels.

485 Vgl. *Krecek/Röhrich*, ZIP 2010, 413, 414.

486 Vgl. die Ausführungen zum Schutzzweck der Genussrechte unter Abschnitt A.II.1.a) dieses Kapitels.

487 Vgl. *Vatter* in: Spindler/Stilz, AktG, Bd. 1, § 11, Rn. 8.

488 Vgl. *Hoppe*, NZG 2018, 811, 814.

489 So *Wohlfahrt/Brause*, WM 1997, 397, 399.

den Genussrechtsbegriff subsumiert werden muss.[490] Folge wäre eine erhebliche Unsicherheit der Praxis. Zum anderen ist für die Einstufung als Genussrecht eine massenweise Begebung nicht erforderlich – es kommt somit auf den Grad der Vermögensverwässerung gerade nicht an.[491]

Letztlich verbleibt als zentrales Argument der Literatur für eine teleologische Reduktion des Genussrechtsbegriffs eine Schwerpunktbetrachtung, nach der es sich primär um eine Vergütungsfrage und nicht um eine Ausgabe von Genussrechten handelt.[492] Hiergegen spricht zunächst, dass schon die Gewährung eines einzigen aktionärstypischen Vermögensrechts ausreicht, um ein Genussrecht zu begründen.[493] Dies sollte daher umso mehr für die Gewährung eines derart zentralen Vermögensrechts wie der Dividendenzahlung gelten.[494] Gleichzeitig legt die historische Auslegung der Genussrechtspraxis, in der Genussrechte vielfach als Mitarbeiterbeteiligungsmodelle und auch Teil der Vergütung eingesetzt wurden, nahe, dass Genussrechte grundsätzlich auch im Rahmen von Vergütungsmodellen Anwendung finden können.[495] In diesem Zusammenhang deutet auch die besprochene Entscheidung des LG München darauf hin, dass zwischen der Subsumtion unter den Genussrechtsbegriff und einer Einordnung als Vergütungsmaßnahme im Rahmen des Geschäftsbetriebs unterschieden werden muss.[496] Die Auswirkungen der Tatsache, dass ein als Genussrecht einzustufendes virtuelles Aktienoptionsprogramm als Teil der Vergütung ausgegeben wird, sind vielmehr im Spannungsfeld der Kompetenzverteilung zwischen Geschäftsführung bzw. Aufsichtsrat und Hauptversammlungszuständigkeit nach § 221 Abs. 3 iVm. Abs. 1 AktG und der Frage anzusiedeln, ob die Gewährung im Rahmen einer

---

490 Ähnlich *Frey* in: Großkommentar AktG, 4. Auflage, Bd. 6, § 192, Rn. 108, der im Rahmen der Ablehnung einer analogen Anwendung der §§ 71 ff. AktG bzw. 192 ff. AktG für virtuelle Aktienoptionsprogramme darauf verweist, dass das Ziehen einer Bagatellgrenze kaum möglich ist.

491 Vgl. *Habersack* in: MüKo, AktG, Bd. 4, § 221, Rn. 66; *Hüffer/Koch*, AktG, § 221, Rn. 25; *Hirte* in: Großkommentar AktG, 4. Auflage, Bd. 7/1, § 221, Rn. 333. Anders *Karollus* in: Geßler/Hefermehl/Eckardt/Kropff, AktG, Bd. 4, § 221, Rn. 241.

492 So *Kessler/Suchan*: in Kessler/Sauter, Rn. 686.

493 Vgl. hierzu die Ausführungen unter Abschnitt A.II.1.b) dieses Kapitels sowie *Habersack* in: MüKo, AktG, Bd. 4, § 221, Rn. 65; *Hirte* in: Großkommentar AktG, 4. Auflage, Bd. 7/1, § 221, Rn. 329.

494 Ebenso *Mertens/Cahn* in: Kölner Kommentar zum AktG, Bd. 2/1, § 87, Rn. 80.

495 Vgl. hierzu die Ausführungen und Nachweise im Rahmen der Definition von Genussrechten unter Abschnitt A.II.1.a) dieses Kapitels sowie *Hoppe*, NZG 2018, 811, 814.

496 Vgl. LG München, AG 2008, 133, 134 f. sowie die Ausführungen zum Urteil unter Abschnitt A.III. dieses Kapitels.

arbeitsvertraglichen Beziehung die Regelung des § 221 Abs. 3 AktG ausnahmsweise verdrängen kann.[497] Da die Gewährung eines einzigen aktionärstypischen Vermögensrechts ein Genussrecht begründet und diese Voraussetzung durch Gewährung einer Dividende gegeben ist, wird hierdurch die Genussrechtseigenschaft begründet.

### 3. *Sonstige aktionärstypische Vermögensrechte*

Gleiches muss auch für die Gewährung sonstiger aktionärstypischer Vermögensrechte gelten, wobei konkret die Beteiligung am Liquidationserlös und die Gewährung von Bezugsrechten von Aktien oder den in § 221 AktG genannten Titeln in Betracht kommen.[498] Neben den vorgenannten Argumenten kommt für diese beiden Fallgruppen hinzu, dass es sich hierbei um aktionärstypische Vermögensrechte jenseits einer Gewinnbeteiligung handelt, die derart weit von einer arbeitsvertraglichen Vergütungskomponente entfernt sind, dass für eine teleologische Reduktion des Genussrechtsbegriffs kein Ansatzpunkt verbleibt.[499] So erschöpft sich ein Programm, das eine Beteiligung am Liquidationserlös oder vorgenannte Bezugsrechte gewährt, nicht lediglich in der reinen Vergütung von Arbeitsleistung über Beteiligung am Unternehmenserfolg, sondern bewirkt eine intensive Annäherung der Mitarbeiter an eine Aktionärsstellung.[500]

Wenn auch selten, lassen sich dennoch Anwendungsfälle derartiger Leistungskomponenten finden. Ein Bezugsrecht auf Aktien kommt bei einem *Stock-Settled Stock Appreciation Right*-Programm in Betracht, bei dem die Option gewährt wird, anstelle einer Barzahlung Aktien zu beziehen.[501] Der Bezug von in

497 In diese Richtung auch *Hoppe*, NZG 2018, 811, 813 ff.

498 Vgl. *Mertens/Cahn* in: Kölner Kommentar zum AktG, Bd. 2/1, § 87, Rn. 80; *Kessler/Suchan* in: Kessler/Sauter, Rn. 783, dort Fn. 10; LG München, AG 2008, 133, 135 sowie die Ausführungen in Abschnitt A.III. dieses Kapitels.

499 Vgl. LG München, AG 2008, 133, 135, das insofern hinsichtlich der Beteiligung am Liquidationserlös und der Gewährung von Bezugsrechten von *„weitgehenden Rechten"* spricht, die mit einem Vergütungsanspruch nicht verbunden sind. Auch *Kessler/Suchan* in: Kessler/Sauter, Rn. 783, dort Fn. 10 lehnen einen Vergütungscharakter bei Beteiligung am Liquidationserlös ab. *Mertens/Cahn* in: Kölner Kommentar zum AktG, Bd. 2/1, § 87, Rn. 80 bejahen bei der Gewährung von Bezugsrechten einen Genussrechtscharakter, verneinen die Notwendigkeit eines Hauptversammlungsbeschlusses jedoch auf Ebene der Begünstigtenkomponente für Mitarbeiter.

500 Vgl. *Karollus* in: Geßler/Hefermehl/Eckardt/Kropff, AktG, Bd. 4, § 221, Rn. 242, der dabei darauf abstellt, ob der Vereinbarung des Genussrechts eine *„eigenständige Bedeutung"* zukommt.

501 Siehe zu deren Ausgestaltung die Ausführungen in Kapitel 1, Abschnitt A.II.

§ 221 Abs. 3 AktG genannten Titeln ist denkbar, wenn das Programm eine Verwässerungsschutzklausel enthält, also bei einer Kapitalerhöhung durch Ausgabe weiterer Einheiten die Verwässerungen durch Kapitalmaßnahmen ausgeglichen werden soll.[502] Stellt das ursprünglich ausgegebene virtuelle Aktienoptionsprogramm – etwa wegen Gewährung einer Dividende – ein Genussrecht dar, so wird ein Bezugsrecht auf Genussrechte gewährt. Dies mag vorliegend wie ein Zirkelschluss klingen, ist das Programm doch schon wegen der Gewährung einer Dividende unter den Genussrechtsbegriff zu subsumieren. Die Unterschiede werden jedoch deutlich, wenn man im Rahmen der Begünstigtenkomponente der Frage nachgeht, ob § 87 Abs. 1 AktG als *Lex specialis* die Regelung des § 221 Abs. 3 iVm. Abs. 1 AktG verdrängt.[503]

Eine Beteiligung am Liquidationserlös kommt in Betracht, wenn virtuelle Aktienoptionsprogramme im Rahmen einer drohenden Solvenzkrise des Unternehmens ausgegeben werden und der Begünstigte des virtuellen Aktienoptionsprogramms zumindest in gewissem Maße bei einer Insolvenz dem virtuellen Aktienoptionsprogramm einen finanziellen Wert entnehmen können soll (sofern nach Befriedigung der Gläubiger ein Liquidationserlös verbleibt). Insbesondere ein Eigeninvestment des Begünstigten, auch jenseits einer Krisensituation, kann diese enge Anlehnung an die Aktionärsstellung, über eine Beteiligung am Unternehmenswert und Liquidationserlös, rechtfertigen.[504]

### 4. *Zwischenergebnis*

Als Zwischenergebnis kann festgehalten werden, dass ein virtuelles Aktienoptionsprogramm, welches aktionärstypische Vermögensrechte wie die Zahlung einer Dividende, die Beteiligung am Liquidationserlös oder die Gewährung von Bezugsrechten auf Aktien oder die in § 221 AktG genannten Titel gewährt, grundsätzlich unter den Begriff der Genussrechte nach § 221 Abs. 3 AktG zu subsumieren ist. Demgegenüber fällt ein virtuelles Aktienoptionsprogramm, welches allein an den Aktienkurs des Unternehmens anknüpft, nicht unter den Begriff des Genussrechts nach § 221 Abs. 3 AktG, da der Auszahlungsanspruch des Begünstigten nicht mit einem aktionärstypischen Vermögensrecht konkurriert.

---

502 Vgl. *Hüffer/Koch*, AktG, § 221, Rn. 66; *Habersack* in: MüKo, AktG, Bd. 4, § 221, Rn. 302 ff.

503 Vgl. Abschnitt B.II.1.a) dieses Kapitels.

504 Vgl. für den Fall der Ausgabe gegen Entgelt *Kutsch/Kersting*, BB 2011, 373, 377.

## II. Begünstigtenkomponente

Stimmen der Literatur folgern aus einer Einstufung als Geschäftsführungsmaßnahme, dass virtuelle Aktienoptionsprogramme ohne Zustimmung der Hauptversammlung aufgelegt werden können.[505] Teilweise[506] werden hier generell virtuelle Aktienoptionsprogramme aus dem Anwendungsbereich des § 221 Abs. 3 AktG ausgenommen, teilweise[507] erfolgt dies beschränkt auf die Zuständigkeit des Aufsichtsrats für die Vorstandsvergütung. Diese Einschätzungen zu virtuellen Aktienoptionsprogrammen überschneiden sich mit den Ausführungen zur Ausgabe von Genussrechten im Rahmen von Mitarbeitervergütungsprogrammen. Dies verdeutlicht, dass die Erforderlichkeit eines Hauptversammlungsbeschlusses nicht so sehr eine Frage der Subsumtion unter den Genussrechtsbegriff ist, sondern vielmehr der generellen Kompetenzverteilung zwischen Hauptversammlung und Vorstand (für Arbeitnehmer) bzw. Aufsichtsrat (für den Vorstand) im Zusammenhang mit gewinnorientierter Vergütung von Arbeitsleistung.[508]

Ausgangspunkt der folgenden Betrachtung ist – wie im Rahmen der Leistungskomponente festgestellt –, dass gewisse virtuelle Aktienoptionsprogramme unter den Genussrechtsbegriff subsumiert werden können. In einem zweiten Schritt ist nun zu klären, ob im Rahmen von Vergütungsfragen die Hauptversammlungskompetenz aus § 221 Abs. 3 iVm. Abs. 1 AktG verdrängt wird.[509] Dies ist für die Ausgabe von virtuellen Aktienoptionsprogrammen an Vorstände bzw. Aufsichtsräte und Arbeitnehmer angesichts unterschiedlicher Verankerungen im Aktiengesetz gesondert zu untersuchen.

---

505 Vgl. insbesondere *Kessler/Suchan* in: Kessler/Sauter, Rn. 686; *Kutsch* in: MAH Aktienrecht, § 32, Rn. 190; *Scholz* in: Münch. HdB Gesellschaftsrechts, Bd. 4, § 64, Rn. 134; *Mertens/Cahn* in: Kölner Kommentar zum AktG, Bd. 2/1, § 87, Rn. 80; *von Bredow*, FB 1999, 232, 236 f.; *Seyfarth*, Vorstandsrecht, § 5, Rn. 152.

506 So *Kessler/Suchan* in: Kessler/Sauter, Rn. 686; *Kutsch* in: MAH Aktienrecht, § 32, Rn. 190.

507 So *Scholz* in: Münch. HdB Gesellschaftsrechts, Bd. 4, § 64, Rn. 134; *Mertens/Cahn* in: Kölner Kommentar zum AktG, Bd. 2/1, § 87, Rn. 80; *von Bredow*, FB 1999, 232, 236 f.; *Baums*, FS Claussen 1997, 3, 27 ff.; *Hoffmann-Becking*, NZG 1999, 797, 801; *Seyfarth*, Vorstandsrecht, § 5, Rn. 152, der auf eine Schwerpunktbetrachtung abstellt.

508 Ebenso *Mertens/Cahn* in: Kölner Kommentar zum AktG, Bd. 2/1, § 87, Rn. 80; *von Bredow*, FB 1999, 232, 236 f.

509 So jüngst auch *Hoppe*, NZG 2018, 811, 814 f.

### *1. Vorstand*

#### *a) § 87 Abs. 1 AktG als Lex specialis*

Im Rahmen der Ausgabe von als Genussrechte einzustufenden virtuellen Aktienoptionsprogrammen verdrängt die Regelung des § 87 Abs. 1 AktG an Vorstände als *Lex specialis* die Kompetenz der Hauptversammlung aus § 221 Abs. 3 iVm. Abs. 1 AktG, sofern in der Vergütung ein Anteil am Gewinn gewährt wird.[510]

Auch der Eingriff in das Gewinnbezugsrecht der Aktionäre ändert nichts an dieser Kompetenzverdrängung.[511] Der Vorrangcharakter der Aufsichtsratszuständigkeit wurde im Rahmen der Streichung des § 86 AktG durch den Gesetzgeber im Rahmen des TransPuG unterstrichen.[512] Nach § 86 AktG konnte den Vorstandsmitgliedern für ihre Tätigkeit eine Beteiligung am Jahresgewinn gewährt werden. Die nähere Ausgestaltung dieser Beteiligung war dabei als Kompetenz dem Aufsichtsrat und nicht der Hauptversammlung zugewiesen. Im Rahmen der Streichung des § 86 AktG hat der Gesetzgeber darauf verwiesen, dass sich nunmehr hinsichtlich der Anknüpfung an Bemessungsgrundlagen ein erweiterter Spielraum des Aufsichtsrats ergibt und generell über § 87 Abs. 1 AktG eine Beteiligung des Vorstands am Gewinn – auch jenseits der Anknüpfung an den Jahresgewinn – möglich sein soll.[513] Dabei setzte sich der Gesetzgeber mit der Frage des Aktionärsschutzes auseinander, ohne jedoch einen Schutz der Aktionäre durch Zustimmung der Hauptversammlung einzufordern oder zu normieren.[514] Die Kompetenz des Aufsichtsrats

---

510 So für virtuelle Aktienoptionsprogramme: OLG München, NZG 2008, 631, 634; *Mertens/Cahn* in: Kölner Kommentar zum AktG, Bd. 2/1, § 87, Rn. 80, Rn. 38; *Seyfarth*, Vorstandsrecht, § 5, Rn. 152; *Scholz* in: Münch. HdB Gesellschaftsrechts, Bd. 4, § 64, Rn. 134; *von Bredow*, FB 1999, 232, 236 f.; *Baums*, FS Claussen 1997, 3, 27 ff.; *Hoffmann-Becking*, NZG 1999, 797, 801. Für Genussrechte vgl. *Florstedt* in: Kölner Kommentar zum AktG, Bd. 4, § 221, Rn. 534; *Merkt* in: Schmidt/Lutter, AktG, § 221, Rn. 44; *Rieder/Holzmann* in: Grigoleit, AktG, § 221, Rn. 21; *Habersack* in: MüKo, AktG, Bd. 4, § 221, Rn. 67; *Hirte* in: Großkommentar AktG, 4. Auflage, Bd. 7/1, § 221, Rn. 333; *Karollus* in: Geßler/Hefermehl/Eckardt/Kropff, AktG, Bd. 4, § 221, Rn. 241.

511 So aber für *Phantom Stocks* ausdrücklich *Hoppe*, NZG 2018, 811, 815.

512 Vgl. hierzu ausführlich *Mertens/Cahn* in: Kölner Kommentar zum AktG, Bd. 2/1, § 87, Rn. 24 ff. Vgl. zu § 86 AktG auch *Baums*, FS Claussen 1997, 3, 27 ff.

513 Vgl. Begründung Regierungsentwurf TransPuG, BT-Drs. 14/8769, S. 13; vgl. ferner *Mertens/Cahn* in: Kölner Kommentar zum AktG, Bd. 2/1, § 87, Rn. 26.

514 Vgl. Begründung Regierungsentwurf TransPuG, BT-Drs. 14/8769, S. 13.

wurde somit durch die Streichung von § 86 AktG nicht eingeschränkt, sondern ausgeweitet.[515]

Ein virtuelles Aktienoptionsprogramm zugunsten von Vorstandsmitgliedern, welches die Zahlung einer Dividende einräumt, erfordert daher trotz einer Einstufung als Genussrecht keinen Hauptversammlungsbeschluss.

*b) Sonstige aktionärstypische Vermögensrechte*

Im Rahmen der Erörterung des § 87 AktG als *Lex specialis* zu § 221 Abs. 3 iVm. Abs. 1 AktG wird ausschließlich von der Gewährung von Tantiemen, nicht jedoch sonstigen aktionärstypischen Vermögensrechten gesprochen.[516] Der Begriff Tantieme beschreibt seiner Wortbedeutung nach die Beteiligung am Gewinn eines Unternehmens.[517] Auch § 86 AktG befasste sich lediglich mit der Gewährung einer Beteiligung am Gewinn, nicht jedoch mit der Gewährung sonstiger, den aktionärstypischen Vermögensrechten zuzuordnenden Rechten. Bei der Aufnahme einer Beteiligung am Liquidationserlös oder von Bezugsrechten in das Genussrechts- bzw. virtuelle Aktienoptionsprogramm eröffnet dies die Frage, ob auch für Programme, die mehr als nur eine Beteiligung am Gewinn gewähren, § 87 Abs. 1 AktG als Spezialgesetz die Hauptversammlungskompetenz verdrängt. Sofern die Bezugsrechte ihrerseits den Bezug von Genussrechten gewähren, die den Begünstigten am Gewinn des Unternehmens beteiligen, erscheint es unbillig, allein wegen der Bezugsrechtsgewährung eine verdrängende Wirkung des § 87 Abs. 1 AktG abzulehnen. Denn im Ergebnis handelt es sich einzig um die Gewährung weiterer Tantiemen. Diese könnte der Aufsichtsrat statt der Einräumung eines Bezugsrechts beliebig neu ohne Zustimmung der Hauptversammlung ausgeben.

Im Übrigen ist eine spezialgesetzliche Anwendung des § 87 Abs. 1 AktG für jegliche Form von Genussrechten – also auch solche, die eine Beteiligung am Liquidationserlös oder einen Aktienbezug gewähren – im Rahmen der

---

515 Vgl. Begründung Regierungsentwurf TransPuG, BT-Drs. 14/8769, S. 13; vgl. ferner *Mertens/Cahn* in: Kölner Kommentar zum AktG, Bd. 2/1, § 87, Rn. 26; *Habersack* in: MüKo, AktG, Bd. 4, § 221, Rn. 67.

516 Vgl. *Mertens/Cahn* in: Kölner Kommentar zum AktG, Bd. 2/1, § 87, Rn. 80, Rn. 38; *Hirte* in: Großkommentar AktG, 4. Auflage, Bd. 7/1, § 221, Rn. 333; *Habersack* in: MüKo, AktG, Bd. 4, § 221, Rn. 67; *Merkt* in: Schmidt/Lutter, AktG, § 221, Rn. 44; *Karollus* in: Geßler/Hefermehl/Eckardt/Kropff, AktG, Bd. 4, § 221, Rn. 241; *Scholz* in: Münch. HdB Gesellschaftsrechts, Bd. 4, § 64, Rn. 134; wohl auch *von Bredow*, FB 1999, 232, 237.

517 Vgl. die Definition in *Creifelds*, Rechtswörterbuch.

Vorstandsvergütung abzulehnen. Zwar werden Vergütungsfragen über § 87 AktG grundsätzlich ausschließlich der Aufsichtsratskompetenz zugeordnet.[518] Hierdurch soll jedoch nicht die gesellschaftsrechtliche Kompetenzordnung zu Genussrechten umgangen werden.[519] Die Beteiligung am Gewinn als vormals in § 86 AktG geregelte Vergütungskomponente nimmt insofern eine vom Gesetzgeber gewollte Sonderrolle ein. Gegen eine Erweiterung dieser Sonderrolle auf sämtliche Arten von Genussrechten spricht, dass eine Beteiligung am Liquidationserlös und eine Gewährung von Bezugsrechten derart weit von üblichen Vergütungsformen entfernt sind, dass zum Schutz der Aktionärsinteressen ein Hauptversammlungsbeschluss geboten erscheint.[520]

In diesem Zusammenhang auf ein Schwerpunktargument zurückzugreifen und im Ergebnis dennoch § 87 Abs. 1 AktG eine Lex-Specialis-Wirkung zukommen zu lassen, allein weil das virtuelle Aktienoptionsprogramm auch klassische Vergütungskomponenten beinhaltet, erscheint nicht angemessen.[521] Teilweise wird die Gewährung einer Beteiligung am Liquidationserlös schon als dermaßen weitreichendes aktionärstypisches Vermögensrecht angesehen, dass sich der Schwerpunkt von einer reinen Vergütungszusage hin zu einem Genussrechtscharakter verschiebt.[522] Eine Schwerpunktbetrachtung führt ferner zu Abgrenzungsschwierigkeiten, wann ein aktionärstypisches Vermögensrecht derart bedeutend ist, dass es nicht mehr hinter der gewinnbeteiligenden Vergütungskomponente zurücktritt. Im Hinblick auf eine Beteiligung am Liquidationserlös ist schon nicht absehbar, wie hoch diese Beteiligung ausfallen wird, sodass eine schwerpunktbasierte Gewichtung zwischen Vergütung über Gewinn und Höhe der Beteiligung am Liquidationserlös zudem nicht möglich ist. Nach der Ausklammerung all derartiger Bezugsrechte, die ihrerseits den Bezug von Titeln mit Gewinnbeteiligung gewähren, erscheint eine weitere Einschränkung der Hauptversammlungszuständigkeit nicht geboten. Eine vollumfängliche Verdrängung der Hauptversammlungskompetenz aus § 221 Abs. 3 iVm. Abs. 1 AktG durch

518 Vgl. *Kubis* in: Semler/Peltzer/Kubis, Vorstand HdB, § 3, Rn. 53; *Weber* in: Hölters, AktG, § 87, Rn. 10; *Spindler* in: MüKo, AktG, Bd. 2, § 87, Rn. 99. Zum Gesamtkomplex der Rolle der Hauptversammlung bei der Vorstandsvergütung *Schüppen*, ZIP 2010, 905 ff.

519 Vgl. *Weber* in: Hölters, AktG, § 87, Rn. 11; *Spindler* in: MüKo, AktG, Bd. 2, § 87, Rn. 99.

520 Im Ansatz ähnlich LG München, AG 2008, 133, 135.

521 So aber zumindest für Bezugsrechte wohl *Seyfarth*, Vorstandsrecht, § 5, Rn. 152.

522 Vgl. *Kessler/Suchan* in: Kessler/Sauter, Rn. 783, dort Fn. 10, ohne jedoch ausdrücklich zu Auswirkungen auf § 87 AktG Bezug zu nehmen.

§ 87 Abs. 1 AktG ist für sonstige aktionärstypische Vermögensrechte daher abzulehnen.

### 2. *Arbeitnehmer*

Für Genussrechte, die an Arbeitnehmer ausgegeben werden sollen, fehlt es an einer § 87 Abs. 1 AktG entsprechenden gesetzlichen Verankerung, die als *Lex specialis* herangezogen werden könnte.[523] § 87 Abs. 1 AktG gilt nicht für Mitarbeiter unterhalb der Vorstandsebene.[524] Dennoch wird teilweise auch für Arbeitnehmer angenommen, dass eine Ausgabe von Genussrechten – und somit auch von als Genussrechten einzustufenden virtuellen Aktienoptionsprogrammen – keiner Zustimmung der Hauptversammlung bedarf.[525]

#### *a) Argumentum a maiore ad minus*

Zum Teil wird dies mit einem *argumentum a maiore ad minus* begründet.[526] Wenn die Hauptversammlung schon nicht für die Vergütung der höchsten Kontroll- und Führungsebene zuständig ist, soll sie auch nicht für den gemeinen Arbeitgeber belangt werden.[527] Ähnlich wie bei § 87 Abs. 1 AktG liegt nach § 76 AktG die Entscheidungskompetenz in Personalfragen zu Arbeitnehmern grundsätzlich beim Vorstand.[528] Entsprechend wird in Frage gestellt, ob die Hauptversammlung auf individualvertragliche Arbeitsvereinbarung Einfluss nehmen können soll.[529]

---

523 Vgl. *Habersack* in: MüKo, AktG, Bd. 4, § 221, Rn. 67; *Merkt* in: Schmidt/Lutter, AktG, § 221, Rn. 44.

524 Vgl. *Spindler* in: MüKo, AktG, Bd. 2, § 87, Rn. 21.

525 Befürwortend *Merkt* in: Schmidt/Lutter, AktG, § 221, Rn. 44; *Habersack* in: MüKo, AktG, Bd. 4, § 221, Rn. 67; *Hirte* in: Großkommentar AktG, 4. Auflage, Bd. 7/1, § 221, Rn. 333; *von Bredow*, FB 1999, 232, 237 f. Ablehnend, sofern eine massenweise Begebung an Mitarbeiter erfolgt, *Frey* in: Großkommentar AktG, 4. Auflage, Bd. 6, § 192, Rn. 108; *Karollus* in: Geßler/Hefermehl/Eckardt/Kropff, AktG, Bd. 4, § 221, Rn. 241. Ablehnend, jedoch ohne tiefergehende Ausführungen *Kutsch* in: MAH Aktienrecht, § 32, Rn. 184.

526 Vgl. *Habersack* in: MüKo, AktG, Bd. 4, § 221, Rn. 67; *Merkt* in: Schmidt/Lutter, AktG, § 221, Rn. 44; *Hirte* in: Großkommentar AktG, 4. Auflage, Bd. 7/1, § 221, Rn. 333; *von Bredow*, FB 1999, 232, 237 f.

527 Vgl. *Habersack* in: MüKo, AktG, Bd. 4, § 221, Rn. 67; *Merkt* in: Schmidt/Lutter, AktG, § 221, Rn. 44.

528 Vgl. *Habersack* in: MüKo, AktG, Bd. 4, § 221, Rn. 67.

529 Vgl. *Karollus* in: Geßler/Hefermehl/Eckardt/Kropff, AktG, Bd. 4, § 221, Rn. 241; im Ergebnis ebenso *von Bredow*, FB 1999, 232, 238.

Zunächst ist zu beachten, dass virtuelle Aktienoptionsprogramme regelmäßig nicht Teil einer individualvertraglichen Vereinbarung sind, sondern vielmehr als zentrales Programm aufgesetzt und dann den jeweiligen Arbeitnehmern, die die Kriterien des Programms erfüllen, zugeteilt werden.[530] Bedeutend ist zudem, dass der Aufsichtsrat bei Einräumung von Vergütungsbestandteilen an Vorstände einem Angemessenheitsgebot nach § 87 Abs. 1 Satz 1 AktG unterworfen ist, die Schutzbedürftigkeit der Aktionäre daher anders als bei Arbeitnehmern schon durch das Aktiengesetz und diese Grenzsetzung adressiert wird.[531] Auch handelt es sich beim Vorstand, mag die individuell betrachtete Vergütung gegenüber dem normalen Arbeitgeber auch höher sein, um einen zahlenmäßig eher kleinen Kreis. Die Ausgabe von virtuellen Aktienoptionsprogrammen an etwa die gesamte untere Führungsebene eines Unternehmens kann bei größeren Aktiengesellschaften zu erheblichen Zahlungsverpflichtungen führen, die wesentlich mit den Vermögensrechten der Aktionäre konkurrieren.[532] Ein Beispiel ist etwa das Vergütungssystem der Infineon AG, die *Performance Shares* ausgibt, die wahlweise über Aktien oder Barzahlung beglichen werden können. Dabei wurden im Geschäftsjahr 2015 an Vorstandsmitglieder 80.969 *Performance Shares* ausgegeben, an Mitarbeiter demgegenüber 1.301.206 *Performance Shares*.[533]

Die Ausgabe von Genussrechten (bzw. virtuellen Aktienoptionsprogrammen) ist daher mit der Interessenlage bei der Ausgabe an Vorstände nicht vergleichbar, so dass ein *argumentum a maiore ad minus* nicht greift. Vielmehr ist im Rahmen der Ausgabe an Arbeitnehmer eine wesentlich bedeutendere Gefährdung der Vermögensrechte der Aktionäre denkbar.[534] Ohne eine den § 221 Abs. 3 iVm. Abs. 1 AktG verdrängende Spezialnorm erscheint der Eingriff in die Vermögensrechte der Aktionäre daher unbillig und nicht vertretbar.[535]

---

530 Vgl. hierzu die Ausführungen in Kapitel 2, Abschnitt A.I.

531 Vgl. zum Angemessenheitsgebot neben vielen anderen *Spindler* in: MüKo, AktG, Bd. 2, § 87, Rn. 38 ff.; *Seibt* in: Schmidt/Lutter, AktG, § 87, Rn. 8 ff.

532 Vgl. *Frey* in: Großkommentar AktG, 4. Auflage, Bd. 6, § 192, Rn. 108; *Karollus* in: Geßler/Hefermehl/Eckardt/Kropff, AktG, Bd. 4, § 221, Rn. 241.

533 Vgl. *Infineon AG*, Geschäftsbericht 2015, S. 249.

534 Vgl. *Mertens/Cahn* in: Kölner Kommentar zum AktG, Bd. 2/1, § 87, Rn. 80, die bei der Ausgabe von Finanzierungsinstrumenten als Arbeitslohn davon ausgehen, dass eine wesentlich stärkere Verwässerung eintreten kann.

535 Im Ergebnis ebenso *Frey* in: Großkommentar AktG, 4. Auflage, Bd. 6, § 192, Rn. 108; *Karollus* in: Geßler/Hefermehl/Eckardt/Kropff, AktG, Bd. 4, § 221, Rn. 241; *Koppensteiner* in: Kölner Kommentar zum AktG, Bd. 6, § 292, Rn. 59 f.; *Kutsch* in: MAH Aktienrecht, § 32, Rn. 184.

### b) *Anknüpfung an § 292 Abs. 2 AktG*

Um dieses Bedürfnis nach einer gesetzlichen Anknüpfungsnorm zu befriedigen, wird von Teilen der Literatur für die Ausgabe von Genussrechten an Arbeitnehmer § 292 Abs. 2 AktG herangezogen.[536] Dies wird mit den weitreichenden Überschneidungen von Genussrechten und Teilgewinnabführungsverträgen begründet.[537]

Zunächst ist zu beachten, dass § 292 Abs. 2 AktG einzig Verträge mit Arbeitnehmern nach individuellen Kriterien privilegiert und somit nicht geeignet ist, ein als Genussrecht einzustufendes virtuelles Aktienoptionsprogramm für etwa die gesamte untere Führungsebene von einer Zustimmungspflicht nach § 221 Abs. 3 iVm. Abs. 1 AktG zu befreien.[538] Vereinzelt wird das Element des einzelnen Arbeitnehmers „*qualitativ*" gewertet und werden somit alle Arbeitnehmer unter den Privilegierungstatbestand des § 292 Abs. 2 AktG subsumiert, deren Arbeitskraft ähnlich dem Vorstand Einfluss auf den Unternehmenserfolg hat.[539] Damit könnte auch die gesamte untere Führungsebene dem Privilegierungstatbestand des § 292 Abs. 2 AktG zugeführt werden. Dieser Ansatz führt jedoch zu nicht hinnehmbaren Abgrenzungsschwierigkeiten und Unsicherheiten bei der Bestimmung, wann genau eine Arbeitskraft zum Unternehmenserfolg beiträgt.[540]

Auch die Übertragbarkeit des § 292 Abs. 2 AktG auf Genussrechte, die nur an individuelle Arbeitnehmer ausgegeben werden, erscheint zweifelhaft.[541] Teilgewinnabführungsverträge weisen zwar grundsätzlich eine strukturelle Nähe zu Genussrechten auf, wenn eine Beteiligung am Gewinn eingeräumt wird.[542]

---

536 Vgl. *Habersack* in: MüKo, AktG, Bd. 4, § 221, Rn. 67; *Merkt* in: Schmidt/Lutter, AktG, § 221, Rn. 44; *von Bredow*, FB 1999, 232, 237 f.; *Karollus* in: Geßler/Hefermehl/Eckardt/Kropff, AktG, Bd. 4, § 221, Rn. 241, der dies jedoch nur dann annimmt, wenn sich die Gewährung des Genussrechts rein arbeitsvertraglich niederschlägt und keine Bedeutung jenseits dieser Vergütungsregelungen hat.

537 Vgl. *Habersack* in: MüKo, AktG, Bd. 4, § 221, Rn. 67.

538 Vgl. *Altmeppen* in: MüKo, AktG, Bd. 5, § 292, Rn. 79; *Hüffer/Koch*, AktG, § 292, Rn. 27; *Krieger* in: Münch. HdB Gesellschaftsrechts, Bd. 4, § 73, Rn. 19; *Emmerich/Habersack* in: Emmerich/Habersack, § 292 AktG, Rn. 34. *Koppensteiner* in: Kölner Kommentar zum AktG, Bd. 6, § 292, Rn. 56 spricht hierbei von „*leitenden Persönlichkeiten*", nicht jedoch von der gesamten Führungsebene.

539 So *von Bredow*, FB 1999, 232, 238.

540 So verweist *von Bredow*, FB 1999, 232, 238 etwa auf „*Forscher, deren Erfindung einen wesentlichen Beitrag zur Wertentwicklung des Unternehmens beitragen können*". Dabei ist jedoch schon unklar, wann die Komponente „*wesentlich*" erfüllt sein soll. Auch findet diese Auslegung im Wortlaut des § 292 Abs. 2 AktG keinen Halt.

541 Vgl. *Koppensteiner* in: Kölner Kommentar zum AktG, Bd. 6, § 292, Rn. 59.

542 Vgl. *Habersack* in: MüKo, AktG, Bd. 4, § 221, Rn. 73; *Scholz* in: Münch. HdB Gesellschaftsrechts, Bd. 4, § 64, Rn. 70; *Emmerich* in: Emmerich/Habersack, § 292 AktG, Rn. 31.

Genussrechte können jedoch weitreichendere Rechte als die reine Beteiligung am Gewinn, wie die angesprochene Gewährung von Bezugsrechten oder die Beteiligung am Liquidationserlös, beinhalten, wodurch die Beeinträchtigung von Aktionärsrechten wesentlich intensiver ausfallen kann. Die Interessenlage des § 292 AktG ist daher nicht identisch mit derjenigen der Genussrechte.

Der Gesetzgeber hat im Rahmen des § 292 Abs. 2 AktG klargestellt, dass die Hauptversammlung nicht mit „*unbedeutenden*"[543] Verträgen belastet werden soll. Jedoch kann hieraus kein allgemeiner Grundsatz hergeleitet werden, für sämtliche unbedeutenden Verträge des Aktiengesetzes die Hauptversammlungszuständigkeit zu verdrängen.[544] Insbesondere gibt es weder aus der Entstehungsgeschichte der Genussrechte noch des § 292 AktG ein ableitbares Interesse des Gesetzgebers, den Privilegierungstatbestand des § 292 Abs. 2 AktG auf andere Verpflichtungen der Gesellschaft auszuweiten.[545] Gegen eine grundsätzliche Privilegierung der Ausgabe von Genussrechten an Mitarbeiter spricht vielmehr die historische Entwicklung.[546] Obwohl über Jahrzehnte als Instrument der Mitarbeiterbeteiligung eingesetzt, hat der Gesetzgeber Mitarbeiter nicht wie etwa im Rahmen des § 292 Abs. 2 AktG privilegiert.[547] Zudem trägt die restriktive Anwendung des § 292 Abs. 2 AktG der Bedeutung, die das Aktiengesetz den Zuständigkeitstatbeständen der Hauptversammlung einräumt, Rechnung.[548] Entsprechend kann § 292 Abs. 2 AktG nicht auf Genussrechte übertragen werden. Vielmehr stellt § 221 AktG für Genussrechte eine abschließende spezialgesetzliche Regelung dar.[549]

---

543 Vgl. *Schmidt*, ZGR 1984, 295, 302 mit einem Zitat der Regierungsbegründung zum Aktiengesetz 1965. Ferner *Koppensteiner* in: Kölner Kommentar zum AktG, Bd. 6, § 292, Rn. 60.

544 Ähnlich *Koppensteiner* in: Kölner Kommentar zum AktG, Bd. 6, § 292, Rn. 59 f.

545 Vgl. *Koppensteiner* in: Kölner Kommentar zum AktG, Bd. 6, § 292, Rn. 59.

546 Vgl. insofern die Ausführungen zur historischen Entwicklung von Genussrechten unter Abschnitt A.II.1.a) dieses Kapitels.

547 Im Ergebnis ebenso *Koppensteiner* in: Kölner Kommentar zum AktG, Bd. 6, § 292, Rn. 59; *Hoppe*, NZG 2018, 811, 815.

548 Vgl. *Koppensteiner* in: Kölner Kommentar zum AktG, Bd. 6, § 292, Rn. 59 f.; *Schmidt*, ZGR 1984, 295, 302.

549 Vgl. *Hirte* in: Großkommentar AktG, 4. Auflage, Bd. 7/1, § 221, Rn. 375; *Habersack* in: MüKo, AktG, Bd. 4, § 221, Rn. 72 ff.; *Scholz* in: Münch. HdB Gesellschaftsrechts, Bd. 4, § 64, Rn. 70; *Hirte*, ZIP 1988, 477, 485; *Feddersen/Meyer-Landrut*, ZGR 1993, 312, 316; a.A. *Emmerich* in: Emmerich/Habersack, § 292 AktG, Rn. 31, der kritisiert, dass die Verdrängung des § 292 AktG durch § 221 AktG eine Missbrauchsmöglichkeit zu Lasten der Aktionäre eröffnet. Mutmaßlich ist hiermit der Umstand gemeint,

### 3. *Zwischenergebnis*

Im Ergebnis fehlt es somit an einer klaren gesetzlichen Regelung, die die Verdrängung der Hauptversammlungszuständigkeit im Rahmen der Ausgabe von als Genussrechten einzustufenden virtuellen Aktienoptionsprogrammen an Arbeitnehmer rechtfertigen könnte. Es bleibt daher bei einer Zuständigkeit der Hauptversammlung aus § 221 Abs. 3 iVm. Abs. 1 AktG.

Für die Ausgabe derartiger Programme an Vorstandsmitglieder scheidet eine Hauptversammlungszuständigkeit aus, wenn das Programm eine Gewinnbeteiligung gewährt, auch wenn es nach den im Rahmen der Leistungskomponente aufgestellten Grundsätzen[550] als Genussrecht einzustufen ist. Anders ist dies jedoch dann, wenn sonstige aktionärstypische Vermögensrechte wie die Beteiligung am Liquidationserlös oder Bezugsrechte auf Aktien gewährt werden.

## C. Zwischenfazit

Die vorstehenden Ausführungen haben gezeigt, dass eine allgemeine Beantwortung der Frage, ob vor der Ausgabe von virtuellen Aktienoptionsprogrammen ein Hauptversammlungsbeschluss erforderlich ist, nicht möglich ist. Vielmehr erfordert die mannigfaltige Ausgestaltung virtueller Aktienoptionsprogramme eine differenzierte Herangehensweise an die Einstufung virtueller Aktienoptionsprogramme. Das Problem konnte dabei auf die Frage einer aus § 221 Abs. 1 iVm. Abs. 3 AktG folgenden Hauptversammlungskompetenz verkürzt werden, da andere Anknüpfungspunkte für eine Hauptversammlungszuständigkeit nicht einschlägig sind (vgl. hierzu die Ausführungen zu §§ 71 ff. AktG bzw. §§ 192 ff. AktG unter Abschnitt A.II.2. und zu Teilgewinnabführungsverträgen unter Abschnitt A.II.3.b)).

Im Rahmen der Einstufung als Genussrecht hat sich gezeigt, dass sich die Praxis vor der Ausgabe virtueller Aktienoptionsprogramme an zwei Komponenten orientieren kann: einer Leistungskomponente (ausführlich hierzu unter Abschnitt B.I.) und einer Begünstigtenkomponente (ausführlich hierzu unter Abschnitt B.II.).[551]

Die Leistungskomponente dient dabei als Beurteilungsmaßstab, ob virtuelle Aktienoptionsprogramme als Genussrechte eingestuft werden müssen. Virtuelle

---

dass auf Rechtsfolgenseite bei Unterlassen der Einholung eines Hauptversammlungsbeschlusses das Genussrecht wirksam bestehen bleibt, während ein Teilgewinnabführungsvertrag ohne Zustimmung der Hauptversammlung nicht wirksam abgeschlossen werden kann, vgl. § 293 Abs. 1 Satz 1 AktG und *Hüffer/Koch*, AktG, § 293, Rn. 2.

550 Vgl. hierzu Abschnitt B.I. dieses Kapitels.

551 Vgl. hierzu jüngst auch, allerdings mit einem anderen Ergebnis *Hoppe*, NZG 2018, 811, 813 ff.

Aktienoptionsprogramme, die dem Begünstigten eine Beteiligung am Gewinn über das Zahlen einer Dividende, eine Beteiligung am Liquidationserlös oder ein Bezugsrecht auf Aktien oder die Titel des § 221 AktG gewähren, sind als Genussrechte zu qualifizieren. Die reine Anlehnung an den Aktienkurs kann mangels Gewährung eines aktionärstypischen Vermögensrechts nicht unter die Genussrechte nach § 221 Abs. 3 AktG subsumiert werden, da es insofern an einer Gewinneigenschaft mangelt.

Die Begünstigtenkomponente hat keine Auswirkungen auf diese Einstufung als Genussrechte. Jedoch wird die Hauptversammlungskompetenz je nach Begünstigtem durch spezialgesetzliche Regelungen für bestimmte Leistungskomponenten verdrängt. Die Vergütung für Vorstände ist spezialgesetzlich über § 87 Abs. 1 AktG dem Aufsichtsrat zugewiesen, soweit lediglich eine Dividendenzahlung erfolgt. Für die Gewährung sonstiger aktionärstypischer Vermögensrechte, die nicht an den Gewinn anknüpfen, sowie für Mitarbeiter unterhalb der Vorstandsebene fehlt es an einer derartigen Verdrängungsnorm. Entsprechend bleibt es bei der Kompetenz der Hauptversammlung aus § 221 Abs. 3 iVm. Abs. 1 AktG.

Somit kann für die Ausgestaltung eines virtuellen Aktienoptionsprogramms die folgende Übersicht für die Beantwortung der Frage der Notwendigkeit eines Hauptversammlungsbeschlusses nach § 221 Abs. 3 iVm. Abs. 1 AktG herangezogen werden:

**Abbildung 8:** Erforderlichkeit eines Hauptversammlungsbeschlusses bei Aufsetzen eines virtuellen Aktienoptionsprogramms

<table>
<tr><th>Leistungskomponente / Begünstigtenkomponente</th><th>Aktienkurs</th><th>Dividende</th><th>Liquidationserlös</th><th colspan="2">Bezugsrecht auf Aktien oder Titel des § 221 AktG</th></tr>
<tr><td>Vorstand</td><td rowspan="2">Nicht erforderlich, da kein Genussrecht</td><td>Nicht erforderlich, da Verdrängung durch § 87 Abs. 1 AktG</td><td rowspan="2">Erforderlich</td><td>Nicht erforderlich, wenn Bezugsrecht auf Genussrecht mit reiner Gewinnbeteiligung, da Verdrängung durch § 87 Abs. 1 AktG</td><td>Im Übrigen erforderlich</td></tr>
<tr><td>Arbeitnehmer</td><td>Erforderlich</td><td colspan="2">Erforderlich</td></tr>
</table>

# 4. Kapitel: Anwendung des § 193 Abs. 2 Nr. 4 AktG auf virtuelle Aktienoptionsprogramme

§ 193 AktG regelt die inhaltlichen Anforderungen an einen bedingten Kapitalerhöhungsbeschluss der Hauptversammlung. § 193 Abs. 2 Nr. 4 AktG stellt bestimmte Mindestanforderungen an den Beschlussinhalt für die bedingte Kapitalerhöhung zur Gewährung von Bezugsrechten an die Geschäftsführung und Mitarbeiter, sprich klassischen Aktienoptionsprogrammen. Unter anderem ist zwingender Gegenstand der Beschlussfassung die Aufnahme einer vierjährigen Wartezeit für die erstmalige Ausübung des Programms. Zu untersuchen ist, ob diese Regelung zu klassischen Aktienoptionsprogrammen auf virtuelle Aktienoptionsprogramme übertragen werden muss. Hierfür sind in einem ersten Schritt die Entstehungsgeschichte und der Schutzzweck des § 193 Abs. 2 Nr. 4 AktG darzustellen, um sodann die Übertragung auf virtuelle Aktienoptionsprogramme diskutieren zu können.

## A. Entstehungsgeschichte und Schutzzweck

### I. Entstehungsgeschichte

Mit dem KonTraG[552] passte der Gesetzgeber 1998 die §§ 192, 193 AktG an, um der Ausgabe von klassischen Aktienoptionsprogrammen an Mitarbeiter und die Geschäftsführung des Unternehmens eine rechtliche Grundlage zu geben.[553] Dabei ordnete er die grundlegende Ausgestaltung der Aktienoptionsprogramme mit der Aufnahme des § 193 Abs. 2 Nr. 4 AktG über eine Festlegungskompetenz der zentralen Komponenten (Erfolgsziele, Erwerbs- und Ausübungszeiträume, Wartezeit) der Hauptversammlung zu.[554] § 193 Abs. 2 Nr. 4 AktG verdrängt nunmehr zugunsten der Hauptversammlung die Personalkompetenz des Vorstands

552 Gesetz zur Kontrolle und Transparenz im Unternehmensbereich (KonTraG) vom 27. April 1998, BGBl. I 1998, S. 786 ff.

553 Vgl. Regierungsbegründung KonTraG, BT-Drs. 13/9712, S. 23.

554 Vgl. *Frey* in: Großkommentar AktG, 4. Auflage, Bd. 6, § 193, Rn. 2; *Veil* in: Schmidt/Lutter, § 193, Rn. 1.

aus § 76 AktG für Arbeitnehmer bzw. des Aufsichtsrats aus § 87 AktG für Vorstandsmitglieder hinsichtlich der aufgeführten Programmkomponenten.[555] Entsprechend ist die Auflegung eines klassischen Aktienoptionsprogramms ohne Beteiligung der Hauptversammlung nicht möglich. Die Regierungsbegründung des KonTraG maß dabei der zu regelnden Wartezeit „*besondere Bedeutung*" zu, als Instrument der „*Verhaltenssteuerung*" eingesetzt zu werden.[556] Entsprechend wurden einzig für die Wartezeit inhaltliche Vorgaben gesetzt. Die Verhaltenssteuerung sollte über eine Wartezeit von zwei Jahren zwischen Zuteilung und Ausübung und damit einhergehender langfristiger Anreizwirkung des Begünstigten hergestellt werden.[557] Für den Regelfall schwebte dem Gesetzgeber eine Dreijahresfrist vor, die zweijährige Mindestgrenze sollte all zu starren Regelungen vorbeugen.[558] Die Praxis überschritt die Mindestgrenze des § 193 Abs. 2 Nr. 4 AktG a.F. selten und tendierte zu einer Zweijahresfrist.[559]

Mit dem VorstAG vom 31. Juli 2009[560] ist die Wartezeit des § 193 Abs. 2 Nr. 4 AktG um zwei Jahre auf eine vierjährige Mindestwartezeit angehoben worden.[561] Ursache der Anhebung war eine Übertragung des Leitgedankens des ebenfalls angepassten § 87 Abs. 1 AktG, die Vorstandsvergütung intensiver im Sinne einer „*Nachhaltigkeit*" und „*Langfristigkeit*" auszurichten.[562] Der Gesetzgeber erachtete die kürzere Zweijahresfrist als nicht mehr ausreichend lang, um eine Motivation nachhaltiger Unternehmenswertentwicklung zu stimulieren.[563] Die Gesetzesbegründung griff dabei die Änderungen des § 193 Abs. 2 Nr. 4 AktG im

---

555 Vgl. *Rieckers* in: Spindler/Stilz, AktG, Bd. 2, § 193, Rn. 20; *Veil* in: Schmidt/Lutter, § 193, Rn. 11.

556 Regierungsbegründung KonTraG, BT-Drs. 13/9712, S. 24.

557 Vgl. *Frey* in: Großkommentar AktG, 4. Auflage, Bd. 6, § 193, Rn. 2.

558 Vgl. Regierungsbegründung KonTraG, BT-Drs. 13/9712, S. 24; *Rieckers* in: Spindler/Stilz, AktG, Bd. 2, § 193, Rn. 32.

559 Vgl. *Weiß*, WM 1999, 353, 357, dort Fn. 62; *Fuchs* in: MüKo, AktG, Bd. 4, § 193, Rn. 32; *Rieckers* in: Spindler/Stilz, AktG, Bd. 2, § 193, Rn. 32; anders *Hüffer/Koch*, AktG, § 193, Rn. 9b, demzufolge eine Orientierung der Praxis an einer dreijährigen Frist erfolgte.

560 Gesetz zur Angemessenheit der Vorstandsvergütung (VorstAG) vom 31. Juli 2009, BGBl. I 2009, S. 2509 ff.

561 Vgl. Begründung Fraktionsentwurf VorstAG, BT-Drs. 16/12278, S. 5, 7.

562 Begründung Fraktionsentwurf VorstAG, BT-Drs. 16/12278, S. 5.

563 Vgl. Begründung Fraktionsentwurf VorstAG, BT-Drs. 16/12278, S. 5.

Rahmen der Ausführungen zu § 87 AktG auf, ein Umstand, der für die nachfolgenden Erwägungen von Bedeutung sein wird.[564]

Die Verlängerung der Mindestwartezeit wird in der Literatur teilweise als zu ausufernd kritisiert.[565] Insbesondere wegen der Nähe zur fünfjährigen Höchstfrist der Bestellung der Vorstandsmitglieder nach § 84 Abs. 1 AktG, die keineswegs die Regel darstellt, wird die tatsächliche Anreizwirkung in Frage gestellt.[566] Denn um Vertrags- und Programmlaufzeit anzugleichen, wäre eine mindestens vierjährige Bestellung erforderlich, während die Praxis häufig zu Dreijahresverträgen tendiert.[567] Entsprechend hat der Begünstigte im letzten Programmjahr keine Auswirkungen mehr auf die Aktienkursentwicklung, wenn sein Vertrag nicht verlängert wird.[568]

Dennoch handelt es sich bei § 193 Abs. 2 Nr. 4 AktG um eine gesetzliche, starre Mindestfrist, die nicht dem Ermessen der Hauptversammlung unterworfen wird.[569] Das Infrage stellen der bewirkten Anreizwirkung ist in zukünftigen Reformbemühungen zu adressieren, ändert jedoch *de lege lata* nichts an der Erforderlichkeit der Aufnahme einer mindestens vierjährigen Wartezeit bei klassischen Aktienoptionsprogrammen.

## II. Schutzzweck

Aus Gesetzgebungsverfahren, Literatur und Rechtsprechung lassen sich verschiedene Schutzzwecke der Norm ableiten, namentlich der Schutz vor Kapitalverwässerungen, das Vermeiden von Interessenkonflikten und das Erreichen einer nachhaltigen Unternehmensentwicklung.

---

564 Vgl. Begründung Fraktionsentwurf VorstAG, BT-Drs. 16/12278, S. 7. Unklar ist daher, inwiefern die Ausführungen zur Vorstandsvergütung auf die ebenfalls von § 193 Abs. 2 Nr. 4 AktG erfassten Arbeitnehmer übertragen werden können.

565 Vgl. etwa *Fuchs* in: MüKo, AktG, Bd. 4, § 193, Rn. 32a; *Rieckers* in: Spindler/Stilz, AktG, Bd. 2, § 193, Rn. 32a.

566 Vgl. *Fuchs* in: MüKo, AktG, Bd. 4, § 193, Rn. 32a; *Rieckers* in: Spindler/Stilz, AktG, Bd. 2, § 193, Rn. 32a; *Cahn*, FS Hopt 2010, 431, 442; *Goslar* in: Wilsing, DCGK, Ziff. 4.2.3, Rn. 11.; *Hüffer/Koch*, AktG, § 193, Rn. 9b; *Wagner/Wittgens*, BB 2009, 906, 908; *Hohenstatt/Kuhnke*, ZIP 2009, 1981, 1985.

567 Vgl. *DIHK*, NZG 2009, 538, 540.

568 Vgl. *DIHK*, NZG 2009, 538, 540.

569 Vgl. *Rieckers* in: Spindler/Stilz, AktG, Bd. 2, § 193, Rn. 32.

### *1. Kapitalverwässerung*

§ 193 Abs. 2 AktG soll die Aktionäre vornehmlich dazu anhalten sich intensiv mit der bedingten Kapitalerhöhung auseinanderzusetzen, da diese eine Kapitalverwässerung mit sich bringt.[570] Dieser Schutzgedanke ist auch für § 193 Abs. 2 Nr. 4 AktG anerkannt.[571] Die Festlegung der verschiedenen Komponenten (Erfolgsziele, Erwerbs- und Ausübungszeiträume, Wartezeit) des Aktienoptionsprogramms durch Hauptversammlungsbeschluss soll der Erzeugung einer gesteigerten Vorsicht und Wachsamkeit der Aktionäre vor der Zustimmung zur Kapitalverwässerung dienen.[572] Hierzu das KonTraG:

> *„Die Anteilseigner werden Aktienoptionsprogramme nur bewilligen, wenn sie erwarten können, daß die erzielte Unternehmenswertsteigerung den negativen Kapitalverwässerungseffekt übersteigt.“*[573]

Zu § 193 Abs. 2 Nr. 3 AktG, der den Ausgabebetrag der Aktien der bedingten Kapitalerhöhung festlegt, hat der BGH festgestellt, dass die Vorschrift mehr einen Schutz der Aktionäre vor Kapitalverwässerung denn eine Kompetenznorm darstellt.[574] Insbesondere das „*Ob*“[575] und das Ausmaß der Verwässerung sollen den Aktionären obliegen.[576] Dieser Gedanke könnte auf § 193 Abs. 2 Nr. 4 AktG übertragen werden, da auch hier wesentliche Weichen des Ausmaßes der Kapitalverwässerung gestellt werden, etwa wenn man an das Setzen von Erfolgszielen denkt.[577] Auch die Mindestwartezeit mag eine Kapitalverwässerung erträglicher für den Aktionär machen, bindet sie doch den Begünstigten an das Unternehmen und motiviert ihn über einen längeren Zeitraum dazu, den Unternehmenswert zu steigern. Die hiermit einhergehenden Gesichtspunkte des *Shareholder Value* wurden in Kapitel 1 näher ausgeführt.[578]

---

570 Vgl. *Frey* in: Großkommentar AktG, 4. Auflage, Bd. 6, § 193, Rn. 4; *Veil* in: Schmidt/Lutter, § 193, Rn. 11; *Rieckers* in: Spindler/Stilz, AktG, Bd. 2, § 193, Rn. 20.

571 Vgl. *Wagner/Wittgens*, BB 2009, 906, 908; *Kocher/Bednarz*, Der Konzern 2011, 77, 83; a.A. *Hohaus/Weber*, DB 2009, 1515, 1517.

572 Vgl. *Frey* in: Großkommentar AktG, 4. Auflage, Bd. 6, § 193, Rn. 4.

573 Regierungsbegründung KonTraG, BT-Drs. 13/9712, S. 24.

574 Vgl. BGH, ZIP 2009, 986, 989.

575 BGH, ZIP 2009, 986, 989.

576 Vgl. BGH, ZIP 2009, 986, 989.

577 So im Ergebnis *Frey* in: Großkommentar AktG, 4. Auflage, Bd. 6, § 193, Rn. 4; *Veil* in: Schmidt/Lutter, § 193, Rn. 11; *Rieckers* in: Spindler/Stilz, AktG, Bd. 2, § 193, Rn. 20.

578 Vgl. Kapitel 1, Abschnitt B.I.2.a).

### 2. Interessenkonflikte

Die Begründung des KonTraG stellte unter Schutzzweckgesichtspunkten und zur Rechtfertigung der Kompetenzverlagerung zugunsten der Hauptversammlung maßgeblich auf einen zu befürchtenden Interessenkonflikt ab.[579] Es soll vermieden werden, dass Gestalter und Begünstigter eines Aktienoptionsprogramms personenidentisch sind.[580] Mutmaßlich beruht diese Furcht vor Interessenkonflikten auf dem Referentenentwurf des KonTraG, in dem auch Aufsichtsratsmitglieder als mögliche Begünstigte eines Aktienoptionsprogramms nach § 193 Abs. 2 Nr. 4 AktG aufgeführt wurden.[581] Denkbar wäre dann gewesen, dass der Vorstand der Hauptversammlung ein für den Aufsichtsrat sehr vorteilhaftes Aktienoptionsprogramm vorschlägt und dieser wiederum das gleiche Modell als Teil der Vorstandsvergütung aufnimmt. Dieser drohende Interessenkonflikt wurde durch die verabschiedete Version des KonTraG entschärft, indem Aufsichtsratsmitglieder nicht in den endgültigen Anwendungsbereich des § 193 Abs. 2 Nr. 4 AktG aufgenommen wurden und mithin als Begünstigte eines Aktienoptionsprogramms ausscheiden. Dies gilt umso mehr seit der MobilCom-Entscheidung des BGH und dem UMAG, durch welche die Vergabe von klassischen Aktienoptionen an Aufsichtsratsmitglieder grundsätzlich als unzulässig einzustufen ist, ein Interessenkonflikt mithin nicht droht.[582] Folglich ist unklar, worin nunmehr ein Interessenkonflikt begründet wird, wenn der Vorstand für Arbeitnehmer und der Aufsichtsrat für Vorstände die Programmbedingungen ausgestaltet.[583]

### 3. Nachhaltige Unternehmensentwicklung

Als weiterer Schutzzweck des § 193 Abs. 2 Nr. 4 AktG kommt die Sicherstellung einer nachhaltigen Unternehmensentwicklung in Betracht.[584] Leitmotiv sowohl

---

579 Vgl. Regierungsbegründung KonTraG, BT-Drs. 13/9712, S. 23.

580 Vgl. Regierungsbegründung KonTraG, BT-Drs. 13/9712, S. 23: *„Da die begünstigten Organe befangen sein dürften, müssen die für die Anteilseigner wesentlichen Eckdaten des Bezugsrechts im Hauptversammlungsbeschluß geregelt sein"*.

581 Vgl. Referentenentwurf KonTraG, abgedruckt in: ZIP 1996, 2129, 2137; *Rieckers* in: Spindler/Stilz, AktG, Bd. 2, § 193, Rn. 20.

582 Siehe hierzu ausführlich die Ausführungen in Kapitel 5.

583 Vgl. *Rieckers* in: Spindler/Stilz, AktG, Bd. 2, § 193, Rn. 20; *Hüffer*, ZHR 161 (1997), 214, 240 f.; *Hoffmann-Becking*, NZG 1999, 797, 802.

584 Vgl. *Hohaus/Weber*, DB 2009, 1515, 1517; *Weiß*, WM 1999, 353, 357; BAG, DB 2008, 1748, 1751.

des KonTraG, aber insbesondere des VorstAG als Reaktion auf die Finanzmarktkrise[585] ist es, dafür zu sorgen, dass Unternehmen Vergütungsmodelle einsetzen, die einer nachhaltigen Unternehmensentwicklung dienen.[586] Für die Mindestwartezeit des § 193 Abs. 2 Nr. 4 AktG konkretisiert dies die Beschlussempfehlung des KonTraG. Demnach dient diese dem Zweck der *„langfristigen Anreizwirkung"*.[587] Eine derartige Langfristausrichtung wird auch im Fraktionsentwurf des VorstAG bestätigt, der die Erweiterung der Wartezeit für Aktienoptionsprogramme auf vier Jahre als stärkeren *„Anreiz zu langfristigem Handeln zum Wohl des Unternehmens"* ansieht.[588]

### 4. Einordnung

Angesichts der Entwicklung zur Aufsichtsratsvergütung erscheint es fernliegend, dass § 193 Abs. 2 Nr. 4 AktG vor einem drohenden Interessenkonflikt schützen soll. Ein *quid pro quo* zwischen Aufsichtsrat und Vorstand ist nicht denkbar, da parallel laufende Vergütungssysteme durch die Rechtsentwicklung zwischenzeitlich gesperrt sind.[589] Es verbleibt eine mögliche Schutzzweckausrichtung des § 193 Abs. 2 Nr. 4 AktG auf nachhaltige Unternehmensentwicklung und einen Schutz vor unbedachter Kapitalverwässerungen. Nach oben Gesagtem überzeugt, dass zentraler Gedanke der Regelungen der §§ 192, 193 AktG zu Aktienoptionsprogrammen und damit einhergehenden Bezugsrechten ist, den Aktionär vor einer unbedachten Kapitalverwässerung zu schützen. Dabei ist auch schlüssig, dass dieser Schutz nicht bloß durch eine reine Zustimmungspflicht über einen Hauptversammlungsbeschluss hergestellt, sondern durch Aufnahme der konkreten Leitlinien des Aktienoptionsprogramms in den Beschluss verstärkt wird, um eine inhaltliche Auseinandersetzung mit den Programmen zu forcieren.

Betrachtet man jedoch rein die vierjährige Mindestwartezeit des § 193 Abs. 2 Nr. 4 AktG, so kann für diese nicht von einem Schutz vor unbedachter Kapitalverwässerung als maßgeblichem Schutzzweck gesprochen werden. Dies folgt

---

585 Zu den politischen Motiven des VorstAG eingehend *Seibert*, WM 2009, 1489.

586 Vgl. Beschlussempfehlung KonTraG, BT-Drs. 13/10038, S. 26; Regierungsbegründung KonTraG, BT-Drs. 13/9712, S. 24; Begründung Fraktionsentwurf VorstAG, BT-Drs. 16/12278, S. 1, 5; *Seibert*, WM 2009, 1489, 1490; *Hohaus/Weber*, DB 2009, 1515, 1517.

587 Beschlussempfehlung KonTraG, BT-Drs. 13/10038, S. 26; vgl. ferner *Hohaus/Weber*, DB 2009, 1515, 1517; BAG, DB 2008, 1748, 1751.

588 Begründung Fraktionsentwurf VorstAG, BT-Drs. 16/12278, S. 5.

589 Vgl. zur Entwicklung der variablen Aufsichtsratsvergütung insbesondere auch Kapitel 5.

bereits aus dem KonTraG und der Aufnahme einer konkret bezifferten Mindestwartezeit zum Zweck der Erzeugung einer *„langfristigen Anreizwirkung“* und *„Verhaltenssteuerung“*.[590] Während die übrigen Programmkomponenten wie Erfolgsziele oder Ausübungszeiträume frei gestaltbar sind, werden für die Wartezeit Mindestvorgaben gesetzt. Das VorstAG hat diese Sonderstellung der Mindestwartezeit über die Verlängerung der Mindestwartezeit von zwei auf vier Jahre bestärkt. Zweck der Anpassung ist die Ausrichtung an einer *„nachhaltigen Unternehmensentwicklung“* und nicht der Schutz vor Kapitalverwässerung.[591] Die Hauptversammlung wird durch die Verlängerung der Mindestwartezeit nicht stärker vor einer unbedachten Kapitalverwässerung geschützt als vorher oder setzt sich intensiver mit der Wartezeit auseinander als im Rahmen einer zweijährigen Mindestwartezeit. Betrachtet man im Rahmen der Schutzzweckerwägungen zu § 193 Abs. 2 Nr. 4 AktG somit rein die Regelung einer Mindestwartezeit, wird der Wille des Gesetzgebers erkennbar, hierdurch eine nachhaltig angelegte und langfristig ausgerichtete Vergütungsstruktur zu schaffen und vor falschen Vergütungsanreizen zu schützen.[592]

Ergebnis ist, dass die Mindestwartezeit in § 193 Abs. 2 Nr. 4 AktG eine Einflussnahme des Gesetzgebers auf die Vergütungsstruktur der Aktiengesellschaft darstellt. Dies ist in gewisser Hinsicht ein Systembruch. Denn § 193 Abs. 2 AktG befasst sich mit Kapitalmaßnahmen, konkret der bedingten Kapitalerhöhung, was eher für einen Schutz vor unbedachter Kapitalverwässerung spricht. Es handelt sich nicht, anders als etwa bei § 87 Abs. 1 AktG, um eine Vergütungsregelung.[593] Da Aktienoptionsprogrammen in den Regelungen der §§ 192, 193 AktG eine rechtliche Grundlage gegeben wurde, ist es jedoch folgerichtig, auch hier Grenzen dieser Vergütungsformen aufzunehmen. Einer ähnlichen Systematik folgt der Gesetzgeber etwa bei den Teilgewinnabführungsverträgen in § 292 Abs. 2 AktG, bei denen die Gewinnbeteiligung von Vorständen, Aufsichtsräten oder Arbeitnehmern als Teil der Vergütung privilegiert behandelt wird.

---

590 Beschlussempfehlung KonTraG, BT-Drs. 13/10038, S. 26; Regierungsbegründung KonTraG, BT-Drs. 13/9712, S. 24. Vgl. ferner *Hohaus/Weber*, DB 2009, 1515, 1517; *Weiß*, WM 1999, 353, 357.

591 *Seibert*, WM 2009, 1489, 1490.

592 Ebenso *Hohaus/Weber*, DB 2009, 1515, 1517.

593 Vgl. zu virtuellen Aktienoptionsprogrammen *Wagner/Wittgens*, BB 2009, 906, 908.

### III. Zwischenergebnis

Im Ergebnis dient § 193 Abs. 2 Nr. 4 AktG grundsätzlich dem Schutz bzw. der Warnung vor einer unbedachten Kapitalverwässerung. Die Festsetzung einer konkreten, starren Mindestwartezeit von vier Jahren, die sich deutlich von den anderen abstrakten Komponenten des § 193 Abs. 2 Nr. 4 AktG absetzt, bezweckt demgegenüber nach der hier gebildeten Auffassung die Ausrichtung der Vergütung an einer nachhaltigen Unternehmensentwicklung.

## B. Übertragung auf virtuelle Aktienoptionsprogramme

Ein Blick auf die Praxis der Dax-Unternehmen und ihrer virtuellen Aktienoptionsprogramme zeigt, dass eine vierjährige Wartezeit (die dort in der Regel mit dem Terminus „Laufzeit" beschrieben wird)[594] auch für virtuelle Aktienoptionsprogramme verbreitet Anwendung findet, teilweise jedoch von einer nicht unwesentlichen Anzahl an Unternehmen unterschritten wird.

**Abbildung 9:** Wartezeit der virtuellen Aktienoptionsprogramme der Dax-Unternehmen (Geschäftsjahr 2015)[595]

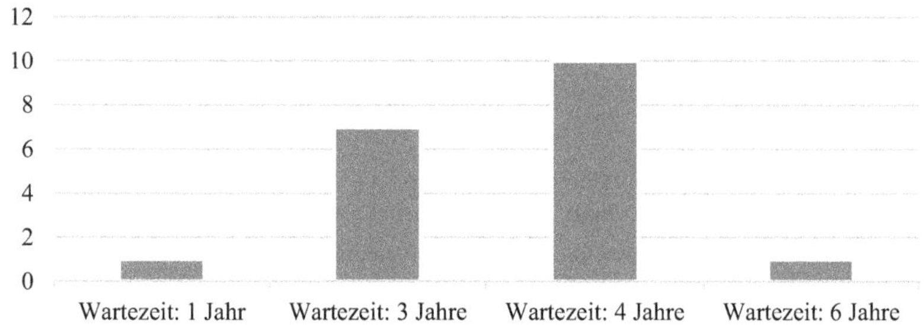


594 Die Praxis verwendet verschiedene Formulierungen für die beschriebene Wartezeit. So werden neben dem Begriff der Laufzeit etwa auch die Begrifflichkeiten Sperrfrist, Performancezeitraum oder Haltefrist verwendet, vgl. *Allianz SE*, Geschäftsbericht 2015, S. 51; *BASF SE*, Geschäftsbericht 2015, S. 140, 218 f.; *Bayer AG*, Geschäftsbericht 2015, S. 194; *Commerzbank AG*, Geschäftsbericht 2015, S. 29; *Continental AG*, Geschäftsbericht 2015, S. 22; *Deutsche Börse AG*, Geschäftsbericht 2015, S. 121; *RWE AG*, Geschäftsbericht 2015, S. 72

595 Quellen: Analyse der jeweiligen Geschäftsberichte des Geschäftsjahrs 2015 der in Abbildung 1: Vergütung der Vorstandsmitglieder der Dax-Unternehmen (Geschäftsjahr 2015) aufgezählten 18 Unternehmen, die virtuelle Aktienoptionsprogramme

Der Wortlaut des § 193 Abs. 2 Nr. 4 AktG verweist auf § 192 Abs. 2 Nr. 3 AktG und bezieht sich somit allein auf die Gewährung von Bezugsrechten für die Geschäftsführung und Arbeitnehmer aus einer bedingten Kapitalerhöhung. Anwendungsbereich sind somit vornehmlich klassische Aktienoptionsprogramme.[596] Weder direkt noch indirekt werden virtuelle Aktienoptionsprogramme erfasst, für die insbesondere eine Kapitalerhöhung nicht erforderlich ist.[597] Entsprechend war vor dem VorstAG gängige Meinung, dass § 193 Abs. 2 Nr. 4 auf virtuelle Aktienoptionsprogramme keine Anwendung findet.[598] Argument war, dass der schuldrechtliche Charakter der virtuellen Aktienoptionsprogramme und die damit einhergehende Barzahlung ohne Gewährung einer mitgliedschaftlichen Stellung einer Anwendung der §§ 192 ff. AktG entgegensteht.[599]

Dies ist zutreffend, wenn einzig auf den Schutz vor einer Kapitalverwässerung abgestellt wird. Mit dem VorstAG – und insbesondere seiner Gesetzesbegründung – hat diese Diskussion jedoch an Fahrt aufgenommen.[600] Die oben ausgeführte Einordnung zum Schutzzweck des § 193 Abs. 2 Nr. 4 AktG anhand der gesetzlichen Fortentwicklung lehnt in Konsequenz die Kapitalverwässerung

---

als Teil ihrer Vorstandsvergütung ausgeben; Nachweise siehe Anhang. Dabei ist zu beachten, dass die Commerzbank AG zwei verschiedene Programme aufsetzt, deren Wartezeit sich unterscheidet (ein bzw. sechs Jahre Wartezeit), näher hierzu sogleich.

596 Vgl. Regierungsbegründung KonTraG, BT-Drs. 13/9712, S. 23; neben vielen anderen *Rieckers* in: Spindler/Stilz, AktG, Bd. 2, § 192, Rn. 39; *Eichner/Delahaye*, ZIP 2010, 2082, 2086.

597 Vgl. *Jaeger/Balke*, ZIP 2010, 1471, 1478; *Hoffmann-Becking/Krieger*, NZG-Beilage 2009, 1, 11; *Annuß/Theusinger*, BB 2009, 2343, 2436.

598 Vgl. *Rieckers* in: Spindler/Stilz, AktG, 1. Auflage, Bd. 2, § 192, Rn. 57; *Fuchs* in: MüKo, AktG, 2. Auflage, Bd. 6, § 192, Rn. 86; *Jaeger/Balke*, ZIP 2010, 1471, 1478.

599 Vgl. *Rieckers* in: Spindler/Stilz, AktG, 1. Auflage, Bd. 2, § 192, Rn. 57; *Fuchs* in: MüKo, AktG, 2. Auflage, Bd. 6, § 192, Rn. 86. Eine unmittelbare Anwendung erfolgt jedoch für solche virtuellen Aktienoptionsprogramme, die wie in Kapitel 3 aufgezeigt als Genussrechte eingestuft werden. Dann findet § 193 Abs. 2 Nr. 4 AktG über den Verweis in § 221 Abs. 4 AktG der § 193 Abs. 2 Nr. 4 AktG unmittelbar Anwendung, vgl. neben dem Gesetzestext *Fuchs* in: MüKo, AktG, Bd. 4, § 193, Rn. 32a.

600 Ähnlich *Jaeger/Balke*, ZIP 2010, 1471, 1477 f. Vgl. etwa die Beiträge, die sich allein im Jahr 2009 unter anderem mit dieser Frage auseinandergesetzt haben: *Annuß/Theusinger*, BB 2009, 2343, 2436; *Bauer/Arnold*, AG 2009, 717, 723; *Bosse*, BB 2009, 1650, 1651; *Gaul/Janz*, NZA 2009, 809, 810; *Hoffmann-Becking/Krieger*, NZG-Beilage 2009, 1, 11; *Hohenstatt/Kuhnke*, ZIP 2009, 1981, 1985; *Seibert*, WM 2009, 1489, 1490; *Suchan/Winter*, DB 2009, 2531, 2537 f.; *Thüsing*, AG 2009, 517, 521; *Wagner/Wittgens*, BB 2009, 906, 908.

als maßgeblichen Schutzzweck der Mindestwartezeit ab. Somit ist eine Übertragung der Mindestwartezeit auf virtuelle Aktienoptionsprogramme denkbar, um der intendierten Langfristausrichtung klassischer Aktienoptionsprogramme auch bei deren virtuellen Nachbildungen gerecht zu werden. Die Begründung des Fraktionsentwurfs zum VorstAG setzt sich im Rahmen der Erörterung einer Langfristausrichtung explizit mit virtuellen Aktienoptionsprogrammen auseinander:

> *„Unbeschadet der Möglichkeit, eine Festvergütung zu vereinbaren, bedeutet das Setzen langfristiger Anreize ferner, dass Aktien, die als Vergütung gewährt werden, Haltefristen unterliegen sollten, die sich an der Ausübungsfrist für Aktienoptionen orientieren, und dass ‚phantom stocks' und ähnliche schuldrechtliche Instrumente gleichfalls nur die langfristige Kursentwicklung und damit das langfristige Unternehmenswohl belohnen sollten. Der Langfristausrichtung in § 87 Absatz 1 AktG entspricht die Änderung des § 193 Absatz 2 AktG. Aktienoptionen können danach frühestens vier Jahre nach Einräumung der Option ausgeübt werden. Dadurch wird dem Begünstigten ein stärkerer Anreiz zu langfristigem Handeln zum Wohl des Unternehmens gegeben. Die Vierjahresfrist ist umgekehrt Auslegungshilfe für die Formulierung langfristiger Verhaltensanreize im Sinne des § 87 Absatz 1 AktG.“*[601]

Das VorstAG und die Intention des Gesetzgebers im Hinblick auf die Mindestwartezeit des § 193 Abs. 2 Nr. 4 AktG wirft somit die Frage auf, ob die Norm auf virtuelle Aktienoptionsprogramme analog zu übertragen ist.[602] Die vorgenannten Erwägungen werden im Rahmen der Begründung der Änderungen des § 87 Abs. 1 AktG getroffen, so dass die Übertragung auf Arbeitnehmer fraglich ist und entsprechend zwischen einer Anwendung auf Arbeitnehmer und Vorstandsmitglieder zu unterscheiden ist.[603]

## I. Vorstandsvergütung

Die analoge Anwendung der Mindestwartezeit aus § 193 Abs. 2 Nr. 4 AktG auf virtuelle Aktienoptionsprogramme setzt voraus, dass eine vergleichbare Interessenlage mit klassischen Aktienoptionsprogrammen vorliegt und der

---

601 Begründung Fraktionsentwurf VorstAG, BT-Drs. 16/12278, S. 5.

602 Vgl. *Bauer/Arnold*, AG 2009, 717, 723, *Weber* in: Hölters, AktG, § 87, Rn. 37; *Suchan/Winter*, DB 2009, 2531, 2537; *Eichner/Delahaye*, ZIP 2010, 2082, 2086; *Hohenstatt/Kuhnke*, ZIP 2009, 1981, 1985; *Thüsing*, AG 2009, 517, 521; *Bosse*, BB 2009, 1650, 1651; *Gaul/Janz*, NZA 2009, 809, 810; ähnlich auch *Hoffmann-Becking/Krieger*, NZG-Beilage 2009, 1, 11; *Reufels* in: Hümmerich/Reufels, § 3, Rn. 448; *Hohaus/Weber*, DB 2009, 1515, 1517; vgl. *Marsch-Barner* in: Bürgers/Körber, AktG, § 193, Rn. 12.

603 Hierzu kritisch *Wagner/Wittgens*, BB 2009, 906, 908.

Gesetzgeber planwidrig keine Regelung zu virtuellen Aktienoptionsprogrammen getroffen hat.[604]

### 1. *Vergleichbare Interessenlage*

Eine vergleichbare Interessenlage ist gegeben, wenn der Gesetzgeber bei gleicher Interessenabwägung auch für den gesetzlich nicht geregelten Fall die in Betracht kommende Norm angewandt hätte.[605] Der Vergleichbarkeit von virtuellen und klassischen Aktienoptionsprogramen werden der Schutzweck und die Systematik des § 193 Abs. 2 Nr. 4 AktG entgegengehalten.[606] Zutreffend ist, dass ein Schutz vor Kapitalverwässerung bei virtuellen Aktienoptionsprogrammen nicht erforderlich ist, da Aktien nicht ausgegeben werden.[607] Wie oben ausgeführt, überzeugt dies zwar grundsätzlich für § 193 Abs. 2 Nr. 4 AktG, nicht jedoch hinsichtlich der dort ebenfalls geregelten starren Mindestwartezeit, die eine Langfristausrichtung der Vergütung bewirken soll. Auch virtuelle Aktienoptionsprogramme sollen dem Fraktionsentwurf des VorstAG zufolge das „*langfristige Unternehmenswohl belohnen*" und sind somit dem Schutzzweck der vierjährigen Mindestwartezeit für klassische Aktienoptionsprogramme zugänglich.[608] Systematisch wird kritisiert, dass § 193 AktG keine Vergütungsregelung normiert, sondern sich mit Kapitalmaßnahmen befasst, die für virtuelle Aktienoptionsprogramme nicht erforderlich sind.[609] Die Ausführungen zu § 292 Abs. 2 AktG in Kapitel 3[610] haben jedoch gezeigt, dass ein derartiger Systembruch nicht unüblich ist. Angesichts des eindeutigen Willens des Gesetzgebers, die Langfristausrichtung der Vergütung zu forcieren, ist dieser Systembruch auch bewusst in Kauf genommen worden. Für die Mindestwartezeit steht somit nicht eine Kapitalmaßnahme, sondern eine Langfristausrichtung der Vergütung im Mittelpunkt, weshalb eine Vergleichbarkeit nicht an systematischen Gesichtspunkten oder solchen des Schutzzwecks scheitert.

---

604 Vgl. BGH, NJW 2015, 1176 f.; *Larenz/Canaris*, Methodenlehre, S. 202 ff.

605 Vgl. BGH, NJW 2015, 1176 f.

606 Vgl. *Wagner/Wittgens*, BB 2009, 906, 908; *Kocher/Bednarz*, Der Konzern 2011, 77, 83; *Mutter*, AG 2009, R352; *Jaeger/Balke*, ZIP 2010, 1471, 1478; *Kutsch* in: MAH Aktienrecht, § 32, Rn. 197.

607 Vgl. *Wagner/Wittgens*, BB 2009, 906, 908; *Kocher/Bednarz*, Der Konzern 2011, 77, 83.

608 Begründung Fraktionsentwurf VorstAG, BT-Drs. 16/12278, S. 5.

609 Vgl. *Mutter*, AG 2009, R352; *Jaeger/Balke*, ZIP 2010, 1471, 1478; *Kutsch* in: MAH Aktienrecht, § 32, Rn. 197.

610 Siehe dort Abschnitt A.II.3.a).

Argument für eine Vergleichbarkeit ist die enge Anlehnung der virtuellen an klassische Aktienoptionsprogramme, welche eine Übertragung des Rechtsgedankens des § 193 Abs. 2 Nr. 4 AktG nahelegt.[611] Letztlich bilden virtuelle Aktienoptionsprogramme klassische Aktienoptionen wirtschaftlich nach und unterscheiden sich nur durch die fehlende Einräumung eines tatsächlichen Aktienbesitzes am Ende der Wartezeit.[612] Dieser Ansatz führt zu gewissen Unsicherheiten, wann eine Anlehnung derart eng ist, dass sie eine Übertragung der Regelung des § 193 Abs. 2 Nr. 4 AktG rechtfertigt.[613] So ist etwa in Frage zu stellen, ob eine für die Analogie erforderliche Vergleichbarkeit auch bei einem *Stock Appreciation Right*-Programm vorliegt, welches eine Wertsteigerung belohnt und nicht wirtschaftlich den Aktienbesitz nachbildet. Die Gesetzesbegründung knüpft jedoch nicht an die Intensität der Nachbildung einer Aktie an, sondern vielmehr an die Anlehnung an den Aktienkurs, die sowohl für *Phantom Stocks* als auch für *Stock Appreciation Rights* gegeben ist.[614]

Im Ergebnis weisen klassische und virtuelle Aktienoptionsprogramme unter wirtschaftlicher Betrachtungsweise einen weiten Überschneidungsbereich auf. Dies gilt insbesondere für *Phantom Stock*-Programme, bei denen der volle Wert des Aktienkurses im Zeitpunkt der Ausübung ausgezahlt wird. Auch zeigt der Gesetzgeber den Willen, virtuelle wie klassische Aktienoptionsprogramme rein für eine langfristige und nachhaltige Vergütung einzusetzen. § 193 Abs. 2 Nr. 4 schützt zudem maßgeblich vor falschen Vergütungsanreizen und nicht einer Kapitalverwässerung. Es ist daher grundsätzlich denkbar, virtuelle Aktienoptionsprogramme gleich den klassischen Aktienoptionsprogramm einer vierjährigen Mindestwartezeit im Sinne des § 193 Abs. 2 Nr. 4 AktG zu unterwerfen, um diese Ziele zu fördern.

---

611 Vgl. *Suchan/Winter*, DB 2009, 2531, 2537; *Hohenstatt/Kuhnke*, ZIP 2009, 1981, 1985; ähnlich auch *Hoffmann-Becking/Krieger*, NZG-Beilage 2009, 1, 11; *Reufels* in: Hümmerich/Reufels, § 3, Rn. 448; *Fleischer*, NZG 2009, 801, 803. Wohl zuvor noch anders *Hohenstatt*, ZIP 2009, 1349, 1352.

612 Vgl. insofern die Ausführungen in Kapitel 1, Abschnitt A.

613 Vgl. etwa *Reufels* in: Hümmerich/Reufels, § 3, Rn. 448, der darauf abstellt, ob das Programm inhaltlich einem Aktienoptionsprogramm ähnelt und insofern ein *Phantom Stock*-Programm anführt. Ein *Stock Appreciation Right*-Programm, welches als bloße Wertsteigerung keinen Aktienbesitz wirtschaftlich nachbildet, könnte demgegenüber dann ggf. nicht unter den Anwendungsbereich des § 193 Abs. 2 Nr. 4 AktG fallen, wobei Einzelheiten unklar bleiben.

614 Vgl. Begründung Fraktionsentwurf VorstAG, BT-Drs. 16/12278, S. 5.

## 2. *Planwidrige Regelungslücke*

Eine planwidrige Regelungslücke erfordert, dass der Gesetzgeber ungewollt das eigentliche Regelungsziel einer Norm verfehlt.[615] Das Vorliegen einer solchen Lücke ist im Rahmen des § 193 Abs. 2 Nr. 4 AktG für virtuelle Aktienoptionsprogramme grundsätzlich denkbar. Zum einen enthält das Aktiengesetz keine unmittelbaren Regelungen für virtuelle Aktienoptionsprogramme oder eine aktienkursbasierte Vergütung. Zum anderen ist es Praxis der Dax-Unternehmen, klassische Aktienoptionsprogramme heutzutage größtenteils durch virtuelle zu ersetzen.[616] Daher droht die Zielsetzung des Gesetzgebers, Aktienoptionen über § 193 Abs. 2 Nr. 4 AktG einer vierjährigen Wartezeit zu unterwerfen, um die nachhaltige Vergütung des Vorstands sicherzustellen, ins Leere zu laufen. Denn über die schuldrechtliche Nachbildung von Aktienoptionsprogrammen kann dem Vorstand ein ähnlicher wirtschaftlicher Wert ohne Mindestwartezeit gewährt werden.[617]

Das Regelungsziel der nachhaltigen Vergütung kann jedoch auch ohne Anwendung einer starren Wartezeit sichergestellt werden.[618] Ein Beispiel ist das Vergütungsmodell der Commerzbank AG, das verschiedenartig lange Wartezeitelemente miteinander kombiniert.

**Abbildung 10:** Vorstandsvergütung der Commerzbank AG (Geschäftsjahr 2015): variabler Bonus[619]

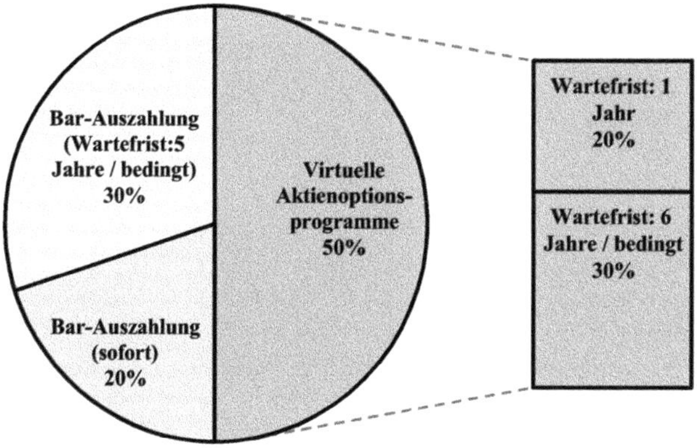


615 Vgl. mwN. BGH, NJW 2015, 1176 f.

616 Vgl. *Thüsing*, AG 2009, 517, 521; *Fleischer*, NZG 2009, 801, 803; *Fuchs* in: MüKo, AktG, Bd. 4, § 193, Rn. 32a sowie Abbildung 1 in der Einleitung.

617 Vgl. *Fuchs* in: MüKo, AktG, Bd. 4, § 193, Rn. 32a.

618 Vgl. *Rieckers* in: Spindler/Stilz, AktG, Bd. 2, § 193, Rn. 32a; *Scholz* in: Münch. HdB Gesellschaftsrechts, Bd. 4, § 64, Rn. 133.

619 In Anlehnung an *Commerzbank AG*, Geschäftsbericht 2015, S. 29, 35.

Die Commerzbank AG ordnet den im Laufe des Geschäftsjahres festgesetzten und verdienten Bonus einer kurzfristigen und einer langfristigen Vergütung zu. 20% des variablen Bonus werden sofort in bar ausgezahlt und 20% in ein virtuelles Aktienoptionsprogramm mit einer Wartezeit von lediglich einem Jahr umgetauscht. 40% des gesamten variablen Bonus setzen somit kurzfristige Anreize. Die übrige langfriste Vergütung wird nach fünf Jahren einer *„nachträglichen Leistungsbewertung“*[620] unterworfen und kann dabei auch verfallen. Bei positiver Leistungsbewertung werden 30% des für das Geschäftsjahr 2015 festgesetzten, variablen Bonus zu diesem Bewertungszeitpunkt in bar ausgezahlt. Die übrigen 30% werden nach einem weiteren Jahr über ein virtuelles Aktienoptionsprogramm ausgezahlt, mithin über eine Gesamtwartezeit von sechs Jahren der Aktienkursentwicklung unterworfen. 60% des variablen Bonus unterliegen somit langfristigen Anreizen. Das Programm zeigt, dass das Setzen von nachhaltigen Impulsen auch über nur wenige Jahre laufende virtuelle Aktienoptionsprogramme möglich ist, solange insgesamt eine Nachhaltigkeit sichergestellt wird.[621] Erforderlich ist dann allerdings eine Einzelfallbetrachtung, wann bei Unterschreiten der Mindestwartezeit dennoch dem Gesamtkonzept nach eine Langzeitausrichtung der Vergütung gegeben ist, die dem Aufsichtsrat obliegt.[622] Freilich sind solche Kombinationsmodelle auch für klassische Aktienoptionsprogramme denkbar, scheitern jedoch an § 193 Abs. 2 Nr. 4 AktG. Es stellt sich zudem auch im obigen Beispiel die Frage, ob jedenfalls für all diejenigen virtuellen Aktienoptionsprogramme, die der Langfristausrichtung dienen sollen,

620 *Commerzbank AG*, Geschäftsbericht 2015, S. 35

621 Vgl. Beschlussempfehlung VorstAG, BT-Drs. 16/13433, S. 10; *Kocher/Bednarz*, Der Konzern 2011, 77, 80; *Wagner/Wittgens*, BB 2009, 906, 908; *Hohenstatt/Kuhnke*, ZIP 2009, 1981, 1986; *Hohenstatt*, ZIP 2009, 1349, 1351; *Seibert*, WM 2009, 1489, 1490; *Cannivé/Seebach*, Der Konzern 2009, 593, 598; *Hohaus/Weber*, DB 2009, 1515, 1517; *Bosse*, BB 2009, 1650, 1651; *Annuß/Theusinger*, BB 2009, 2343, 2436; *Bauer/Arnold*, AG 2009, 717, 722; a.A. *Cahn*, FS Hopt 2010, 431, 443 ff., der kritisiert, dass eine kurzfristige Anreizsetzung einer Langfristausrichtung Schaden zufügen kann und Abgrenzungsschwierigkeiten entstehen. Ein Überblick über die vorgeschlagene Gewichtung kurzfristiger und langfristiger Vergütungsbestandteile findet sich bei *Kocher/Bednarz*, Der Konzern 2011, 77, 80 und *Bauer/Arnold*, AG 2009, 717, 722.

622 Vgl. *Kocher/Bednarz*, Der Konzern 2011, 77, 83.

die vierjährige Mindestwartezeit des § 193 Abs. 2 Nr. 4 AktG zwingend herangezogen werden muss.[623]

Jenseits derartiger Einzelfallbetrachtungen dürfte entscheidend sein, dass eine etwaige Regelungslücke nach Auswertung der Gesetzgebungsmaterialien des VorstAG im Rahmen der Vorstandsvergütung über § 87 Abs. 1 AktG geschlossen wird, der die intendierte Langfristausrichtung der Vorstandsvergütung sicherstellt. Das VorstAG gibt dem Aufsichtsrat börsennotierter Aktiengesellschaften[624] über § 87 Abs. 1 Satz 2 AktG auf, im Rahmen der variablen Vergütung – zu der etwa Aktienoptionsprograme und virtuelle Aktienoptionsprogramme zählen – *„langfristige Verhaltensanreize"* zu setzen und die Vergütung an einer *„nachhaltige[n] Unternehmensentwicklung"* auszurichten.[625] Der Gesetzestext reflektiert dies in § 87 Abs. 1 Satz 3 AktG, indem für variable Vorstandsvergütungsbestandteile börsennotierter Aktiengesellschaften eine *„mehrjährige Bemessungsgrundlage"* festgelegt werden soll. Die Begründung des Fraktionsentwurfs des VorstAG verweist für Haltefristen von Aktien auf die Wartezeiten für Aktienoptionen gemäß § 193 Abs. 2 Nr. 4 AktG, die als Orientierung dienen sollen, mithin nicht unmittelbar Anwendung finden.[626] Auch zu virtuellen Aktienoptionsprogrammen wird ausgeführt, dass diese *„nur für langfristige Kursentwicklung"* eingesetzt werden *„und damit das langfristige Unternehmenswohl belohnen sollten"*.[627] Die Verwendung des Begriffs *„sollten"* im Gesetzestext sowie in der Begründung

---

623 *Hohaus/Weber* nennen § 87 Abs. 1 Satz 2 iVm. 193 Abs. 2 Nr. 4 AktG als *„normativen Anknüpfungspunkt"*, *Hohaus/Weber*, DB 2009, 1515, 1517; ähnlich *Hoffmann-Becking*, NZG 1999, 797, 803.

624 Für nichtbörsennotierte Aktiengesellschaften wird die Langfristausrichtung den Anteilseignern zugewiesen, vgl. Beschlussempfehlung und Bericht des Rechtsausschusses, BT-Drs. 16/13433 S. 10.

625 Begründung Fraktionsentwurf VorstAG, BT-Drs. 16/12278, S. 5. Vgl. ferner *Eichner/Delahaye*, ZIP 2010, 2082, 2086. *Fleischer* sieht hierin die Rechtfertigung der Übertragung der Mindestwartezeit auf virtuelle Aktienoptionsprogramme, vgl. *Fleischer*, NZG 2009, 801, 803. Für nichtbörsennotierte Unternehmen wird dagegen lediglich eine nachhaltige Vergütung für wünschenswert erachtet, jedoch nicht geregelt, da es – ähnlich der GmbH und Personengesellschaften – den Anteilseignern überlassen wird, die Vergütungsstruktur entsprechend auszugestalten, vgl. Beschlussempfehlung und Bericht des Rechtsausschusses, BT-Drs. 16/13433 S. 10 sowie *Spindler* in: MüKo, AktG, Bd. 2, § 87, Rn. 74.

626 Vgl. Begründung Fraktionsentwurf VorstAG, BT-Drs. 16/12278, S. 5.

627 Begründung Fraktionsentwurf VorstAG, BT-Drs. 16/12278, S. 5. Vgl. ferner *Hoffmann-Becking/Krieger*, NZG-Beilage 2009, 1, 11; *Rieckers* in: Spindler/Stilz, AktG, Bd. 2, § 193, Rn. 32a.

des Fraktionsentwurfs des VorstAG räumt sprachlich die Möglichkeit ein, von einer derartigen Ausrichtung abweichen zu können.[628] Gleichzeitig wird einerseits auf § 193 Abs. 2 Nr. 4 AktG ausdrücklich Bezug genommen, dennoch nicht die unmittelbare Anwendung gefordert. Das Element einer Wartezeit ist anders als in § 193 Abs. 2 Nr. 4 AktG somit nicht konkret als Mindestgebot aufgeführt, sondern vielmehr abstrakt mit dem Element der Langfristigkeit verbunden.[629] Dies ist ein erstes Indiz, dass der Gesetzgeber keine direkte Übertragung der starren Frist des § 193 Abs. 2 Nr. 4 AktG auf sonstige Vergütungskomponenten, namentlich auch virtuelle Aktienoptionsprogramme, bewirken möchte.[630]

Die Begründung des Fraktionsentwurfs des VorstAG wendet zudem die Mindestwartezeit lediglich als *„Auslegungshilfe"* an.[631] Die Verwendung des Begriffs der Auslegungshilfe hat die Diskussion der Anwendung des § 193 Abs. 2 Nr. 4 AktG auf virtuelle Aktienoptionsprogramme maßgeblich beeinflusst, Schlussfolgerungen sind umstritten.[632] Teilweise wird aus dem Begriff der Auslegungshilfe eine starre Übertragung der Frist der vierjährigen Wartezeit für solche virtuellen Aktienoptionsprogramme geschlussfolgert, die einer langfristigen Ausrichtung dienen sollen.[633] Dies überzeugt

---

628 Vgl. *Scholz* in: Münch. HdB Gesellschaftsrechts, Bd. 4, § 64, Rn. 133; *Wagner/Wittgens*, BB 2009, 906, 908; *Kocher/Bednarz*, Der Konzern 2011, 77, 82; a.A. *Cannivé/Seebach*, Der Konzern 2009, 593, 598, die im Ergebnis aber dem Aufsichtsrat das Recht einräumen, die Wartezeit über eine kurzfristige variable Vergütung zu umgehen. *Hoffmann-Becking/Krieger* raten *„vorsorglich"* zu einer entsprechenden Anwendung der Mindestwartezeit des § 193 Abs. 2 Nr. 4 AktG, *Hoffmann-Becking/Krieger* NZG-Beilage 2009, 1, 11. Argument ist die Abstellung auf eine langfristige Kursentwicklung durch den Fraktionsentwurf zum VorstAG.

629 Vgl. *Scholz* in: Münch. HdB Gesellschaftsrechts, Bd. 4, § 64, Rn. 133.

630 Ebenso *Rieckers* in: Spindler/Stilz, AktG, Bd. 2, § 193, Rn. 32a; *Scholz* in: Münch. HdB Gesellschaftsrechts, Bd. 4, § 64, Rn. 133; so wohl auch *Weitnauer*, GWR 2017, 391, 393.

631 Begründung Fraktionsentwurf VorstAG, BT-Drs. 16/12278, S. 5. *Goslar* deutet darauf hin, dass der Begriff der Auslegungshilfe im Bericht des Rechtsausschusses nicht mehr erwähnt wird, und spricht sich schon aus diesem Grund gegen eine Anwendung des § 193 Abs. 2 Nr. 4 AktG im Rahmen des § 87 Abs. 1 AktG aus, vgl. *Goslar* in: Wilsing, DCGK, Ziff. 4.2.3, Rn. 11. *Cahn* merkt demgegenüber an, dass im Weglassen auch eine Zustimmung gesehen werden kann, vgl. *Cahn*, FS Hopt 2010, 431, 441.

632 Vgl. *Mutter*, AG 2009, R352; *Kutsch* in: MAH Aktienrecht, § 32, Rn. 77.

633 Vgl. *Hohaus/Weber*, DB 2009, 1515, 1517; so wohl auch *Suchan/Winter*, DB 2009, 2531, 2537 f. *Mutter*, AG 2009, R352 lässt hierfür Sympathien erkennen, lehnt eine Übertragung jedoch aus systematischen Gesichtspunkten ab.

nicht.[634] Der Begriff der Auslegungshilfe ist dem Recht fremd und lässt keine starre Übertragung der Mindestwartezeit des § 193 Abs. 2 Nr. 4 AktG erkennen.[635] Seinem Wortgehalt nach legt er vielmehr eine gewisse Flexibilität nahe.[636] Dies wird in einem Fachbeitrag durch den Leiter des Referats für Gesellschaftsrecht, Unternehmensverfassung und Corporate Governance im Bundesministerium für Justiz, Prof. Dr. Ulrich Seibert, bestätigt. *Seibert* spricht zum Gesetzgebungsverfahren des VorstAG, dem § 87 AktG und der Frage einer mehrjährigen Bemessungsgrundlage langfristiger Vergütungskomponenten davon, dass sich die Vergütung des Vorstands an § 193 Abs. 2 Nr. 4 AktG *„orientieren muss"* und erwähnt eine drei- oder vierjährige Dauer.[637] § 193 Abs. 2 Nr. 4 AktG gibt somit lediglich einen Rahmen vor, von dem – wenn auch nach Ansicht *Seiberts* nicht erheblich – abgewichen werden kann. Die angeführte dreijährige Mindestfrist könnte sich mutmaßlich an einer entsprechenden Empfehlung der Europäischen Kommission orientieren, die allerdings die Unternehmen nicht zu einer Einhaltung verpflichtet.[638] Unter die dreijährige Mindestwartezeit der Kommission werden ausdrücklich auch aktienkursbasierte Programme und somit auch virtuelle Aktienoptionsprogramme einbezogen.[639] Letztlich stellt die Verwendung des Begriffs der Auslegungshilfe ein weiteres Indiz dafür dar, dass der Gesetzgeber eine gewisse Flexibilität hinsichtlich einer jenseits von klassischen Aktienoptionsprogrammen langfristig ausgerichteten Vergütung gewünscht hat.

Ergebnis ist, dass der Gesetzgeber den Aktienbesitz – bzw. das In-Aussicht-Stellen eines solchen über Aktienoptionen – strengeren Regelungen unterwirft als virtuelle Aktienoptionsprogramme, die ebenfalls aktienkursorientiert

---

634 Vgl. *Hüffer/Koch*, AktG, § 193, Rn. 9b; *Rieckers* in: Spindler/Stilz, AktG, Bd. 2, § 193, Rn. 32a.; *Scholz* in: Münch. HdB Gesellschaftsrechts, Bd. 4, § 64, Rn. 133; *Annuß/Theusinger*, BB 2009, 2343, 2436; *Wagner/Wittgens*, BB 2009, 908.

635 Vgl. *Kocher/Bednarz*, Der Konzern 2011, 77, 82; *Goslar* in: Wilsing, DCGK, Ziff. 4.2.3, Rn. 11.

636 Vgl. *Scholz* in: Münch. HdB Gesellschaftsrechts, Bd. 4, § 64, Rn. 133; *Hüffer/Koch*, AktG, § 193, Rn. 9b; *Annuß/Theusinger*, BB 2009, 2343, 2436; *Wagner/Wittgens*, BB 2009, 906, 908.

637 *Seibert*, WM 2009, 1489, 1490; ebenso *Goslar* in: Wilsing, DCGK, Ziff. 4.2.3, Rn. 11.

638 Empfehlung der Kommission vom 30. April 2009 zur Ergänzung der Empfehlungen 2004/913/EG und 2005/162/EG zur Regelung der Vergütung von Mitglieder der Unternehmensleitung börsennotierter Gesellschaften (2009/385/EG), dort Ziffer 4.1. Vgl. ferner: *Jaeger/Balke*, ZIP 2010, 1471, 1478; *Lingemann*, BB 2009, 1918, 1920.

639 Vgl. Ziffer 4.1 der Empfehlung der Kommission vom 30. April 2009 zur Ergänzung der Empfehlungen 2004/913/EG und 2005/162/EG zur Regelung der Vergütung von Mitglieder der Unternehmensleitung börsennotierter Gesellschaften (2009/385/EG).

vergüten und letztlich Aktienoptionen und einen Aktienbesitz wirtschaftlich nachbilden. Entsprechend wird aus pragmatischen Gesichtspunkten die Übernahme der Mindestwartezeit des § 193 Abs. 2 Nr. 4 AktG teilweise empfohlen.[640] Wie ausgeführt, lässt sich eine Analogie nach Auswertung der Gesetzesmaterialen jedoch nicht begründen. Diese zeigen, dass eine starre Wartezeit nicht erforderlich ist, um langfristige Anreize im Rahmen der Vorstandsvergütung jenseits von klassischen Aktienoptionsprogrammen zu setzen.[641] Dieses Regelungsziel wird für börsennotierte Aktiengesellschaften über § 87 Abs. 1 S. 2, 3 AktG sichergestellt.[642] Die Ausführungen des Gesetzgebers hierzu sind nur dann schlüssig, wenn nicht von einer unmittelbaren Anwendung des § 193 Abs. 2 Nr. 4 AktG ausgegangen werden kann. Entsprechend gedenkt der Gesetzgeber für virtuelle Aktienoptionen eine Langfristausrichtung einzig über § 87 Abs. 1 S. 2, 3 AktG – und das auch nur für börsennotierte Aktiengesellschaften – sicherzustellen.

### 3. *Erwägungen de lege ferenda*

Wünschenswert wäre, dass der Gesetzgeber *de lege ferenda* angesichts der zunehmenden Bedeutung virtueller Aktienoptionsprogramme klarstellend über eine gesetzliche Regelung Stellung dazu nimmt, ob die aktienkursorientierte Vergütung einer starren Wartefrist unterworfen werden soll. Basiert man eine derartige zukünftige Regelung auf den bisher vorliegenden Ausführungen des Gesetzgebers, so ist zu erwarten, dass eine Übertragung der starren Frist des § 193 Abs. 2 Nr. 4 AktG auf virtuelle Aktienoptionsprogramme nicht erfolgt. Angesichts der zunehmenden Verdrängung klassischer durch virtuelle Aktienoptionen und der wirtschaftlichen Äquivalenz erscheint es jedoch geboten, virtuelle Aktienoptionen einer parallelen starren Wartezeit zu unterwerfen, um die Intention des Gesetzgebers erfüllen zu können.[643] Anderenfalls droht die langfristig auszugestaltende Vergütung bei Bezugsrechtsgewährung auf Aktien über virtuelle Aktienoptionsprogramme umgangen zu werden.

---

640 Vgl. *Marsch-Barner* in: Bürgers/Körber, AktG, § 193, Rn. 12; *Schniepp*/Giesecke, NZG 2017, 128, 132; so wohl auch: *Hoffmann-Becking/Krieger*, NZG-Beilage 2009, 1, 11.

641 Vgl. *Rieckers* in: Spindler/Stilz, AktG, Bd. 2, § 193, Rn. 32a; *Scholz* in: Münch. HdB Gesellschaftsrechts, Bd. 4, § 64, Rn. 133.

642 Für nichtbörsennotierte Aktiengesellschaften wird die Langfristausrichtung den Anteilseignern zugewiesen, vgl. Beschlussempfehlung und Bericht des Rechtsausschusses, BT-Drs. 16/13433 S. 10.

643 In diese Richtung auch *Fleischer*, NZG 2009, 801, 803; *Suchan/Winter*, DB 2009, 2531, 2537; *Hohenstatt/Kuhnke*, ZIP 2009, 1981, 1985; *Reufels* in: Hümmerich/Reufels, § 3, Rn. 448.

Bei einer Neuregelung sollte die Ungleichbehandlung börsennotierter und nichtbörsennotierter Aktiengesellschaften nicht unbeachtet gelassen werden.[644] Während § 193 Abs. 2 Nr. 4 AktG auf beide Anwendung findet, greift § 87 Abs. 1 Satz 2 und 3 AktG nur für börsennotierte Aktiengesellschaften. Die Beschlussempfehlung und der Bericht des Rechtsausschusses zum VorstAG stellen hierzu fest:

> *„Der Nachhaltigkeitsgedanke sollte grundsätzlich auch von nichtbörsennotierten Gesellschaften berücksichtigt werden; hier wird aber von einer ausdrücklichen Regelung abgesehen, da sonst Fragen zum Verhältnis zur GmbH und den Personenhandelsgesellschaften aufgeworfen würden und man es den Eigentümern überlassen kann, die richtigen Instrumente zu finden.“*[645]

Dies steht im Widerspruch zu den Beschränkungen des § 193 Abs. 2 Nr. 4 AktG, die auch auf nichtbörsennotierte Aktiengesellschaften Anwendung finden. Erkennbar liegt der systemische Fehler des Gesetzgebers darin, über eine Regelung zu Kapitalmaßnahmen, die für alle Formen der Aktiengesellschaften greift, vergütungssteuernde Grenzen setzen zu wollen. Dieser Störcharakter der vierjährigen Wartezeit wurde insbesondere im Rahmen der Erwägungen zum Schutzzweck des § 193 Abs. 2 Nr. 4 AktG deutlich.[646] Die Langfristausrichtung der Vergütung über das Ziehen einer starren Wartezeit bildet im Vergleich zu der grundsätzlichen Ausrichtung am Schutz vor unbedachter Kapitalverwässerung einen Fremdkörper. Dieser Effekt wurde durch die Anhebung der Mindestwartezeit auf vier Jahre verstärkt. Systematisch stringenter wäre es, eine eigene Regelung für aktienkursbasierte Vergütung zu schaffen, die sich dann – der oben dargestellten Abgrenzungslogik zur GmbH und Personengesellschaften folgend – lediglich an börsennotierte Aktiengesellschaften richtet und dem Nachhaltigkeitsgedanken folgend sämtliche Aktien und aktienkursorientierte Vergütung einer vierjährigen Wartezeit unterwerfen würde. Hierdurch würde dem Wunsch des Gesetzgebers auf langfristig ausgerichtete, nachhaltige Vergütungsstrukturen Rechenschaft getragen, ohne in die systematische Abgrenzung zwischen Vergütungsfragen und Kapitalmaßnahmen eingreifen zu müssen. Konsequenz wäre eine grundsätzliche Streichung der inhaltlichen Vorgaben zur Dauer einer Wartezeit in § 193 Abs. 2 Nr. 4 AktG. Hierdurch würde sich die Programmkomponente der Wartezeit wieder in den Schutzzweck der übrigen Komponenten, den Schutz vor einer unbedachten Kapitalverwässerung, einreihen.

---

644 In diese Richtung ebenfalls kritisch *Spindler* in: MüKo, AktG, Bd. 2, § 87, Rn. 74.
645 Beschlussempfehlung und Bericht des Rechtsausschusses, BT-Drs. 16/13433 S. 10.
646 Vgl. Abschnitt A.II. dieses Kapitels.

## II. Anwendung auf Arbeitnehmer

Zu der Anpassung des § 193 Abs. 2 Nr. 4 AktG auf eine vierjährige Wartezeit verweist der Gesetzgeber lediglich auf § 87 Abs. 1 AktG.[647] Streng formell betrachtet sind die vorgenannten Ausführungen des Gesetzgebers somit auf die Vorstandsvergütung beschränkt. Es fehlt für Arbeitnehmer eine § 87 Abs. 1 AktG entsprechende Regelung, die ein Angemessenheitsgebot normiert und eine Langfristausrichtung sicherstellt. Die Gefahr, dass der Wunsch des Gesetzgebers, eine langfristig ausgerichtete Vergütung von Geschäftsführung und Arbeitnehmern sicherzustellen, über den Einsatz von virtuellen anstelle von klassischen Aktienoptionsprogrammen umgangen wird, ist mithin ungemein größer.

Dennoch ist nicht ersichtlich, wieso der Gesetzgeber virtuelle Aktienoptionsprogramme zugunsten von Arbeitnehmern strengeren Regelungen unterwerfen sollte als solche, die an den Vorstand gewährt werden. Es ist kein Wille des Gesetzgebers erkennbar, Arbeitnehmervergütung im Vergleich zum Vorstand einer strengeren Langfristausrichtung zu unterwerfen. Hat der Gesetzgeber schon für den Vorstand, der einen wesentlich größeren Einfluss auf die langfristige Unternehmensentwicklung hat, eine unmittelbare Anwendung des § 193 Abs. 2 Nr. 4 AktG verneint, so muss dies im Sinne eines *argumentum a maiore ad minus* erst recht für Arbeitnehmer gelten.

Zur Anhebung der starren Wartezeit des § 193 Abs. 2 Nr. 4 AktG spricht der Gesetzgeber im Rahmen der Ausführungen zu § 87 AktG lediglich von Aktienoptionen:

> *„Der Langfristausrichtung in § 87 Absatz 1 AktG entspricht die Änderung des § 193 Absatz 2 AktG. Aktienoptionen können danach frühestens vier Jahre nach Einräumung der Option ausgeübt werden."*[648]

Die ausdrückliche Befassung mit virtuellen Aktienoptionsprogrammen im Vorsatz lässt nicht darauf schließen, dass der Gesetzgeber planwidrig verkannt hat, dass virtuelle Aktienoptionsprogramme trotz ihrer wirtschaftlichen Vergleichbarkeit zu Aktienoptionen nicht von § 193 Abs. 2 Nr. 4 AktG erfasst werden. Vielmehr misst der Gesetzgeber erkennbar der Langfristausrichtung der Vorstandsvergütung über Anpassung des § 87 AktG, die sich an alle Vergütungsformen richtet, mehr Bedeutung als der Arbeitnehmervergütung zu.

*De lege ferenda* erscheint es geboten in der oben skizzierten Neuregelung der aktienkursorientierten Vergütung auch zur Einbeziehung von Arbeitnehmern

---

647 Vgl. Begründung Fraktionsentwurf VorstAG, BT-Drs. 16/12278, S. 7.
648 Vgl. Begründung Fraktionsentwurf VorstAG, BT-Drs. 16/12278, S. 5.

Stellung zu nehmen. Eine möglicherweise erforderliche Differenzierung zwischen Vorstand und Arbeitnehmern wird auch von der Europäischen Kommission erkannt, deren Empfehlungen zu Mindestwartezeiten bei virtuellen Aktienoptionsprogrammen lediglich die Unternehmensführung und nicht sämtliche Begünstigte betreffen.[649] Sofern eine entsprechende Ausrichtung der Vergütung auf Langfristigkeit vom Gesetzgeber für diese Mitarbeitergruppe in gleicher Intensität gewünscht ist, ist dies entsprechend ausdrücklich zu normieren.

## C. Zwischenfazit

Es konnte aufgezeigt werden, dass Schutzzweck der vierjährigen Mindestwartezeit des § 193 Abs. 2 Nr. 4 AktG nicht der Schutz vor unbedachter Kapitalverwässerung ist. Die Regelung trägt vielmehr dem Wunsch des Gesetzgebers Rechnung, die Vergütung über Aktienoptionen langfristig auszurichten und vor falschen Vergütungsanreizen zu schützen. Entsprechend ist denkbar, die Regelung analog auf virtuelle Aktienoptionsprogramme anzuwenden, um auch hier die Langfristausrichtung sicherzustellen. Der Gesetzgeber hat sich ausdrücklich mit der Langfristausrichtung virtueller Aktienoptionsprogramme auseinandergesetzt, einen Bezug zu einer starren Mindestwartezeit jedoch weder gefordert noch angedeutet. § 193 Abs. 2 Nr. 4 AktG ist daher in Bezug auf virtuelle Aktienoptionsprogramme wegen einer fehlenden Planwidrigkeit der Regelungslücke einer Analogie nicht zugänglich.

Die Ausführungen zu § 193 Abs. 2 Nr. 4 AktG und einer Mindestwartezeit bei virtuellen Aktienoptionsprogrammen dienen als Beispiel, dass die Regelungen zu klassischen nicht unmittelbar auf virtuelle Aktienoptionsprogramme übertragen werden können. Vielmehr scheint der Gesetzgeber Letztere weniger strengen Regelungen unterwerfen zu wollen. Das konkrete Ausmaß der Schnittmengen und der Übertragungsfähigkeit der Regelungen zu klassischen Aktienoptionsprogrammen bleibt letztendlich auch auf Grund einer mangelnden klaren Stellungnahme des Gesetzgebers unklar. Angesichts der Verbreitung und der damit einhergehenden Bedeutung virtueller Aktienoptionsprogramme wäre eine ausdrückliche Regelung zu aktienkursbasierter Vergütung börsennotierter Aktiengesellschaften und insbesondere virtuellen Aktienoptionsprogrammen wünschenswert. *De lege ferenda* ist somit erwägenswert, eine aktienrechtliche

---

649 So schon der Titel: Empfehlung der Kommission vom 30. April 2009 zur Ergänzung der Empfehlungen 2004/913/EG und 2005/162/EG zur Regelung der Vergütung von Mitgliedern der Unternehmensleitung börsennotierter Gesellschaften (2009/385/EG).

Norm zu schaffen, die sich rein mit aktienkursorientierter Vergütung, und als Teil der solchen auch mit einer starren Mindestwartefrist, auseinandersetzt. Hierdurch könnte die starre Wartezeit in § 193 Abs. 2 Nr. 4 AktG gestrichen und der Schutzzweck der Norm dahingehend korrigiert werden, dass sie passend zu ihrer Stellung im Gesetz wieder rein vor unbedachter Kapitalverwässerung schützt und keine vergütungssteuernden Elemente aufweist. Dies würde die im Rahmen der Ausführungen des Gesetzgebers zu § 87 AktG entstandene Unklarheiten, welche Mitarbeitergruppen einer starren, langfristorientierten Vergütung mit Mindestwartezeit unterworfen werden sollen, klären.

# 5. Kapitel: Aufsichtsratsmitglieder als Begünstigte eines virtuellen Aktienoptionsprogramms

Die Frage der Einbeziehung von Aufsichtsratsmitgliedern in virtuelle Aktienoptionsprogramme wird in der Rechtsdiskussion eng verbunden mit der rechtlichen Entwicklung und den vom Gesetzgeber gezogenen Grenzen zu klassischen Aktienoptionsprogrammen. Entsprechend erfordert die Auseinandersetzung mit virtuellen zunächst eine Darstellung der Rechtslage zu klassischen Aktienoptionsprogrammen.

## A. *Status quo* und Entwicklung variabler Vergütung von Aufsichtsratsmitgliedern

### I. Grenzen der variablen Vergütung des Aufsichtsrats

Für börsennotierte Aktiengesellschaften ziehen vornehmlich § 113 AktG und der Deutsche Corporate Governance Kodex Grenzen für die Ausgestaltung der Aufsichtsratsvergütung.

#### *1. Aktiengesetz*

Das AktG erlaubt grundsätzlich den Einsatz variabler Vergütungskomponenten zugunsten von Aufsichtsräten.[650] Dies folgt insbesondere aus § 113 Abs. 3 AktG, der eine Beteiligung am Jahresgewinn regelt.[651] Anders als für die Vorstandsvergütung sieht der Gesetzgeber eine ausschließliche Kompetenzzuweisung zugunsten der Hauptversammlung vor.[652] Die Hauptversammlung kann diese Kompetenz auf zweierlei Arten ausüben. Entweder wird eine generelle Vergütungsregelung über satzungsändernden Hauptversammlungsbeschluss in die Satzung aufgenommen oder laufend per Hauptversammlungsbeschluss über die

---

650 Vgl. *Habersack* in: MüKo, AktG, Bd. 2, § 113, Rn. 14; *Drygala* in: Schmidt/Lutter, § 113, Rn. 28, 33. Eine erfolgsorientierte Vergütung wird heutzutage immer weniger eingesetzt, vgl. *Kremer* in: Kremer/Bachmann/Lutter/Werder, DCGK, Rn. 1439; *Klein*, AG 2012, 805, 812.

651 Vgl. *Habersack* in: MüKo, AktG, Bd. 2, § 113, Rn. 14.

652 Vgl. BGH, NJW 1991, 1830, 1832; *Hopt/Roth* in: Großkommentar AktG, 4. Auflage, Bd. 4, § 113, Rn. 3; *Habersack* in: MüKo, AktG, Bd. 2, § 113, Rn. 2.

Vergütung beschlossen.[653] Ein Verstoß gegen diese Hauptversammlungszuständigkeit führt zu einer Nichtigkeit eines anderweitig geschlossenen Vergütungsvertrages nach § 134 BGB.[654] Hierdurch sollen die Aktionäre vor ausufernden Vergütungsmodellen und drohenden Interessenkonflikten zwischen Vorstand und Aufsichtsrat geschützt werden.[655] Gleichzeitig sorgt der Hauptversammlungsbeschluss für eine transparente Aufsichtsratsvergütung und erlaubt es den Aktionären das Vergütungssystem über eine Anfechtungsklage überprüfen zu lassen.[656] Vor allem die Frage der Angemessenheit der Aufsichtsratsvergütung nach § 113 Abs. 1 Satz 2 AktG ist Gegenstand gerichtlicher Überprüfung.[657]

§ 113 Abs. 3 AktG eröffnet die Möglichkeit, dem Aufsichtsrat einen Anteil am Jahresgewinn auf Berechnungsbasis des Bilanzgewinns abzüglich einer Verzinsung von 4% zu gewähren. Hierdurch soll ein Gleichlauf der Interessen von Aktionären und Aufsichtsratsmitgliedern gewährleistet werden, da der Bilanzgewinn auch Anknüpfungspunkt für den Dividendenanspruch der Aktionäre ist.[658] Zu der Möglichkeit einer Gewährung von klassischen oder virtuellen Aktienoptionen lässt sich § 113 AktG weder positiv noch negativ ein. Insbesondere kann die Anlehnung an einen Aktienkursanstieg nicht mit dem Begriff des Jahresgewinns gleichgesetzt werden.[659] Faktisch ist jedoch die Ausgabe klassischer Aktienoptionsprogramme über die Anpassung sonstiger Regelungen des Aktiengesetzes durch den Gesetzgeber unterbunden worden (vgl. hierzu die Ausführungen unter Abschnitt IV.).

---

653 Vgl. *Habersack* in: MüKo, AktG, Bd. 2, § 113, Rn. 1.

654 Vgl. BGH, NJW 1991, 1830, 1831; *Hopt/Roth* in: Großkommentar AktG, 4. Auflage, Bd. 4, § 113, Rn. 5; *Habersack* in: MüKo, AktG, Bd. 2, § 113, Rn. 3; *Mertens/Cahn* in: Kölner Kommentar zum AktG, Bd. 2/2, § 113, Rn. 6.

655 Vgl. *Hopt/Roth* in: Großkommentar AktG, 4. Auflage, Bd. 4, § 113, Rn. 3; *Habersack* in: MüKo, AktG, Bd. 2, § 113, Rn. 2; *Mertens/Cahn* in: Kölner Kommentar zum AktG, Bd. 2/2, § 113, Rn. 3.

656 Vgl. *Mertens/Cahn* in: Kölner Kommentar zum AktG, Bd. 2/2, § 113, Rn. 3; *Hopt/Roth* in: Großkommentar AktG, 4. Auflage, Bd. 4, § 113, Rn. 4; *Habersack* in: MüKo, AktG, Bd. 2, § 113, Rn. 2.

657 Vgl. *Hopt/Roth* in: Großkommentar AktG, 4. Auflage, Bd. 4, § 113, Rn. 4.

658 Vgl. eingehend, auch mit Bezugnahme auf die Gesetzesbegründung des AktG 1965, *Spindler/Gerdemann*, FS Stilz 2014, 629, 631, 633 f.

659 *Spindler/Gerdemann*, FS Stilz 2014, 629, 636 f., sowie die Ausführungen in Kapitel 3, Abschnitt B.I.1.

## 2. *Deutscher Corporate Governance Kodex*

Der Deutsche Corporate Governance Kodex befasst sich in Ziffer 5.4.6 mit der Vergütung des Aufsichtsrats. Vergangene Versionen des Kodex enthielten in Ziffer 5.4.6 Abs. 2 DCGK die Empfehlung, den Aufsichtsrat erfolgsorientiert zu vergüten.[660] Diese Empfehlung wurde mit der Fassung vom 15. Mai 2012 gestrichen.[661] Geblieben ist lediglich die Empfehlung, sofern eine erfolgsorientierte Aufsichtsratsvergütung aufgesetzt wird, dass diese an einer nachhaltigen Unternehmensentwicklung ausgerichtet werden soll.[662] Auch vor dieser Änderung waren virtuelle Aktienoptionsprogramme als Teil der Aufsichtsratsvergütung unter Dax-Unternehmen nicht weit verbreitet, sondern wurden lediglich vereinzelt eingesetzt.[663] Vermehrt wurde auf erfolgsorientierte Vergütung, die an die Dividende oder Kennzahlen anlehnt, zurückgegriffen.[664]

## 3. *Europäische Union*

Auf Ebene der Europäischen Union sind bisher im Hinblick auf die Vergütung des Aufsichtsrats mit (klassischen oder virtuellen) Aktienoptionsprogrammen keine verbindlichen Rechtssätze erlassen.[665] Die Empfehlungen der Europäischen Kommission gewähren einen Einblick, inwiefern zukünftig die Aufsichtsratsvergütung über Richtlinien oder Verordnungen eingeschränkt werden könnte.[666] Insbesondere in der Empfehlung 2005/162/EG hat sich die Kommission kritisch im Hinblick auf variable Vergütung des Aufsichtsrats im Allgemeinen und Aktienoptionsprogrammen im Speziellen geäußert:

> *„Die betreffende Person darf von der Gesellschaft oder einer verbundenen Gesellschaft keine zusätzliche Vergütung in bedeutendem Umfang erhalten oder erhalten haben mit Ausnahme einer Vergütung für die Tätigkeit als nicht geschäftsführender Direktor bzw. als*

---

660 Vgl. *Habersack* in: MüKo, AktG, Bd. 2, § 113, Rn. 4.

661 Vgl. *Kremer* in: Kremer/Bachmann/Lutter/Werder, DCGK, Rn. 1439 f.

662 Vgl. Ziffer 5.4.6 Abs. 2 Satz 2 DCGK; *Habersack* in: MüKo, AktG, Bd. 2, § 113, Rn. 4.

663 So setzten etwa im Jahr 2005 von den 27 Dax-Unternehmen mit erfolgsorientierter Aufsichtsratsvergütung lediglich 5 virtuelle Aktienoptionsprogramme ein, vgl. *Gehling*, ZIP 2005, 549, 549 ff.

664 Vgl. *Gehling*, ZIP 2005, 549, 549 f. Vgl. zu diesen Formen der variablen Vergütung und ihren Ausgestaltungsmöglichkeiten auch *Mertens/Cahn* in: Kölner Kommentar zum AktG, Bd. 2/2, § 113, Rn. 17.

665 Vgl. *Spindler/Gerdemann*, FS Stilz 2014, 629, 648.

666 Vgl. *Spindler/Gerdemann*, FS Stilz 2014, 629, 648.

*Aufsichtsratsmitglied. Als zusätzliche Vergütung gelten insbesondere Aktienoptionen und sonstige erfolgsbezogene Vergütungen.*“[667]

Die ablehnende Haltung der Europäischen Kommission gegenüber Aktienoptionsprogrammen zugunsten von Aufsichtsräten wurde 2009 in einer Ergänzung zu den vorherigen Empfehlungen erneut bestätigt.[668]

## II. Praxis der Dax-Unternehmen im Geschäftsjahr 2015

Die Änderung des DCGK sowie die noch zu beschreibende Rechtsentwicklung durch den Bundesgerichtshof und den Gesetzgeber hat in der Praxis zu einer Abnahme erfolgsorientierter Vergütung des Aufsichtsrats geführt.[669]

Die Analyse der Geschäftsberichte der Dax-Unternehmen für das Geschäftsjahr 2015 hat ergeben, dass lediglich die Deutsche Bank AG ein virtuelles Aktienoptionsprogramm für Aufsichtsratsmitglieder aufgesetzt hat.[670] Diese Vergütungsregelung ist in § 14 Abs. 3 der Satzung der Deutschen Bank AG[671] verankert und wirkt bis heute fort.[672] Das virtuelle Aktienoptionsprogramm wird weder als solches noch als erfolgsorientierte Vergütung bezeichnet, sondern vielmehr der Festvergütung zugeordnet. Danach werden 75% der jährlichen Festvergütung sofort ausgezahlt und weitere 25% in „*Aktien der Gesellschaft umgerechnet*“.[673] Sowohl der Zuteilungswert als auch der Auszahlungswert

667 Anhang II, Ziffer 1 c) der Empfehlung der Kommission vom 15. Februar 2005 zu den Aufgaben von nicht geschäftsführenden Direktoren / Aufsichtsratsmitgliedern börsennotierter Gesellschaften sowie zu den Ausschüssen des Verwaltungs-/Aufsichtsrats (2005/162/EG).

668 Vgl. Ziffer 4.4 der Empfehlung der Kommission vom 30. April 2009 zur Ergänzung der Empfehlungen 2004/913/EG und 2005/162/EG zur Regelung der Vergütung von Mitgliedern der Unternehmensleitung börsennotierter Gesellschaften (2009/385/EG).

669 Vgl. *Spindler/Gerdemann*, FS Stilz 2014, 629, 630 f.; *Habersack* in: MüKo, AktG, Bd. 2, § 113, Rn. 7; *Gehling*, ZIP 2005, 549; *Martinius/Zimmer*, BB 2011, 3014, 3015; *Towers Watson*, Pressemitteilung vom 24. Oktober 2012: Aufsichtsratsvergütung neu definiert; *Towers Watson*, Pressemitteilung vom 12. November 2013: Richtungswechsel bei der Aufsichtsratsvergütung; *Towers Watson*, Pressemitteilung vom 11. November 2014: Dax-Aufsichtsratsvergütung 2014: Leichter Anstieg und Trend zur Vereinfachung; *Towers Watson*, Pressemitteilung vom 7. Oktober 2015: So viel verdienen Aufsichtsräte im Dax 2015.

670 Vgl. *Deutsche Bank AG*, Geschäftsbericht 2015, S. 246; *Deutsche Bank AG*, Satzung, § 14 Abs. 3.

671 In diesem Abschnitt: die Satzung.

672 Stand: September 2018.

673 *Deutsche Bank AG*, Satzung, § 14 Abs. 3.

richten sich nach dem durchschnittlichen Aktienkurswert der letzten 10 Handelstage des jeweils vorangegangenen Januars. Die Auszahlung des Programms erfolgt im Februar des Jahres, das dem Ausscheiden des Aufsichtsratsmitglieds oder dem Ende seiner Bestellungsperiode folgt. Das Programm hat somit keine feste Mindestwartezeit. Die Ansprüche aus dem Programm verfallen, sofern eine Abberufung aus wichtigem Grund erfolgte. Angesichts dieser Klauselkomponenten handelt es sich faktisch bei dem Programm nicht um Festvergütung, sondern um erfolgsorientierte Vergütung im Sinne eines *Phantom Stock*-Programms. Dies bestätigt auch der Geschäftsbericht der Deutschen Bank AG für das Geschäftsjahr 2015, der im Rahmen der Aufsichtsratsvergütung von *„virtuellen Aktienanteilen"* spricht.[674]

Als Ergebnis des Programms wurden dem Aufsichtsrat der Deutschen Bank AG für die Geschäftsjahre 2013–2015 insgesamt 130.039,666 virtuelle Aktienanteile zugeteilt.[675] Legt man den Zuteilungskurswert für das Geschäftsjahr 2015 in Höhe von 17,325 Euro pro *Phantom Stock* zugrunde, so haben die in diesen drei Geschäftsjahren zugeteilten *Phantom Stocks* des Gesamt-Aufsichtsrats einen Wert von ca. 2.25 Millionen Euro.[676]

## III. Kritische Stimmen der Literatur

Die Möglichkeit, Aufsichtsratsmitglieder unter Hinzuziehung variabler Komponenten zu vergüten, wird vielfach kritisiert.[677] Dabei geht es zum einen um einen drohenden Interessenkonflikt, der aus einer Einflussnahme auf den Gewinnverwendungsbeschluss geschlussfolgert wird.[678] Ferner wird ein Gleichlauf der Vorstands- und Aufsichtsratsvergütung angemahnt, den *Habersack* dem Grundsatz der Funktionstrennung zwischen Vorstand und Aufsichtsrat folgend

---

674 *Deutsche Bank AG*, Geschäftsbericht 2015, S. 247.

675 Vgl. *Deutsche Bank AG*, Geschäftsbericht 2015, S. 248. Die Umrechnung erfolgt auf drei Nachkommastellen, vgl. *Deutsche Bank AG*, Satzung, § 14 Abs. 3.

676 Dem Vorstand wurden demgegenüber grundsätzlich reale Aktienoptionen gewährt, die auf Grund der Verschlechterung der wirtschaftlichen Kennzahlen für das Geschäftsjahr 2015 jedoch gestrichen wurden, vgl. *Deutsche Bank AG*, Geschäftsbericht 2015, S. 241.

677 Überblicksartig zur Kritik etwa *Hopt/Roth* in: Großkommentar AktG, 4. Auflage, Bd. 4, § 113, Rn. 35; *Habersack* in: MüKo, AktG, Bd. 2, § 113, Rn. 14; *Mertens/Cahn* in: Kölner Kommentar zum AktG, Bd. 2/2, § 113, Rn. 18;

678 Vgl. *Habersack* in: MüKo, AktG, Bd. 2, § 113, Rn. 14. *Peltzer* geht noch weiter und fordert, dass *„jegliche Vergütungsform, die auch nur dem Anschein nach zu einem Interessenkonflikt führen könnte"* unzulässig sei, *Peltzer*, FS Priester 2007, 573, 579.

als unzulässig einstuft.[679] Der Gleichlauf und eine falsche Anreizwirkung durch erfolgsorientierte Vergütung könnten die Überwachungsaufgaben und Unabhängigkeit des Aufsichtsrats gefährden und Missbrauchspotential generieren.[680] Anreizwirkung und Überwachungsaufgabe stünden in einem Missverhältnis, da der Aufsichtsrat nicht der *„unternehmerischen Initiative“*, sondern des lenkenden Eingreifens bei Fehlentwicklungen verpflichtet sei.[681] Im äußersten Fall könnten durch fehlgeleitete Vergütungssysteme Vorstand und Aufsichtsrat ausschließlich Eigeninteressen folgen und könnte eine Überwachung gänzlich auf Aktionärsebene verlagert werden.[682] Dies würde mit dem Aufsichtsrat verbundene erwünschte Kontrolleffekte konterkarieren.[683] Es lässt sich mit Blick auf das Principal-Agent-Modell insbesondere fragen, ob für die erfolgreiche Kontrolle des *Agenten* die Interessenlagen des Kontrollorgans und des *Agenten* nicht zwingend auseinanderfallen müssen.[684] Sofern dem Gleichlauf durch verschiedenartige erfolgsorientierte Komponenten für Vorstand und Aufsichtsrat begegnet wird, wird teilweise kritisiert, dass eine Konkurrenz um Erreichung der Erfolgskomponenten zwischen beiden Organen drohen könnte.[685] Bedenkt man zudem, dass der Aufsichtsrat in Krisensituationen besonders intensiv gefordert ist, so erscheint eine Vergütung, die in weniger erfolgreichen, aber umso

679 Vgl. *Habersack* in: MüKo, AktG, Bd. 2, § 113, Rn. 14; *ders.*, ZGR 2004, 721, 732 f.; a.A. *Hoffmann-Becking*, ZHR 169 (2005), 155, 179; *Gehling*, ZIP 2005, 549, 553 f.; *Vetter*, AG 2004, 234, 237; *Fuchs*, WM 2004, 2233, 2237.

680 Vgl. *Habersack* in: MüKo, AktG, Bd. 2, § 113, Rn. 14; *ders.*, ZHR 168 (2004), 373, 380; *Hopt/Roth* in: Großkommentar AktG, 4. Auflage, Bd. 4, § 113, Rn. 35; *Mertens/Cahn* in: Kölner Kommentar zum AktG, Bd. 2/2, § 113, Rn. 18. *Martens* sieht insbesondere auf Grund der Stellung und des Renommees des Aufsichtsrats eine besondere Gefahr, der nach § 124 Abs. 3 Satz 1 AktG zusammen mit dem Vorstand einen Beschlussvorschlag erstellen würde. An diesen sei die Hauptversammlung zwar nicht gebunden, Abweichungen seien in der Praxis jedoch eine *„Rarität“*, *Martens*, AG Sonderheft 8/1997, 83, 88. A.A. *Vetter*, AG 2004, 234, der in einer erfolgsorientierten Vergütung einen Anreiz sieht, talentierte und fähige Personen zu einer Aufsichtsratstätigkeit zu bewegen und somit die Qualität der Überwachung zu steigern.

681 *Mertens/Cahn* in: Kölner Kommentar zum AktG, Bd. 2/2, § 113, Rn. 18; vgl. ferner *Kohler*, ZHR 161 (1997), 246, 265; a.A. *Vetter*, AG 2004, 234, 235, der die Ausrichtung der Aufsichtsratsvergütung am *Shareholder Value* als der langfristigen Unternehmensentwicklung förderlich zuordnet und den Aufsichtsrat auch dieser Zielsetzung im Interesse der Aktionäre verpflichtet sieht.

682 Vgl. *Mertens/Cahn* in: Kölner Kommentar zum AktG, Bd. 2/2, § 113, Rn. 18.

683 Vgl. *Bender/Vater*, DStR 2003, 1807, 1811.

684 Vgl. *Bender/Vater*, DStR 2003, 1807, 1811.

685 Vgl. *Mertens/Cahn* in: Kölner Kommentar zum AktG, Bd. 2/2, § 113, Rn. 18.

arbeitsintensiveren Zeiten auch zu niedrigeren Bezügen führt, nicht angemessen.[686] Letztlich wird zudem schon die positive Wirkung einer anreizorientierten Vergütung für Aufsichtsratsmitglieder in Abrede gestellt.[687]

Diese Kritikpunkte stoßen auf Gegenwehr. So wird entgegengehalten, dass es durchaus im Interesse der Aktionäre sein kann, einen Interessengleichlauf herzustellen und alle Organe zu einer Steigerung des Unternehmenswerts anzuhalten.[688] Es läge im Kompetenzbereich der Hauptversammlung eine, wenn auch möglicherweise unter Anreizgesichtspunkten fragliche, Vergütungsregelung, die sich im Rahmen des gesetzlich Möglichen bewegt, zu gewähren.[689] Ein Gleichlauf sei im Gesetz angelegt, eröffne doch § 113 Abs. 3 AktG für den Aufsichtsrat und § 87 Abs. 1 Satz 1 AktG für den Vorstand die Möglichkeit, über Vergütungskomponenten eine Beteiligung am Gewinn herbeizuführen.[690] Hierin läge eine vom Gesetzgeber gebilligte Missbrauchsgefahr, insbesondere da der Aufsichtsrat über § 171 Abs. 2 AktG zumindest indirekt auf die Höhe des Bilanzgewinns Einfluss nehmen kann.[691]

## IV. Entwicklung der Rechtslage zu klassischen Aktienoptionsprogrammen

Die Rechtslage der Vergabe von Aktienoptionen als Teil der Aufsichtsratsvergütung unterlag im Zeitraum zwischen 1998 und 2005 starken Veränderungen. Diese Veränderungen lassen sich anhand von drei maßgeblichen Stationen darstellen: dem Gesetz zur Kontrolle und Transparenz im Unternehmensbereich (KonTraG)[692] vom 27. April 1998, der MobilCom-Entscheidung des BGH vom

---

686 Vgl. *Habersack*, ZHR 168 (2004), 373, 380 mit Verweisen zu einer Intensivierung der Kontrollaufgaben des Aufsichtsrats in Zeiten einer Krisensituation.

687 Vgl. hierzu die Ausführungen von *Bischof*, BB 2006, 2627, 2632 mit Verweisen auf verschiedene empirische Untersuchungen.

688 Vgl. *Drygala* in: Schmidt/Lutter, § 113, Rn. 28; *Paefgen*, WM 2004, 1169, 1173.

689 Vgl. *Drygala* in: Schmidt/Lutter, § 113, Rn. 29.

690 Vgl. *Hoffmann-Becking*, ZHR 169 (2005), 155, 179; *Gehling*, ZIP 2005, 549, 554; im Ergebnis ebenso *Vetter*, AG 2004, 234, 237, der sich jedoch rein auf die Mobilcom-Entscheidung beruft und aus dieser kein generelles Gleichlaufverbot folgert; ähnlich *Fuchs*, der lediglich eine „*weitgehende oder wesentliche Synchronisierung der Vergütungsparameter*“ für unzulässig hält, *Fuchs*, WM 2004, 2233, 2237.

691 Vgl. *Hoff*, WM 2003, 910, 911. Die Bilanzgewinnbeteiligung des Aufsichtsrats über § 113 Abs. 3 AktG stellt zudem auf Grund ihrer Anknüpfung an das letzte Geschäftsjahr ein kurzfristiges Element der Vergütung dar, während etwa die aktienkursbasierte Vergütung in der Regel langfristig ausgelegt ist, vgl. *Hoff*, WM 2003, 910, 911.

692 BGBl. I 1998, S. 786 ff.

16. Februar 2004[693] und dem Gesetz zur Unternehmensintegrität und Modernisierung des Anfechtungsrechts (UMAG)[694] vom 22. September 2005.

### *1. KonTraG*

Vor Umsetzung des KonTraG wurde die Zulässigkeit einer Vergabe von Aktienoptionen an Aufsichtsratsmitglieder über die Ausgabe von Wandel- oder Optionsanleihen überwiegend als zulässig eingestuft.[695] Durch das KonTraG wurde die Ausgabe von Aktienoptionsprogrammen erleichtert, da über den Eigenerwerb von Aktien nach § 71 Abs. 1 Nr. 8 AktG oder die bedingte Kapitalerhöhung nach § 192 Abs. 2 Nr. 3 AktG eine ausdrückliche rechtliche Grundlage geschaffen wurde.[696] Der Referentenentwurf zu § 192 Abs. 2 Nr. 3 AktG des KonTraG sah die Gewährung von Aktienoptionen über eine bedingte Kapitalerhöhung an Organmitglieder und somit auch den Aufsichtsrat vor.[697] Die endgültige Fassung des § 192 Abs. 2 Nr. 3 AktG sprach demgegenüber von Arbeitnehmern und der Geschäftsführung.[698] Dies beruhte vornehmlich auf der Tatsache, dass der für den Inhalt des nach § 192 Abs. 2 Nr. 3 AktG erforderlichen Kapitalerhöhungsbeschlusses maßgebliche § 193 Abs. 2 Nr. 4 AktG nicht sämtliche Komponenten eines Aktienoptionsprogramms regelt. In Konsequenz wäre der Aufsichtsrat somit, über die verbleibende Ausgestaltung des Programms, in Teilen Herr des eigenen Vergütungssystems geworden.[699] Hinzu kamen die eingangs beschriebenen Bedenken der Unbefangenheit, einer falschen Anreizsetzung und Gefährdung der Überwachungseffektivität.[700]

---

693 BGH, NJW 2004, 1109 ff.

694 BGBl. I S. 2802 ff.

695 Vgl. *Zimmer*, NJW 1998, 3512, 3530; *Claussen*, DB 1998, 177, 185; *Zimmer*, DB 1999, 999; *Vetter*, AG 2004, 234, 237 f. jeweils mwN.

696 Vgl. Regierungsbegründung KonTraG, BT-Drs. 13/9712, S. 14, 23; *Seibert* in: Pellens, S. 33; BGH, NJW 2004, 1109.

697 Vgl. Referentenentwurf KonTraG, abgedruckt in: ZIP 1996, 2129, 2137; *Rieckers* in: Spindler/Stilz, AktG, Bd. 2, § 193, Rn. 20; *Hopt/Roth* in: Großkommentar AktG, 4. Auflage, Bd. 4, § 113, Rn. 40.

698 Vgl. BGH, NJW 2004, 1109 f. mit Verweis auf das Gesetzgebungsverfahren.

699 Vgl. Regierungsbegründung KonTraG, BT-Drs. 13/9712, S. 24; kritisch *Weiß*, WM 1999, 353, 363.

700 Vgl. *DAV-Handelsrechtsausschuss*, ZIP 1997, 163, 173 sowie überblicksartig zu der Kritik des Referentenentwurfs mwN. *Hopt/Roth* in: Großkommentar AktG, 4. Auflage, Bd. 4, § 113, Rn. 40; *Mertens/Cahn* in: Kölner Kommentar zum AktG, Bd. 2/2, § 113, Rn. 26. Diese Kritik wurde vom BGH in der MobilCom-Entscheidung bestätigt, vgl. BGH, NJW 2004, 1109, 1110. A.A. *Claussen*, DB 1998, 177, 185; *Zimmer*, DB 1999,

Angesichts des klaren Wortlauts und ausdrücklich geäußerten Willens des Gesetzgebers wurde eine entsprechende Anwendung auf Aufsichtsratsmitglieder überwiegend abgelehnt.[701] Die Praxis zog sich zurück auf eine Bedienung von Aktienoptionsprogrammen zugunsten des Aufsichtsrats über Wandelschuldverschreibungen oder Optionsanleihen.[702] Diese Möglichkeit wurde durch das KonTraG zumindest nicht untersagt:

> *„Der bisher von der Praxis gewählte Weg über die Gewährung von Optionsanleihen oder Wandelschuldverschreibungen (§ 192 Abs. 2 Nr. 1 AktG), der durch die Neuregelung nicht abgeschnitten werden soll, erscheint kompliziert und nicht völlig gesichert (§ 221 Abs. 4 AktG).“*[703]

Umstrittener war die Bedienung der Aufsichtsrats-Aktienoptionsprogramme über einen Ankauf von Aktien nach § 71 AktG. Eine Ausweitung des § 71 Abs. 1 Nr. 2 AktG auf Organmitglieder, welche noch im Referentenentwurf vorgesehen war, wurde ebenfalls nicht umgesetzt, sondern blieb auf Arbeitnehmer beschränkt.[704] Das KonTraG weitete das Ankaufsrecht eigener Aktien durch die Gesellschaft jedoch deutlich aus, indem mit § 71 Abs. 1 Nr. 8 AktG eine Rückkaufmöglichkeit ohne Zweckbindung geschaffen wurde.[705] Auf Grund dieser fehlenden Zweckbindung wurde diskutiert, ob eine Ausgabe auch an Organmitglieder im Rahmen von Aktienoptionsprogrammen denkbar ist. Insbesondere der Verweis in § 71 Abs. 1 Nr. 8 Satz 5 AktG auf § 193 Abs. 2 Nr. 4 AktG warf

---

999, 1000; kritisch auch *Zimmer*, NJW 1998, 3512, 3530; Feddersen ZHR 1997, 285 f. Argument der Kritiker ist, dass aus § 113 Abs. 1 AktG prinzipiell eine Kompetenz der Hauptversammlung folgt, das gesamte Programm zu billigen.

701 Vgl. *Zimmer*, DB 1999, 999, 1001; Regierungsbegründung KonTraG, BT-Drs. 13/9712, S. 24; *Hoff*, WM 2003, 910, 911. Im Ergebnis diesen Bedenken Rechnung tragend *Weiß*, WM 1999, 353, 363, der eine Ausgabe von Aktienoptionsprogrammen dann erlauben wollte, wenn sämtliche Komponenten des Aktienoptionsprogramms im Hauptversammlungsbeschluss festgelegt sind, die Hauptversammlung insgesamt über das Vergütungssystem entscheidet und keine Restkompetenz des Aufsichtsrats verbleibt.

702 Vgl. *Zimmer*, NJW 1998, 3512, 3530; *Claussen*, DB 1998, 177, 185; *Zimmer*, DB 1999, 999, 1000; *Weiß*, WM 1999, 353, 362; *Hoff*, WM 2003, 910; *Mäger*, BB 1999, 1389, 1393; OLG München, NZG 2002, 677, 678; LG München, NJW-RR 2001, 1118 f.; LG Memmingen, NJOZ 2001, 1299 ff. Ausführlicher Überblick auch bei *Richter*, BB 2004, 949, 950 f.

703 Regierungsbegründung KonTraG, BT-Drs. 13/9712, S. 23.

704 Vgl. Referentenentwurf KonTraG, abgedruckt in: ZIP 1996, 2129, 2130; *Seibert* in: Pellens, S. 34; *Hoff*, WM 2003, 910, 912.

705 Vgl. *Seibert* in: Pellens, S. 34

die Frage auf, ob die dortige Beschränkung auf Arbeitnehmer und Vorstand entsprechend zu gelten habe bzw. als Rechtsgrund- oder Rechtsfolgenverweisung zu verstehen sei.[706]

### 2. *MobilCom-Entscheidung des BGH*

Die MobilCom-Entscheidung des BGH adressierte diese Ausweichkonstruktion der Praxis und schaffte weitgehende Klarheit zum Streitfeld der Vergabe von klassischen Aktienoptionen an Aufsichtsratsmitglieder.[707]

#### *a) Sachverhalt*

Aktionäre der MobilCom AG erhoben Anfechtungsklage gegen einen satzungsändernder Hauptversammlungsbeschluss, nach dem den Aufsichtsratsmitgliedern ein Aktienoptionsprogramm über den Erwerb eigener Aktien nach § 71 Abs. 1 Nr. 8 AktG gewährt werden sollte.[708] Der Vorstand griff für die Begründung eines derartigen Vergütungsprogramms auf die im 1. Kapitel ausführlich behandelten Motive des *Shareholder Values* und des Wettbewerbs um qualifizierte Aufsichtsratsmitglieder zurück.[709]

#### *b) Argumentation des BGH*

Kern der Entscheidung des BGH war die vorgenannte umstrittene Frage der Einstufung des Verweises aus § 71 Abs. 1 Nr. 8 AktG auf § 193 Abs. 2 Nr. 4 AktG als Rechtsgrund- oder Rechtsfolgenverweisung. Das Berufungsgericht, das OLG Schleswig, nahm an, dass es sich um eine partielle Rechtsfolgenverweisung auf die inhaltlichen Beschlusserfordernisse handele, die den Kreis der Berechtigten jedoch nicht beschränke.[710]

Der BGH ist diesem Ergebnis nicht gefolgt. Zunächst hat er aufgezeigt, dass der Gesetzgeber neben dem bisher in der Praxis gewählten „*Umweg*" der Ausgabe von Aktienoptionsprogrammen über Wandelschuldverschreibungen oder Optionsanleihen zwei neue, vereinfachte Wege der Bedienung der

706 Überblicksartig zu den verschiedenen Meinungen *Fuchs*, WM 2004, 2233, 2234. Konkret ging es um die Frage, ob es sich um eine Rechtsgrund- oder Rechtsfolgenverweisung handele, eingehend *Hoff*, WM 2003, 910, 912 ff.

707 Vgl. neben BGH, NJW 2004, 1109 ff. die Urteilsbesprechungen von *Paefgen*, WM 2004, 1169 ff.; *Habersack*, ZGR 2004, 721 ff.; *Vetter*, AG 2004, 234, 235 f.

708 Vgl. BGH, NJW 2004, 1109.

709 Vgl. BGH, NJW 2004, 1109; siehe ferner Kapitel 1, Abschnitt B.I.2.a) und B.I.1.c).

710 Vgl. BGH, NJW 2004, 1109.

Aktienoptionsprogramme geschaffen hat: die bedingte Kapitalerhöhung nach § 192 Abs. 2 Nr. 3 AktG und den Rückkauf eigener Aktien nach § 71 Abs. 1 Nr. 8 AktG.[711]

Für § 192 Abs. 2 Nr. 3 AktG bestätigt der BGH den abschließenden Charakter der Regelung und versagt somit eine Ausdehnung über den Wortlaut hinaus auf Aufsichtsratsmitglieder.[712] Maßgeblich sei der im Rahmen des KonTraG angedeutete Wille des Gesetzgebers. Der Gesetzgeber habe nicht über § 113 AktG eine vollständige Entscheidungskompetenz der Hauptversammlung hinsichtlich sämtlicher Komponenten eines Aktienoptionsprogramms gewünscht, sondern sich generell gegen Aktienoptionsprogramme zugunsten von Aufsichtsratsmitgliedern entschieden.[713] Dabei lässt der BGH drei Kritikpunkte erkennen, namentlich die Beeinträchtigung der Überwachungsfunktion über den Gleichlauf der Vergütung, eine Manipulationsgefahr und Zweifel am Aktienkurs als Bezugsgröße der Vergütung:

> *„Offensichtlich hat aber der Gesetzgeber eine – der Kontrollfunktion des Aufsichtsrats u.U. abträgliche – Angleichung der Vergütungsinteressen von Vorstand und Aufsichtsrat mit Ausrichtung auf Aktienoptionen und damit auf den Aktienkurs, der durch gezielte Sachverhaltsgestaltungen des Managements inner- oder außerhalb der Legalität beeinflußbar und erfahrungsgemäß auch sonst nicht immer ein zuverlässiger Maßstab für den inneren Wert und den langfristigen Erfolg eines Unternehmens ist, jedenfalls bisher nicht für angebracht erachtet.“*[714]

Diese Wertung überträgt der BGH auf § 71 Abs. 1 Nr. 8 AktG. Beide Regelungen würden sich lediglich in der Art der Aktienbeschaffung und einer unterschiedlich gelagerten Verwässerung unterscheiden.[715] Eine Andersbehandlung rechtfertige sich weder aus wirtschaftlichen noch aus sonstigen Gründen. Hierfür spreche insbesondere, dass der Gesetzgeber in den Gesetzesbegründungsmaterialien ausschließlich von der Geschäftsführung und Führungskräften, nicht jedoch vom Aufsichtsrat gesprochen habe.

---

711 BGH, NJW 2004, 1109.

712 Vgl. BGH, NJW 2004, 1109 f.

713 Vgl. BGH, NJW 2004, 1109, 1110.

714 BGH, NJW 2004, 1109, 1110. *Spindler/Gerdemann,* FS Stilz 2014, 629, 638 sehen hierin ein *Obiter Dictum* dahingehend, dass der BGH hiermit generell die Zulässigkeit einer aktienkursorientierten Vergütung in Abrede stellen wollte.

715 Im Fall der bedingten Kapitalerhöhung nach § 192 Abs. 2 Nr. 3 AktG kommt es zu einer Kapitalverwässerung, im Fall des Aktienkaufs nach § 71 Abs. 1 Nr. 8 AktG zu einer Vermögensverwässerung, vgl. BGH, NJW 2004, 1109, 1110.

Folglich hat der BGH eine Anwendung der zwei neu geschaffenen Möglichkeiten zur Ausgabe von Aktienoptionen auf Aufsichtsratsmitglieder abgelehnt. Die im Ergebnis verbleibende Möglichkeit der Ausgabe über Wandelschuldverschreibungen und Optionsanleihen über § 221 AktG hat der BGH lediglich im Rahmen eines *Obiter Dictum* angeschnitten und eine ablehnende Tendenz[716] angedeutet:

> *„Eher erscheint umgekehrt fraglich, ob der – durch die Neuregelungen zwar nicht generell abgeschnittene (vgl. BT-Drs. 13/9712 S. 23) – Weg über § 221 AktG für Aktienoptionsprogramme zugunsten von Aufsichtsratsmitgliedern noch gangbar ist, nachdem die einschlägigen Neuregelungen einen gegenteiligen Willen des Gesetzes nahelegen.“*[717]

Dass der BGH dabei ganz grundlegend zur Aufsichtsratsvergütung entschieden hat, deuteten die Auskünfte eines Sprechers des BGH gegenüber der Frankfurter Allgemeinen Zeitung an:

> *„Wie ein Sprecher des höchsten deutschen Zivilgerichts dieser Zeitung auf Anfrage bestätigte, handelt es sich dabei aber um eine grundsätzliche Entscheidung, die sich nicht nur auf den konkreten Fall bezieht. Vielmehr sei die Ausgabe von Aktienoptionen an Mitglieder des Aufsichtsrats generell nicht mit dem Aktiengesetz vereinbar.“*[718]

### 3. *UMAG*

Die Schlussfolgerungen aus dem *Obiter Dictum* des BGH zur Frage der Begebung über Wandelschuldverschreibungen und Optionsanleihen wurden in der Literatur unterschiedlich beantwortet.[719] Dies sorgte für Unsicherheiten in der Anwendungspraxis klassischer Aktienoptionsprogramme zugunsten des Aufsichtsrats.[720] Insbesondere die Argumentation des BGH, aus dem KonTraG ergäbe sich ein Wille des Gesetzgebers, Aktienoptionsprogramme für

---

716 Ebenso *Paefgen*, WM 2004, 1169, 1170.

717 BGH, NJW 2004, 1109, 1110.

718 *Frankfurter Allgemeine Zeitung* 2004, Nr. 43, S. 13.

719 Für eine Möglichkeit der Vergabe von Aktienoptionen an Aufsichtsratsmitglieder über Wandelschuldverschreibungen oder Optionsanleihen etwa *Fuchs*, WM 2004, 2233, 2236 f.; *Richter*, BB 2004, 949, 955 f.; differenzierend *Vetter*, AG 2004, 234, 237 f.; *Gehling*, ZIP 2005, 549, 557; a.A. *Habersack*, ZGR 2004, 721, 728 ff.; *Röhricht*, VGR 9, 1, 12 ff.; *Peltzer*, NZG 2004, 509, 510; *Meyer/Ludwig*, ZIP 2004, 940, 943 f.; ebenso, wenn auch kritisch *Paefgen*, WM 2004, 1169, 1172.

720 Vgl. *Fuchs*, WM 2004, 2233 f.

Aufsichtsratsmitglieder generell zu verbieten, wurde kritisiert.[721] Entsprechend wurden Forderungen an den Gesetzgeber gestellt, die Unsicherheiten durch eine gesetzliche Regelung zu beheben.[722]

Diesen Forderungen ist der Gesetzgeber mit Erlass des UMAG nachgekommen. Das UMAG hat ähnlich wie in § 71 Abs. 1 Nr. 8 AktG einen Verweis auf § 193 Abs. 2 Nr. 4 in § 221 Abs. 4 für Wandelschuldverschreibungen und Optionsanleihen sowie Gewinnschuldverschreibungen und Genussrechte aufgenommen.[723] In der Gesetzesbegründung hat der Gesetzgeber dabei sowohl die Rechtsprechung des BGH bestätigt als auch an das *Obiter Dictum* des BGH angeknüpft:

> *„Damit ist – im Anschluss an die neueste höchstrichterliche Rechtsprechung – zugleich klar, dass Aufsichtsräte auch nicht Bezugsberechtigte eines Aktienoptionsprogramms in Verbindung mit Wandelschuldverschreibungen oder Optionsanleihen sein können. Hier – wie bei der Verweisung in § 71 Abs. 1 Nr. 8 – richtet sich die sinngemäße Anwendung auch auf den Kreis der möglichen Bezugsberechtigten.“*[724]

Angesichts dieses eindeutigen Wortlauts kann die Bedienung von Aktienoptionsprogrammen zugunsten von Aufsichtsratsmitgliedern auch nicht über § 221 Abs. 1 AktG erfolgen.[725]

---

721 Vgl. *Gehling*, ZIP 2005, 549, 554 f.; *Richter*, BB 2004, 949, 954 f.; *Fuchs*, WM 2004, 2233, 2236 f.; *Vetter*, AG 2004, 234, 237; *Paefgen*, WM 2004, 1169, 1171; *Wiechers*, DB 2004, 698.

722 Vgl. etwa *Paefgen*, WM 2004, 1169, 1175; *Kramarsch*, ZHR 169 (2005), 112, 122.

723 Vgl. BGBl. I S. 2805.

724 Begründung Regierungsentwurf UMAG, BT-Drs. 15/5092, S. 25. Diese Regelung wurde von großen Teilen der Literatur begrüßt, vgl. mit jeweils weiteren Verweisen *Habersack* in: MüKo, AktG, Bd. 2, § 113, Rn. 19; *Mertens/Cahn* in: Kölner Kommentar zum AktG, Bd. 2/2, § 113, Rn. 128; *Drygala* in: Schmidt/Lutter, § 113, Rn. 35; *Spindler* in: Spindler/Stilz, AktG, Bd. 1, § 113, Rn. 51; a.A. *Hopt/Roth* in: Großkommentar AktG, 4. Auflage, Bd. 4, § 113, Rn. 43, die weiter davon ausgehen, dass eine Ausgabe von Aktienoptionsprogrammen in Verbindung mit Wandelschuldverschreibungen oder Optionsanleihen möglich sein soll, da nicht mit ausreichender Sicherheit gesagt werden könne, dass die aktienrechtliche Gestaltungsfreiheit eingeschränkt werden solle; ebenso *Hoffmann-Becking*, ZHR 169 (2005), 155, 180; mit Bezugnahme auf den Referentenentwurf des UMAG *DAV-Handelsrechtsausschuss*, NZG 2005, 388, 392.

725 Vgl. neben vielen, jeweils mwN. *Habersack* in: MüKo, AktG, Bd. 2, § 113, Rn. 17; *Spindler* in: Spindler/Stilz, AktG, Bd. 1, § 113, Rn. 51; Heidel, Aktienrecht, § 113, Rn. 12b; kritisch *Hoffmann-Becking*, ZHR 169 (2005), 155, 180, der allerdings nur die Unklarheit des Gesetzestextes kritisiert, den Willen des Gesetzgebers jedoch dahingehend versteht, dass Aktienoptionsprogramme an Aufsichtsratsmitglieder nicht über § 221 Abs. 1 AktG umgesetzt werden können. Auch *Hopt/Roth*, die weiter von der

### V. Zwischenergebnis

Das KonTraG, die MobilCom-Entscheidung des BGH und das UMAG haben die Gestaltungsmöglichkeiten der Aufsichtsratsvergütung maßgeblich verändert. Die dargestellten Entwicklungen haben dazu geführt, dass Aktienoptionsprogramme nicht mehr als Teil der Vergütung an Aufsichtsratsmitglieder gewährt werden können. Der Gesetzgeber hat sich zu den vom BGH in der MobilCom-Entscheidung geäußerten Bedenken gegen eine aktienkursorientierte Vergütung nicht eingelassen. Es stellt sich daher die Folgefrage, ob Konsequenz der Entwicklung zu klassischen Aktienoptionsprogrammen ist, dass auch die Aufnahme virtueller Aktienoptionsprogramme als Vergütungskomponente des Aufsichtsrats unzulässig ist. Der Blick auf die Aufsichtsratsvergütung der Deutschen Bank AG zeigt, dass in der Praxis, wenn auch nur vereinzelt, zugunsten von Aufsichtsratsmitgliedern durchaus auf virtuelle Aktienoptionsprogramme zurückgegriffen wird.

## B. Übertragung auf virtuelle Aktienoptionsprogramme

Bis zur MobilCom-Entscheidung des BGH wurde eine Zulässigkeit der Vergütung des Aufsichtsrats über virtuelle Aktienoptionsprogramme ganz überwiegend angenommen.[726] Seit der MobilCom-Entscheidung erfolgt eine Gewährung an Aufsichtsratsmitglieder nur noch vereinzelt.[727] Wegen der unsicheren Rechtslage im Anschluss an KonTraG, MobilCom-Entscheidung und UMAG wird vielfach von einer Verwendung virtueller Aktienoptionsprogramme abgeraten.[728]

---

Möglichkeit einer Ausgabe von Aktienoptionsprogrammen an Aufsichtsräte über Wandelschuldverschreibungen oder Optionsanleihen ausgehen, räumen ein, dass sich die Praxis keiner derartigen Vergütungskomponenten bedienen wird, vgl. *Hopt/Roth* in: Großkommentar AktG, 4. Auflage, Bd. 4, § 113, Rn. 43.

726 Vgl. *Hopt/Roth* in: Großkommentar AktG, 4. Auflage, Bd. 4, § 113, Rn. 47 mwN.

727 Die Praxis reagierte im Anschluss an die MobilCom-Entscheidung mit Unsicherheit und zog geplante virtuelle Aktienoptionsprogramme teilweise zurück, vgl. *Bösl*, BKR 2004, 474 mit Verweis auf das Vergütungsmodell der Daimler Chrysler AG. Heute werden diese kaum noch eingesetzt, vgl. *Rapp/Schuchardt/Wolff*, ZCG 2016, 172, 175, dort Fn. 26 mit Verweis auf Prime-Standard-Unternehmen sowie *Martinius/Zimmer*, BB 2011, 3014, 3017.

728 Vgl. *Kutsch* in: MAH Aktienrecht, § 32, Rn. 210: es muss *„mit der Feststellung der Unzulässigkeit durch die Rechtsprechung gerechnet werden"*; *Kopt/Roth* in: Großkommentar AktG, 4. Auflage, Bd., § 113, Rn. 47; *Maser/Göttle*, NZG 2013, 201, 205; *Breuer/Fraue* in: Heidel, Aktienrecht, § 113, Rn. 12c; *Martinius/Zimmer*, BB 2011, 3014, 3017; Bischoff BB 2007, 2627, 2629; in diese Richtung auch *Gehling*, ZIP 2005, 549, 557.

Die vorgebrachten Kritikpunkte gegen eine aktienkursbasierte Vergütung des Aufsichtsrats und die beschriebene Rechtsentwicklung werden dafür angeführt, dass die Vergabe virtueller Aktienoptionsprogramme an Aufsichtsratsmitglieder unzulässig sei.[729] Weder der BGH noch das Aktiengesetz haben sich bisher ausdrücklich mit virtuellen Aktienoptionsprogrammen bzw. aktienkursbasierter Vergütung auf schuldrechtlicher Basis auseinandergesetzt, so dass fraglich ist, ob ein derartiges Verbot *de lege lata* zu begründen ist.[730] Denkbare Anknüpfungspunkte eines Verbots sind § 113 Abs. 1 Satz 3 AktG oder eine Analogie nach §§ 192 Abs. 2 Nr. 3, 71 Abs. 1 Nr. 8, 221 Abs. 4 Satz 2 AktG.[731]

## I. § 113 Abs. 1 S. 3 AktG

Ausweislich seines Wortlauts verlangt § 113 Abs. 1 Satz 3 AktG, dass die Vergütung des Aufsichtsrats dem Umfang der Aufsichtsratstätigkeit entsprechend angemessen auszugestalten ist.[732] Denkbar ist, dass eine Unangemessenheit aus der Höhe oder der Art und Weise der Ausgestaltung der Vergütung folgt.

### *1. Höhe der Vergütung*

Überwiegend wird davon ausgegangen, dass sich die in § 113 Abs. 1 Satz 3 AktG geregelte Angemessenheit der Aufsichtsratsvergütung einzig auf die Höhe der Vergütung bezieht und eine übermäßige Vergütung der Aufsichtsratsmitglieder ausschließen soll.[733] Entsprechend ist die Vorschrift nicht geeignet, als

---

729 Vgl. *Habersack* in: MüKo, AktG, Bd. 2, § 113, Rn. 19; *Habersack*, ZGR 2004, 721, 731 f.; *Hambloch-Gesinn/Gesinn* in: Hölters, AktG, § 113, Rn. 21; *Holzborn* in: Marsch-Barner/Schäfer, Rn. 54.14; *Meyer/Ludwig*, ZIP 2004, 940, 944 f.; *Paefgen*, WM 2004, 1169, 1173; *Henze*, BB 2005, 165, 173; *Pentz*, BB 2005, 1397, 1405; *Peltzer*, FS Priester 2007, 573, 581. In der Tendenz ebenso *Janssen/Riehle in*: Drinhausen/Eckstein, Handbuch der AG, § 24, Rn. 67.

730 Vgl. hierzu *Richter*, BB 2004, 949, 956, der daraus ableitet, dass eine aktienkursorientierte Vergütung möglich ist.

731 Vgl. hierzu auch ausführlich *Spindler/Gerdemann,* FS Stilz 2014, 629, 638 ff.

732 Vgl. hierzu neben vielen anderen *Habersack* in: MüKo, AktG, Bd. 2, § 113, Rn. 40 ff.; *Hüffer/Koch*, AktG, § 113, Rn. 4 f.; *Spindler* in: Spindler/Stilz, AktG, Bd. 1, § 113, Rn. 27 ff.; *Hopt/Roth* in: Großkommentar AktG, 4. Auflage, Bd. 4, § 113, Rn. 56 ff.

733 Vgl., jeweils mwN., *Habersack* in: MüKo, AktG, Bd. 2, § 113, Rn. 40 ff.; *Hüffer/Koch*, AktG, § 113, Rn. 4; *Spindler* in: Spindler/Stilz, AktG, Bd. 1, § 113, Rn. 27. Leicht abweichend von der herrschenden Meinung *Hopt/Roth* in: Großkommentar AktG, 4. Auflage, Bd. 4, § 113, Rn. 64 ff., die sich im Rahmen der Angemessenheit auch mit weiteren Komponenten von Vergütungsmodellen auseinandersetzen, konkret

grundsätzliche Sperrnorm für virtuelle Aktienoptionsprogramme zu dienen, da diese mit Obergrenzen versehen und einem angemessenen Vergütungsmodell folgend ausgestaltet werden können.[734] Auch ohne derartige Obergrenzen wird auf die Möglichkeiten einer Anlehnung an einen Vergleichsindex oder die Herabsetzung durch Hauptversammlungsbeschluss auf ein angemessenes Maß nach § 113 Abs. 1 Satz 4 AktG hingewiesen.[735] Das Einziehen einer Obergrenze dürfte jedoch der effektivste Weg sein, um eine der Höhe nach angemessene Vergütung sicherzustellen, da auch die Anknüpfung an einen Vergleichsindex bei starken Marktschwankungen zu einem extremen Vergütungsausschlag nach oben führen kann. Die Herabsetzung durch einen Hauptversammlungsbeschluss ist zudem lediglich für zukünftige Vergütungsgestaltungen möglich und nicht im Sinne einer Claw-Back-Klausel für vergangene Vergütungsperioden.[736] Für variable Vergütungen werden von der Rechtsprechung hierfür teilweise Ausnahmen dahingehend gemacht, dass variable Vergütungsregelungen im laufenden Geschäftsjahr rückwirkend zurückgenommen werden können.[737] Ob diese Rechtsprechung zu Dividendenzahlungen bezogen auf das laufende Geschäftsjahr auch auf eine rückwirkende Entziehung eines mehrjährigen virtuellen Aktienoptionsprogramms übertragen werden kann, erscheint fraglich, da insofern bei Ablauf mehrerer Programmjahre ein Anwartschaftsrecht[738] oder Gesichtspunkte eines Vertrauensschutzes[739] eine rückwirkende Entziehung

---

bezogen auf virtuelle Aktienoptionsprogramme mit einer Übertragung der Voraussetzungen des § 193 Abs. 2 Nr. 4 AktG; a.A. *Gehling*, ZIP 2005, 549, 553.

734 Vgl. hierzu insbesondere die Ausführungen in Kapitel 2, Abschnitt B.III. Die Auswertung der Praxis der Dax-Vorstände sowie der Literatur hat gezeigt, dass auch dort vornehmlich Obergrenzen verwendet werden, um eine angemessene Vorstandsvergütung sicherzustellen.

735 Vgl. *Spindler/Gerdemann*, FS Stilz 2014, 629, 641.

736 Herrschende Meinung der Literatur, vgl., jeweils mwN., *Spindler* in: Spindler/Stilz, AktG, Bd. 1, § 113, Rn. 36; *Habersack* in: MüKo, AktG, Bd. 2, § 113, Rn. 32; *Hüffer/Koch*, AktG, § 113, Rn. 6.

737 Vgl. LG München, NZG 2013, 182 ff.; LG Magdeburg JW 1930, 288.

738 Vgl. hierzu LG München, NZG 2013, 182, 183: „*Auf das Bestehen eines Anwartschaftsrechts kann sich der Kl. nicht berufen. Ein solches liegt nämlich nur dann vor, wenn von einem mehraktigen Entstehungstatbestand eines Rechts schon so viele Erfordernisse erfüllt sind, dass von einer gesicherten Position des Berechtigten gesprochen werden kann, die der andere Teil nicht mehr einseitig zu zerstören vermag.*“ Dies dürfte auf ein bereits über mehrere Jahre laufendes virtuelles Aktienoptionsprogramm zu übertragen sein.

739 Vgl. *Buckel*, AG 2013, 451, 455.

sperren dürften. Im Ergebnis erscheint eine Obergrenze damit das passendste Mittel, um die Höhe der Aufsichtsratsvergütung angemessen auszugestalten und einem Verbot durch § 113 Abs. 1 Satz 3 AktG entgegenzuwirken.

## *2. Art und Weise der Ausgestaltung*

Teile der Literatur[740] gehen davon aus, dass aus § 113 Abs. 1 Satz 3 AktG heraus auch die konkrete Ausgestaltung eines virtuellen Aktienoptionsprogramms als unangemessen eingestuft werden kann.

Denkbar ist zunächst, eine Anknüpfung an den Aktienkurs des Unternehmens im Rahmen der Aufsichtsratsvergütung als unangemessen einzustufen.[741] In diese Richtung kritisch hat sich der BGH in der MobilCom-Entscheidung geäußert.[742] § 113 Abs. 1 Satz 3 AktG verlangt für die Aufsichtsratsvergütung, ebenso wie § 87 Abs. 1 Satz 1 AktG für die Vorstandsvergütung, eine hinreichende Relation zur „*Lage der Gesellschaft*", die sich primär auf die finanzielle Gesundheit des Unternehmens bezieht.[743] Der Aktienkurs ist jedoch kein derart entferntes Bemessungskriterium der Lage der Gesellschaft, dass eine Unangemessenheit im Sinne des § 113 Abs. 1 Satz 3 AktG mit der weitreichenden Folge der Nichtigkeit des Vergütungssystems darauf gestützt werden könnte.[744] Denkbar wäre dies allenfalls dann, wenn an den Aktienkurs eines anderen Unternehmens, etwa des Mutterkonzerns, angeknüpft wird.[745]

---

740 Vgl. unter anderem *Gehling*, ZIP 2005, 549, 553; *Spindler/Gerdemann*, FS Stilz 2014, 629, 641; *Hopt/Roth* in: Großkommentar AktG, 4. Auflage, Bd. 4, § 113, Rn. 64 ff.; Spindler Stilz § 113, Rn. 31.

741 Vgl. zu Aktienkurs und Lage der Gesellschaft im Rahmen der Vorstandsvergütung *Wighardt/Berger*, NZG 2017, 1370, 1373: „*Der Aktienkurs ergibt sich aus Angebot und Nachfrage und steht kurzfristig in keinem Zusammenhang mit den Aufgaben und Leistungen der Vorstandsmitglieder, der Lage der Gesellschaft oder deren inneren Wert.*" *Spindler* in: MüKo, AktG, Bd. 2, § 87, Rn. 101; *Hüffer*, ZHR 161 (1997), 214, 219, 235 f.

742 Vgl. BGH, NJW 2004, 1109, 1110: „*Ausrichtung auf Aktienoptionen und damit auf den Aktienkurs, der […] erfahrungsgemäß auch sonst nicht immer ein zuverlässiger Maßstab für den inneren Wert und den langfristigen Erfolg eines Unternehmens ist*".

743 Vgl. *Habersack* in: MüKo, AktG, Bd. 2, § 113, Rn. 40; *Spindler* in: Spindler/Stilz, AktG, Bd. 1, § 113, Rn. 29; *Hüffer/Koch*, AktG, § 113, Rn. 4.

744 Vgl. *Spindler/Gerdemann*, FS Stilz 2014, 629, 641; in diese Richtung auch *Hoffmann-Becking*, ZHR 169 (2005), 155, 178 f.; *Spindler* in: Spindler/Stilz, AktG, Bd. 1, § 113, Rn. 54.

745 Vgl. *Gehling*, ZIP 2005, 549, 553; zur parallelen Problematik im Rahmen der Vorstandsvergütung OLG München, NZG 2008, 631, 632 sowie überblicksartig *Fleischer* in: Spindler/Stilz, AktG, Bd. 1, § 87, Rn. 14; a.A. *Spindler/Gerdemann*, FS Stilz

Anknüpfend an die MobilCom-Entscheidung könnte eine Unangemessenheit aus einer zu engen Annäherung von Aufsichtsrats- und Vorstandsvergütung folgen, wenn diese zu einer Gefährdung der Überwachungsaufgaben und einer Manipulationsmöglichkeit durch Einwirkung auf den Aktienkurs führen würde.[746] Die Gefährdung der Überwachungsaufgabe bei Vergütung über den Aktienkurs dürfte insbesondere darin begründet werden können, dass beide Organe von risikoreichen Entscheidungen finanziell erheblich profitieren könnten.[747]

Diesen Bedenken kann im Ergebnis jedoch nicht gefolgt werden. Aus Sicht des Aufsichtsrats dürften schon die weitreichenden Haftungsbestimmungen entgegenstehen.[748] § 113 Abs. 3 zeigt zudem, dass eine Überschneidung der Vergütungskomponenten von Vorstand und Aufsichtsrat denkbar ist und vom Gesetzgeber toleriert wird, da sich die Vorstandsvergütung regelmäßig an den Gewinn des Unternehmens anlehnt, vgl. § 87 Abs. 1 Satz 1 AktG.[749] Auch der Bilanzgewinn ist durch den Aufsichtsrat manipulierbar, sodass eine grundsätzliche Manipulationsmöglichkeit nicht zu einem automatischen Verbot von Vergütungskomponenten führt.[750] Zudem ist anzumerken, dass die Möglichkeiten der

2014, 629, 641, die auch in einem derartigen Fall keinen Anknüpfungspunkt für eine Unangemessenheit sehen; ebenso *Gehling*, ZIP 2005, 549, 553 für verbundene Unternehmen.

746 Vgl. hierzu allgemein bereits ausführlich unter Abschnitt A.III. dieses Kapitels, BGH, NJW 2004, 1109, 1110 sowie *Fuchs*, WM 2004, 2233, 2238; *Lenenbach*, EWiR 2004, 413, 414; *Spindler/Gerdemann*, FS Stilz 2014, 629, 642.

747 Vgl. *Bösl*, BKR 2004, 474, 476, der dennoch die aktienkursbasierte Vergütung befürwortet.

748 Vgl. *Bösl*, BKR 2004, 474, 476.

749 Vgl. *Hoffmann-Becking*, ZHR 169 (2005), 155, 179; *Breuer/Fraune* in: Heidel, Aktienrecht, § 113, Rn. 12c; *Spindler* in: Spindler/Stilz, AktG, Bd. 1, § 113, Rn. 54; *Vetter*, ZIP 2008, 1, 5; *Spindler/Gerdemann*, FS Stilz 2014, 629, 643 f.; *Vetter*, AG 2004, 234, 236 f.; *Richter*, BB 2004, 949, 957; *Maser/Göttle*, NZG 2013, 201, 205; *Grigoleit/Tomasic* in: Grigoleit, AktG, § 113, Rn. 15. Im Ergebnis ebenso *Gehling*, ZIP 2005, 549, 554.

750 Vgl. *Vetter*, AG 2004, 234, 237; *„Insgesamt lässt sich […] ableiten, dass der Gesetzgeber in unterschiedlichen Konstellationen eine direkte oder indirekte Beteiligung des Aufsichtsrates an der Festlegung der Vergütung seiner Mitglieder vorschreibt oder zumindest eine jahrzehntelange Unternehmenspraxis zur Kenntnis genommen hat.“* *Spindler/Gerdemann*, FS Stilz 2014, 629, 643 f.; *Spindler* in: Spindler/Stilz, AktG, Bd. 1, § 113, Rn. 54; *Hoffmann-Becking*, ZHR 169 (2005), 155, 179; *Gehling*, ZIP 2005, 549, 554; *Bischof*, BB 2006, 2627, 2628; *Grigoleit/Tomasic* in: Grigoleit, AktG, § 113, Rn. 15. In diese Richtung auch *Claussen*, FS Röhricht 2005, 63, 74. Anders jedoch BGH, NJW 2004, 1109, 1110.

Einflussnahme des Aufsichtsrats auf die Bilanz unter Umständen größer sind als auf den marktbeeinflussten Aktienkurs.[751] Dem Aktienkurs wird schließlich im Rahmen der Theorien zum Shareholder-Value-Konzept eine maßgebliche Steuerungskraft zugunsten der Aktionäre zugeordnet und führt als Vergütungsbezug zu einer Gleichschaltung mit den Interessen der Aktionäre.[752] Aktienkursbasierte Vergütung könnte dann als förderlich für die Überwachungstätigkeit des Aufsichtsrats angesehen werden, da das Interesse des Aufsichtsrats gestärkt wird, überwachend und beratend auf den Vorstand einzuwirken, um einen nachhaltigen Anstieg des Aktienkurses zu erreichen.[753]

Zusätzlich können in der schuldrechtlichen Ausgestaltung des virtuellen Aktienoptionsprogramms Bedenken aufgegriffen werden, um ein derartiges Programm angemessen im Sinne des § 113 Abs. 1 Satz 3 AktG auszugestalten.

So kann der Gefahr der falschen Anreizsetzung und Gefährdung der Überwachungsaufgaben des Aufsichtsrats über eine Begrenzung des Anteils der virtuellen Aktienoptionskomponenten an der Gesamtvergütung und das Einziehen einer Obergrenze begegnet werden.[754] Die Kombination mit Aktienkursorientierung und Anlehnung an einen Index, eine langfristige Ausrichtung und die richtige Gewichtung der einzelnen Vergütungskomponenten zwischen fixen und variablen Komponenten in Abgrenzung zur Vorstandsvergütung (etwa über die in Kapitel 2, Abschnitt B.I.2.b)) beschriebenen unternehmensbezogenen Anpassungskomponenten) können die Überwachungsaufgabe und das Streben nach nachhaltigem Unternehmenserfolg sicherstellen.[755] Über eine derartige

---

751 Vgl. *Bösl*, BKR 2004, 474, 477.

752 Vgl. *Spindler/Gerdemann*, FS Stilz 2014, 629, 643; *Bösl*, BKR 2004, 474, 475.

753 Vgl. *Bösl*, BKR 2004, 474, 475; *Velte/Winkler*, ZCG 2016, 115, 118 bezeichnen die aktienkursbasierte Vergütung des Aufsichtsrats daher als *„ökonomisch sinnvoll"*. In diese Richtung grundsätzlich auch *Hüffer/Koch*, AktG, § 113, Rn. 12; *Claussen*, FS Röhricht 2005, 63, 72.

754 Vgl. *Vetter*, ZIP 2008, 1, 5, der ein Drittel der Gesamtvergütung in aktienkursorientierter Ausgestaltung als zulässig erachtet; *ders.* in: Marsch-Barner/Schäfer, Rn. 29.43; *Bösl*, BKR 2004, 474, 477; ähnlich in Bezug auf die Vergütung über Aktien und die Begrenzung der Manipulationsgefahr mit Vorschlag von einem Viertel der Gesamtvergütung *Lutter*, FS Hadding 2004, 561, 572 f.

755 Vgl. *Spindler/Gerdemann*, FS Stilz 2014, 629, 643; *Spindler* in: Spindler/Stilz, AktG, Bd. 1, § 113, Rn. 54 f.; *Fuchs* in: MüKo, AktG, Bd. 4, § 192, Rn. 98; *Vetter*, ZIP 2008, 1, 5; *Bösl*, BKR 2004, 474, 476 ff.; *Velte/Winkler*, ZCG 2016, 115, 118. In diesem Falle auch befürwortend, obwohl grundsätzlich virtuelle Aktienoptionsprogramme nach MobilCom-Entscheidung ablehnend *Hüffer/Koch*, AktG, § 113, Rn. 12. *Marsch-Barner*, FS Röhricht 2005, 401, 416 f. sieht dann auch die Begründung des BGH außer Kraft gesetzt, dass ein virtuelles Aktienoptionsprogramm manipulationsanfällig sei;

Gewichtung wird gleichzeitig vermieden, dass der Aufsichtsrat zu sehr dem *Shareholder Value* verpflichtet wird und im Rahmen seiner Überwachungstätigkeit die Interessen der Arbeitnehmer und des Unternehmens als solches außer Acht lässt.[756] Hierdurch wird der Bezug zur Lage der Gesellschaft jenseits einer reinen Anknüpfung an den Aktienkurs sichergestellt.[757]

Die Aussagekraft des Aktienkurses über die Lage der Gesellschaft wird ferner umso stärker, je länger der Betrachtungszeitraum ist, was für gewisse Mindestlaufzeiten des Programms sprechen würde.[758] Durch laufende Dividendenzahlungen und Aufnahme von Verwässerungsklauseln kann zudem vermieden werden, dass sich der Aufsichtsrat – wegen der negativen Auswirkungen auf den Aktienkurs – gegen die Ausschüttung von Dividenden oder Kapitalerhöhungen ausspricht.[759]

### 3. *Einordnung*

Im Ergebnis kann sämtlichen zu § 113 AktG Abs. 1 Satz 3 AktG vorgebrachten Argumenten entgegengehalten werden, dass sie nicht per se eine Aufsichtsratsvergütung über virtuelle Aktienoptionsprogramme sperren. Vielmehr kann eine angemessene Ausgestaltung über die sorgsame Auswahl der

---

dies gelte nach Rechtsprechung des BGH in der MobilCom-Entscheidung nur für Vergütungsmodelle, die einzig auf den Aktienkurs abstellen würden. In diese Richtung auch *Bürgers*, NJW 2004, 3022, 3025, der vor Erlass des UMAG gehofft hatte, dass derartige Parameter vom Gesetzgeber festgelegt würden. Durch eine Indexierung werden zudem *Windfall Profits* vermieden, vgl. *Spindler* in: Spindler/Stilz, AktG, Bd. 1, § 113, Rn. 54. *Fuchs*, WM 2004, 2233, 2238, der grundsätzlich die Unabhängigkeit des Aufsichtsrats bei zu enger Parallelität zwischen Aufsichtsrats- und Vorstandsvergütung gefährdet sieht, schränkt dies dahingehend ein, dass einzelne Parameter durchaus übereinstimmen können, solange insgesamt eine angemessene Trennung vorgenommen wird. Er spricht insofern von einer „*einzelfallbezogenen Schranke*".

756 Vgl. zu den Auswirkungen des Shareholder-Value-Konzepts auf die Überwachungstätigkeiten des Aufsichtsrats die Ausführungen von *Spindler* in: Spindler/Stilz, AktG, Bd. 1, § 116, Rn. 30 ff. Anders jedoch *Bösl*, BKR 2004, 474, 475, *Spindler/Gerdemann*, FS Stilz 2014, 629, 643, die jeweils den Gedanken des *Shareholder Value* als Argument anführen, warum eine aktienkursbasierte Vergütung des Aufsichtsrats möglich sein muss; im Ergebnis ebenso *Seibert* in: Pellens, S. 42.

757 Vgl. *Spindler* in: MüKo, AktG, Bd. 2, § 87, Rn. 101; *Hüffer*, ZHR 161 (1997), 214, 235 f.; *Menichetti*, DB 1996, 1688, 1690 f.

758 Vgl. *Velte/Winkler*, ZCG 2016, 115, 118; *Spindler* in: Spindler/Stilz, AktG, Bd. 1, § 113, Rn. 54; zur Vorstandsvergütung *Schneider*, ZIP 1996, 1769, 1771.

759 Vgl. *Bösl*, BKR 2004, 474, 476.

Programmkomponenten sichergestellt werden.[760] So sollte insbesondere eine Obergrenze gezogen werden, um eine unangemessen hohe Vergütung zu vermeiden. Auch sollten mit Blick auf die Ausführungen des BGH ein zu enger Gleichlauf der Vergütung von Vorstand und Aufsichtsrat sowie eine drohende Gefährdung der Überwachungstätigkeit vermieden werden, indem eine Anlehnung an einen Marktindex erfolgt und weitere, unternehmensbezogene Anpassungskomponenten (in Abgrenzung zu Komponenten des Vorstands-Programms) Berücksichtigung finden.

## II. Analogie nach §§ 192 Abs. 2 Nr. 3, 71 Abs. 1 Nr. 8, 221 Abs. 4 Satz 2 AktG

Vielfach wird vertreten, dass die Gewährung virtueller Aktienoptionsprogramme an Aufsichtsratsmitglieder zulässig sei, da ein ausdrückliches gesetzliches Verbot nicht bestehe.[761] Dennoch ist fraglich, ob angesichts der unter Abschnitt A.IV. dieses Kapitels dargestellten Rechtslage zu klassischen Aktienoptionen diese Grundsätze nicht auf deren schuldrechtliche Nachbildungen über eine Analogie der §§ 192 Abs. 2 Nr. 3, 71 Abs. 1 Nr. 8, 221 Abs. 4 Satz 2 AktG zu übertragen sind und entsprechendes faktisches Verbot zu klassischen Aktienoptionsprogrammen Anwendung findet.

### *1. Argumente gegen eine Analogie*

#### *a) Systematische, historische und teleologische Erwägungen*

Einer analogen Anwendung der §§ 192 Abs. 2 Nr. 3, 71 Abs. 1 Nr. 8, 221 Abs. 4 Satz 2 AktG auf virtuelle Aktienoptionsprogramme wird zunächst systematisch entgegengehalten, dass die Normen keine Verbote enthalten, sondern vielmehr in rein aktienrechtlich-technischer Weise Möglichkeiten behandeln und Anforderungen aufstellen, klassische Aktienoptionsprogramme zu bedienen.[762] Entsprechend wird die „*Ausstrahlungswirkung*“ auf eine grundsätzliche

---

760 Vgl. *Spindler/Gerdemann*, FS Stilz 2014, 629, 643; *Bösl*, BKR 2004, 474, 477 f.; in diese Richtung auch *Velte/Winkler*, ZCG 2016, 115, 118.

761 Vgl. *Wagner* in: Semler/von Schenck, Aufsichtsrats HdB, § 11, Rn. 41; *Richter*, BB 2004, 949, 956; *Vetter*, AG 2004, 234, 237. Dabei wird unter anderem auch angeführt, dass den Gesetzesmaterialien insbesondere kein entsprechender Wille zu entnehmen sei, vgl. *Breuer/Fraue* in: Heidel, Aktienrecht, § 113, Rn. 12c.

762 Vgl. *Gehling*, ZIP 2005, 549, 556; *Spindler* in: Spindler/Stilz, AktG, Bd. 1, § 113, Rn. 54; *Grigoleit/Tomasic* in: Grigoleit, AktG, § 113, Rn. 15.

Ausgestaltung der Aufsichtsratsvergütung in Frage gestellt.[763] Historisch wird einer Analogie entgegengehalten, dass der Gesetzgeber sich nicht generell gegen eine aktienkursbasierte Vergütung gewandt, sondern sich vielmehr rein mit der jeweiligen Durchführung der Aktienvergabe befasst habe.[764] Der Gesetzgeber habe sich nicht zur „*Struktur der Aufsichtsratsvergütung*" eingelassen; ein Verbot aktienkursbasierter Vergütung könne somit aus dem Willen des Gesetzgebers nicht geschlussfolgert werden.[765] Aus teleologischen Gesichtspunkten wird darauf verwiesen, dass sich der Gesetzgeber weder im KonTraG noch im UMAG generell zu aktienkursbasierter Vergütung eingelassen habe.[766] Das Gesetz weise die Zuständigkeit für die Festsetzung der Aufsichtsratsvergütung vielmehr einzig der Hauptversammlung zu, die sich dabei am Angemessenheitsgebot des § 113 Abs. 1 Satz 3 AktG zu orientieren habe.[767]

### *b) Einschränkungen*

Auch Befürworter der Gewährung virtueller Aktienoptionsprogramme an Aufsichtsratsmitglieder nehmen Einschränkungen vor. Etwa dürfe dem Aufsichtsrat keinerlei Ermessensspielraum zugewiesen werden, was die konkrete Ausgestaltung der Komponenten des virtuellen Programms, auch über die in § 193 Abs. 2 Nr. 4 AktG genannten Klauseln hinaus, angehe.[768] Da das virtuelle

763 *Grigoleit/Tomasic* in: Grigoleit, AktG, § 113, Rn. 15. Von *Vetter*, AG 2004, 234, 237 wird dies im Übrigen auch für die MobilCom-Entscheidung des BGH in Frage gestellt, der kein ausdrückliches Verbot jedweder aktienkursbasierten Vergütung zu entnehmen sei.

764 Vgl. *Spindler/Gerdemann*, FS Stilz 2014, 629, 639; *Gehling*, ZIP 2005, 549, 556, der sich dabei auch mit den Ausführungen des BGH in der MobilCom-Entscheidung und den dort getätigten Ausführungen zum Willen des historischen Gesetzgebers auseinandersetzt; diese fänden in den Gesetzgebungsmaterialien keinen Halt und könnten daher nicht einer historischen Auslegung dienen. Ähnlich *Breuer/Fraue* in: Heidel, Aktienrecht, § 113, Rn. 12c; *Lenenbach*, EWiR 2004, 413, 414. Im Ergebnis ebenso *Maser/Göttle*, NZG 2013, 201, 205.

765 *Spindler/Gerdemann*, FS Stilz 2014, 629, 639.

766 Vgl. *Spindler/Gerdemann*, FS Stilz 2014, 629, 639 f., die angesichts der Folge eines Verbots aktienkursorientierter Vergütung hohe Anforderungen an eine derartige teleologische Reduktion stellen.

767 Vgl. *Spindler* in: Spindler/Stilz, AktG, Bd. 1, § 113, Rn. 54; *Gehling*, ZIP 2005, 549, 554; *Richter*, BB 2004, 949, 956. In diese Richtung auch *Drygala* in: Schmidt/Lutter, § 113, Rn. 29, 36, der im Ergebnis jedoch virtuelle Aktienoptionsprogramme für Aufsichtsratsmitglieder als unzulässig einstuft.

768 Vgl. *Breuer/Fraue* in: Heidel, Aktienrecht, § 113, Rn. 12c; *Spindler* in: Spindler/Stilz, AktG, Bd. 1, § 113, Rn. 55; ähnlich: *Bösl*, BKR 2004, 474, 478.

Aktienoptionsprogramm auf einen Beschlussvorschlag des Vorstands und Aufsichtsrats zurückgehe, sei zudem eine ausführliche Erläuterung der einzelnen Komponenten erforderlich, um eine Irreführung der Aktionäre zu vermeiden.[769] Darüber hinaus sei ausdrücklich darauf hinzuweisen, dass mit Einführung derartiger aktienkursbasierter Vergütung Anreize gesetzt werden könnten, die unter Umständen die Überwachungstätigkeiten des Aufsichtsrats beeinträchtigen.[770]

### 2. *Einordnung*

So überzeugend die vorgebrachten Argumente gegen eine Analogie der §§ 192 Abs. 2 Nr. 3, 71 Abs. 1 Nr. 8, 221 Abs. 4 Satz 2 AktG mitunter sein mögen, spiegeln sie letztlich, insbesondere im Hinblick auf eine historische Auslegung, nicht die in Abschnitt A.IV. dieses Kapitels dargestellte Rechtsentwicklung wider. Es ist davon auszugehen, dass der Bundesgerichtshof die Vergütung von Aufsichtsräten über virtuelle Aktienoptionsprogramme als unzulässig einstufen dürfte.[771]

Betrachtet man zunächst nur die Gesetzesbegründung des KonTraG, so wird deutlich, dass der Gesetzgeber vermeiden wollte, dass dem Aufsichtsrat hinsichtlich einzelner Komponenten des klassischen Aktienoptionsprogramms ein eigener Ermessensspielraum eingeräumt wird.[772] So heißt es ausdrücklich:

> *„Der Aufsichtsrat der Gesellschaft kann nach der Entwurfsregelung nicht Begünstigter sein, da er dann die weiteren Bedingungen für sich selbst festsetzen müßte.“*[773]

Warum der Gesetzgeber dann im KonTraG – und auch im folgenden UMAG – nicht dazu übergegangen ist, diese Festlegungskompetenz über § 113 AktG gänzlich auf die Hauptversammlung zu übertragen und die Komponenten aus § 193 Abs. 2 Nr. 4 AktG entsprechend zu erweitern, lässt sich aus den Gesetzgebungsmaterialien nicht eindeutig ableiten. Diese Arbeit – und insbesondere die Auswertung der Praxis der virtuellen Aktienoptionsprogramme der Dax-Vorstände in Kapitel 2 – hat gezeigt, dass virtuelle Aktienoptionsprogramme in einer großen Vielfalt aufgesetzt werden. Die Komplexität derartiger Programme dürfte die Erörterungsmöglichkeiten einer Hauptversammlung übersteigen. Es ist letztlich zu befürchten, dass – auch bei Beschlussfassung durch die Hauptversammlung zu sämtlichen Komponenten eines Programms – das virtuelle

---

769 Vgl. *Bösl*, BKR 2004, 474, 478; *Grigoleit/Tomasic* in: Grigoleit, AktG, § 113, Rn. 16; *Fuchs*, WM 2004, 2233, 2238 f.

770 Vgl. *Grigoleit/Tomasic* in: Grigoleit, AktG, § 113, Rn. 16.

771 Vgl. *Kutsch* in: MAH Aktienrecht, § 32, Rn. 210.

772 Vgl. hierzu ausführlich Abschnitt A.IV.1. dieses Kapitels.

773 Regierungsbegründung KonTraG, BT-Drs. 13/9712, S. 24.

Aktienoptionsprogramm nicht hinreichend von den Aktionären durchdrungen wird.[774] Über den Beschlussvorschlag obläge dann faktisch die Ausgestaltung dem Vorstand und Aufsichtsrat. Die im Rahmen des KonTraG vom Gesetzgeber geäußerte Sorge, dass der Aufsichtsrat Herr des eigenen Vergütungssystems werde, würde dann Realität.[775] Mutmaßlich hat der Gesetzgeber daher auf eine Erweiterung der Beschlusskompetenzen über die Anforderungen des § 193 Abs. 2 Nr. 4 AktG hinaus verzichtet und vielmehr die Gewährung von Aktienoptionsprogrammen an Aufsichtsräte gänzlich untersagt. Dann könnte auch eine Beschlussfassung der Hauptversammlung zu sämtlichen Komponenten eines Programms die geäußerten Bedenken des Gesetzgebers und des BGH nicht entkräften.[776] Vielmehr wäre zu befürchten, dass die einzelnen Komponenten von den Aktionären schlichtweg nicht hinreichend durchdrungen würden, was angesichts einer fehlenden Kontrollinstanz (wie etwa des Aufsichtsrats über § 87 Abs. 1 AktG bei der Vorstandsvergütung) nicht hinnehmbar ist.[777]

Dem steht auch nicht die Möglichkeit der Beteiligung am Jahresgewinn nach § 113 Abs. 3 Satz 1 AktG entgegen. Denn derartige Gewinnbeteiligungen sind von wesentlich geringerer Komplexität als klassische oder virtuelle Aktienoptionsprogramme und dürften daher um ein Vielfaches einfacher von der Hauptversammlung einzuschätzen sein. Sofern teilweise[778] vorgebracht wird, eine mit der MobilCom-Entscheidung des BGH konforme Ausgestaltung aktienkursorientierter Aufsichtsratsvergütung sei möglich, wenn der Aktienkurs nur eine von vielen Bemessungskomponenten sei, lässt sich auch hier fragen, ob die Komplexität eines derartigen Programms über eine analoge Anwendung der §§ 192 Abs. 2 Nr. 3, 71 Abs. 1 Nr. 8, 221 Abs. 4 Satz 2 AktG dem Sinn und Zweck der Gesetzesanpassungen

---

774 Ähnlich zu klassischen Aktienoptionsprogrammen vgl. *Käpplinger*, Inhaltskontrolle von Aktienoptionsplänen, S. 32 f., 59 f.; *Peltzer*, NZG 2004, 509, 511; *Kramarsch*, ZHR 169 (2005), 112, 122; *Martens*, AG Sonderheft 8/1997, 83, 88. Ähnlich zur Vorstandsvergütung *Jaspers*, ZRP 2010, 8, 10 f.; *Ekkenga*, AG 2017, 89, 93 f. In diese Richtung auch BGH, NZG 2004, 575, 578: Die Hauptversammlung ist *„in Anbetracht ihrer inhomogenen, dem Zufall ausgelieferten Zusammensetzung und ihrer Ferne zu den jeweils zu treffenden Geschäftsführungsmaßnahmen ihrer ganzen Struktur nach für die Mitwirkung an der Leitung einer Aktiengesellschaft ungeeignet"*. In diese Richtung auch der BGH, wenn er darauf hinweist, dass sich der Gesetzgeber gegen eine Änderung des § 113 AktG entschieden hat, vgl. BGH, NJW 2004, 1109, 1110.

775 Vgl. Regierungsbegründung KonTraG, BT-Drs. 13/9712, S. 24.

776 Siehe Abschnitt B.II.1.b) dieses Kapitels.

777 Vgl. auch *Peltzer*, NZG 2004, 509, 511.

778 Vgl. *Marsch-Barner*, FS Röhricht 2005, 401, 416 f.; in diese Richtung auch *Janssen/-Riehle in*: Drinhausen/Eckstein, Handbuch der AG, § 24, Rn. 67.

folgend nicht dessen Gewährung sperrt. Auch kann von den Befürwortern der Aufsichtsratsvergütung über virtuelle Aktienoptionsprogramme nicht widerlegt werden, dass sich der Gesetzgeber im Rahmen des UMAG eindeutig der MobilCom-Entscheidung des BGH angeschlossen und mit den damit einhergehenden Neuregelungen die letzte Möglichkeit der Vergabe klassischer Aktienoptionen an Aufsichtsräte beseitigt hat.[779] Da die MobilCom-Entscheidung ganz entscheidend Kritik an der aktienkursbasierten Vergütung des Aufsichtsrats übt, dürfte in der Bezugnahme auf das Urteil eine Zustimmung zu diesen Bedenken zu sehen sein.[780]

Freilich stehen diese Überlegungen im Gegensatz zum Wunsch des europäischen Gesetzgebers und auch zu dem zunehmenden Bestreben in Deutschland, der Hauptversammlung eine *say on pay*-Kompetenz im Hinblick auf die Vorstandsvergütung zuzusprechen.[781] Dennoch sind Vorstands- und Aufsichtsratsvergütung insofern nicht vergleichbar, als nach deutschem Rechtsverständnis im Rahmen der Vorstandsvergütung der Aufsichtsrat als kontrollierende Instanz über § 87 AktG die Angemessenheit des Vergütungssystems sicherstellt und der Hauptversammlung zur Seite stehen kann. An einer derartigen Kontrollinstanz fehlt es für die Aufsichtsratsvergütung. Ob der Vorstand, der wiederum von der Gunst des Aufsichtsrats abhängig ist, hier als neutrale Instanz herangezogen werden kann, ist zumindest fraglich.

Im Ergebnis sind somit die Voraussetzungen für eine Analogie der §§ 192 Abs. 2 Nr. 3, 71 Abs. 1 Nr. 8, 221 Abs. 4 Satz 2 AktG auf virtuelle Aktienoptionsprogramme zu bejahen, da eine vergleichbare Interessenlage besteht und eine planwidrige Regelungslücke gegeben ist.[782] Eine Ausgabe von virtuellen Aktienoptionsprogrammen würde eine reine schuldrechtliche Nachbildung von Aktienoptionsprogrammen und mithin eine Umgehung der von Rechtsprechung und Gesetzgeber intendierten Untersagung derartiger Vergütungsformen darstellen.[783] Aus der historischen Entwicklung der Rechtslage zu klassischen Aktienoptionsprogrammen folgt, dass der Gesetzgeber auf Grund der Komplexität

---

779 Vgl. *Hüffer/Koch*, AktG, § 113, Rn. 12 sowie die Ausführungen in den Abschnitten A.IV.2. und A.IV.3. dieses Kapitels.

780 Vgl. *Mertens/Cahn* in: Kölner Kommentar zum AktG, Bd. 2/2, § 113, Rn. 29; *Holzborn* in: Marsch-Barner/Schäfer, Rn. 54.14.

781 Vgl. schon Kapitel 3, Abschnitt A.I. sowie, neben vielen anderen, zum aktuellen Stand der Diskussionen in Deutschland *Wighardt/Berger*, NZG 2017, 1370, 1371 f.

782 Vgl. BGH, NJW 2015, 1176 f.; *Larenz/Canaris*, Methodenlehre, S. 202 ff.

783 Vgl. *Habersack*, ZGR 2004, 721, 731 f.; *Hambloch-Gesinn/Gesinn* in: Hölters, AktG, § 113, Rn. 21; *Kutsch* in: MAH Aktienrecht, § 32, Rn. 210; *Drygala* in: Schmidt/Lutter, § 113, Rn. 36; ähnlich *Meyer/Ludwig*, ZIP 2004, 940, 944.

und der Zweifel gegenüber einer aktienkursbasierten Vergütung des Aufsichtsrats die Ausgabe klassischer und virtueller Aktienoptionsprogramme sperren wollte, dies bisher im Gesetz als Verbotsnorm ausdrücklich jedoch nicht geregelt hat. Die §§ 192 Abs. 2 Nr. 3, 71 Abs. 1 Nr. 8, 221 Abs. 4 Satz 2 AktG fungieren dabei für klassische Aktienoptionsprogramme als faktische Verbotsnorm, da sie die Bedienung derartiger Programme mit Aktien verhindern. Der aus diesem Umstand folgernde Verbotscharakter ist auf virtuelle Aktienoptionsprogramme analog anzuwenden, um dem Willen des Gesetzgebers Rechnung zu tragen und die planwidrige Regelungslücke zu schließen.

## C. Zwischenfazit

Es wurde festgestellt, dass durchaus gute Gründe für die Möglichkeit der Gewährung virtueller Aktienoptionsprogramme an Aufsichtsratsmitglieder sprechen. Insbesondere die Annäherung der Interessen zwischen Aktionären und Aufsichtsrat könnten aus Gesichtspunkten des *Shareholder Value* für eine aktienkursbasierte Vergütung des Aufsichtsrats sprechen. Im Ergebnis zeigt die Rechtsentwicklung zu klassischen Aktienoptionsprogrammen jedoch auf, dass die schuldrechtlichen Gegenstücke der klassischen Aktienoptionsprogramme zugunsten des Aufsichtsrats ebenfalls als unzulässig zu erachten sind, um dem Willen des Gesetzebers (insbesondere im Hinblick auf die Komplexität der Programme) gerecht zu werden.

Dennoch verbleiben angesichts der fehlenden konkreten Befassung des Gesetzgebers mit virtuellen Aktienoptionsprogrammen letzte Zweifel. Gesetzgeber und BGH haben zwar über eine strukturelle Einschränkung der Möglichkeit der Bedienung klassischer Aktienoptionsprogramme mit Aktien deren Vergabe unterbunden. Es wurde jedoch unterlassen, für Aktienoptionsprogramme virtueller wie klassischer Natur eine (Vergütungs-)Regelung zu schaffen, die jenseits struktureller Einschränkungen Klarheit schafft, inwiefern schuldrechtliche Nachbildungen zulässig sind. Es erscheint geboten, *de lege ferenda* ganz grundsätzlich virtuelle wie klassische Aktienoptionsprogramme über eine konkrete Regelung im Aktiengesetz zu adressieren.[784] Einzubeziehen wäre dann auch eine ausdrückliche Aussage zur Vergütung des Aufsichtsrats über derartige Programme. Angesichts der in der MobilCom-Entscheidung geäußerten Bedenken des BGH wäre dem Gesetzgeber dabei zu raten, ganz grundsätzlich zur aktienkursorientierten Vergütung des Aufsichtsrats, aber auch des Vorstands, Stellung zu nehmen.

---

784 So schon *Fuchs*, WM 2004, 2233 f. vor dem UMAG, wobei die von *Fuchs* geäußerten Wünsche hinsichtlich einer Klärung durch den Gesetzgeber durch das UMAG nicht erfüllt wurden. Vorher bereits *Klahold*, Aktienoptionen als Vergütungselement, S. 271.

# Schlussbetrachtung

Virtuelle Aktienoptionsprogramme werden als „*Placebos*“ für klassische Aktienoptionsprogramme bezeichnet.[785] Die rechtliche und praktische Analyse zeigt, dass es in der Tat viele Gemeinsamkeiten zwischen beiden Mitarbeiterbeteiligungsformen, aber auch Genussrechten, gibt. Dies gilt insbesondere für den wirtschaftlichen Wert, der beiden Varianten innewohnt. Die teilweisen wirtschaftlichen Überschneidungen dürften ein Grund sein, warum die Theorie vielfach pauschale Aussagen zu virtuellen Aktienoptionen trifft, insbesondere Regelungen zu klassischen Aktienoptionen entsprechend anzuwenden ersucht. Dennoch beweist diese Arbeit, dass die Kautelarpraxis eine Vielzahl an Gestaltungen kennt, in denen sich virtuelle Aktienoptionsprogramme von klassischen entfernen oder umso intensiver annähern.

Aus Sicht der Praxis ist eine umfassende Gleichstellung somit nicht überzeugend. Die schuldrechtlichen Gestaltungsmöglichkeiten eröffnen vielmehr eine derartige Bandbreite an Programmvariationen, dass eine ausdifferenzierte Auseinandersetzung zwingend erforderlich ist. Die zunehmende praktische Bedeutung virtueller Aktienoptionsprogramme macht diese Neubefassung umso erforderlicher. Insbesondere gilt es Unsicherheiten der Praxis abzubauen. Diese Erkenntnis vorangestellt, sollen die Ergebnisse dieser Arbeit abschließend zusammengefasst präsentiert werden. Dabei ist zwischen einem Ertrag für die Praxis (A.) und die Theorie (B.) zu unterscheiden. Nicht außer Acht gelassen werden sollte dabei die Erkenntnis, dass der Variationsreichtum der Praxis die Aufforderung an die Theorie und den Gesetzgeber zu einer Neubefassung mit virtuellen Aktienoptionsprogrammen immanent in sich trägt.

## A. Ertrag für die Praxis

Die Auswertung der Vergütungsberichte der Dax-Unternehmen hat gezeigt, dass virtuelle Aktienoptionsprogramme inzwischen die aktienkursorientierte Vorstandsvergütung auf Ebene der Dax-Unternehmen dominieren.[786] Dabei lassen sich gewisse Ausgestaltungstendenzen, etwa im Hinblick auf die Aufnahme zusätzlicher Leistungskomponenten, neben der reinen Aktienkursanlehnung

---

785 *Hambloch-Gesinn/Gesinn* in: Hölters, AktG, § 113, Rn. 21.

786 Vgl. Einleitung, Abschnitt A.

erkennen.[787] Jedoch hat der Blick in die Praxis gezeigt, dass eine breite Vielfalt an Programmausgestaltungen aufgesetzt wird.[788] Eindeutige Marktstandards ließen sich durch die Auswertung der Vergütungsberichte der Dax-Unternehmen nicht aufstellen. Dennoch konnten anhand der Vergütungsberichte Klauseln entwickelt werden, die die grundlegenden Komponenten virtueller Aktienoptionsprogramme skizzieren. Auch konnten die verschiedenartigen Gestaltungen näher beleuchtet und Ausgestaltungsvarianten aufgezeigt werden. Kapitel 2 dieser Arbeit soll nicht zuletzt auch als Fundus der verschiedenen schuldrechtlichen Möglichkeiten für die anwaltliche Beratungspraxis dienen.

Die Vielfalt der Ausgestaltungen konnte mit den verschiedenartigen Motiven aktienkursbasierter Vergütung durch virtuelle Aktienoptionsprogramme begründet werden.[789] Es hat sich gezeigt, dass sich eine pauschalierte Aufsetzung virtueller Aktienoptionsprogramme in Musterform verbietet. Ziel der anwaltlichen Beratung im Rahmen von virtuellen Aktienoptionsprogrammen muss vielmehr sein, die verschiedenartigen Motivationslagen, ein virtuelles Programm aufzusetzen, ausführlich mit der Mandantschaft zu erörtern. Die Stellschrauben schuldrechtlicher Ausgestaltung sind insbesondere dort von Bedeutung, wo Bedenken gegen aktienkursbasierte Vergütung und virtuelle Aktienoptionsprogramme begegnet werden soll und muss.[790] Schuldrechtlich können etwa Manipulationsmöglichkeiten, ausufernde Liquiditätsabflüsse oder Untergrenzen zum Schutz der Mitarbeiter, die Eigeninvestitionen erbracht haben, adressiert werden. Zudem können, wie der Ertrag für die Theorie zeigt, aktienrechtliche Streitpunkte und Konsequenzen, wie etwa die Beteiligung der Hauptversammlung, durch die Wahl der richtigen schuldrechtlichen Ausgestaltung vermieden oder zumindest abgeschwächt werden.[791] Besondere Sorgfalt ist dabei auch auf die Übernahme englischer Begrifflichkeiten zu legen, die in der Praxis teilweise eine irreführende Verwendung finden.

## B. Ertrag für die Theorie

Der Blick in die Praxis hat gezeigt, dass sich unter dem Oberbegriff der virtuellen Aktienoptionsprogramme verschiedenartigste Programmvarianten vereinen, die

787 Vgl. Kapitel 2, insbesondere Abschnitt C.; zu Leistungskomponenten speziell Abschnitt B.I.2.b).

788 Vgl. Kapitel 2.

789 Vgl. Kapitel 1, Abschnitt B.III. sowie Kapitel 2.

790 Vgl. hierzu die Überlegungen in Kapitel 1, Abschnitt B.III.

791 Vgl. hierzu insbesondere Kapitel 3, dort vor allem die Ausführungen in Abschnitt B.

sich in ihrer Ausgestaltung zum Teil ganz erheblich unterscheiden.[792] Entsprechend ist in der theoretischen Betrachtung virtueller Aktienoptionsprogramme immer die Überlegung in den Vordergrund zu stellen, aus welcher Schutzrichtung das Aktiengesetz auf eine konkrete Programmausgestaltung Anwendung finden könnte. Pauschalierte Antworten in Bezug auf virtuelle Aktienoptionsprogramme verbieten sich demgegenüber und eignen sich nicht, sämtliche Ausgestaltungen zu erfassen.

Die Folgen der verschiedenartigen schuldrechtlichen Ausgestaltungen wurden in dieser Arbeit dabei zur Beteiligung der Hauptversammlung und der Gewährung virtueller Aktienoptionsprogramme an Aufsichtsratsmitglieder erörtert.

Im Rahmen der Frage der Beteiligung der Hauptversammlung konnte aufgezeigt werden, dass für eine Einstufung virtueller Aktienoptionsprogramme als Genussrechte nach § 221 AktG zwischen verschiedenen Leistungskomponenten zu unterscheiden ist.[793] Da die Zielrichtung der Beteiligung der Hauptversammlung über § 221 Abs. 3 iVm. Abs. 1 AktG der Schutz vor kontrollloser Gewährung aktionärstypischer Vermögensrechte ist, greift die Zustimmungskompetenz grundsätzlich bei allen Ausgestaltungen virtueller Aktienoptionsprogramme, die derartige Rechte gewähren (namentlich Zahlung einer Dividende, Beteiligung am Liquidationserlös oder Gewährung bestimmter Bezugsrechte, nicht jedoch bei der reinen Anlehnung an den Aktienkurs). Nachdem der Genussrechtscharakter teilweise festgestellt wurde, drängt sich § 87 Abs. 1 AktG als spezialgesetzliche Norm auf. Eine Beteiligung der Hauptversammlung ist daher bei Vergabe an Vorstandsmitglieder nicht erforderlich. Dies ist jedoch nicht mehr Frage der Einstufung virtueller Aktienoptionsprogramme als Genussrechte. Vielmehr geht es um Spezialgesetze zu Vergütungskompetenzen, die die Beteiligung der Hauptversammlung aus § 221 Abs. 3 iVm. Abs. 1 AktG verdrängen können.[794] Da für sonstige aktionärstypische Vermögensrechte und Mitarbeiter unterhalb der Vorstandsebene eine derartige Verdrängungsnorm nicht gegeben ist, wurde festgestellt, dass im Übrigen ein Hauptversammlungsbeschluss einzuholen ist.

Der Blick auf die Gewährung virtueller Aktienoptionsprogramme an Aufsichtsratsmitglieder hat offenbart, dass jedenfalls das Angemessenheitserfordernis des § 113 Abs. 1 Satz 3 AktG nicht geeignet ist, pauschal die Gewährung zu verbieten.[795] Die Abhandlung hat gezeigt, dass den hierzu geäußerten Bedenken

792 Vgl. Kapitel 1, Abschnitt A.IV. und Kapitel 2.
793 Vgl. Kapitel 3, Abschnitt B.I.
794 Vgl. Kapitel 3, Abschnitt B.II.
795 Vgl. Kapitel 5, Abschnitt B.I.

einer unangemessenen Vergütung wegen der Art und Höhe der Vergütung sämtlich mit entsprechenden schuldrechtlichen Klauseln begegnet werden kann.[796]

Neben dieser Aufforderung einer differenzierten Betrachtung auf Grund der schuldrechtlichen Ausgestaltungsvielfalt ist es eine Erkenntnis dieser Arbeit, dass die Anwendung aktienrechtlicher Normen auf virtuelle Aktienoptionsprogramme erhebliche Schwierigkeiten bereitet. Es mangelt insbesondere an eindeutigen Aussagen des Gesetzgebers zu virtuellen Aktienoptionsprogrammen oder einer konkreten Regelung im Aktiengesetz zu aktienkursbasierter Vergütung. Diese dürfte angesichts der Verbreitung virtueller Programme in der Praxis erwägenswert sein, um Unsicherheiten zu beseitigen.

Diese Unsicherheiten wurden anhand der Wartezeit nach § 193 Abs. 2 Nr. 4 AktG für klassische Aktienoptionsprogramme und der Gewährung virtueller Aktienoptionsprogramme an Aufsichtsratsmitglieder dargestellt.[797] Obwohl sich der Gesetzgeber im Rahmen der Änderung der Wartezeit des § 193 Abs. 2 Nr. 4 AktG von zwei auf vier Jahre zu virtuellen Aktienoptionsprogrammen geäußert hat, verbleiben Zweifel an der Reichweite dieser Aussagen. Insbesondere die Ausführungen im Rahmen des VorstAG haben dabei zu Unklarheiten geführt, da virtuelle Aktienoptionsprogramme auch jenseits der Vorstandsebene aufgesetzt werden.[798] Letztlich fehlt es an konkreten Anknüpfungspunkten im Aktiengesetz, um § 193 Abs. 2 Nr. 4 AktG auf virtuelle Aktienoptionsprogramme zu übertragen.

Ähnlich Unsicherheiten stellen sich bei einer aktienkursbasierten Vergütung des Aufsichtsrats.[799] Eindeutig hat der Gesetzgeber hier die Aufsichtsratsvergütung über den Weg der klassischen Aktienoptionsprogramme abgeschnitten. Auch hat sich der Bundesgerichtshof klar gegen aktienkursbasierte Vergütung positioniert. Es mangelt jedoch an einer aktienrechtlichen Regelung zu virtuellen Aktienoptionsprogrammen oder aktienkursbasierter Vergütung. Ein Verbot derartiger Vergütungsmodelle kann daher allenfalls über eine analoge Anwendung der §§ 192 Abs. 2 Nr. 3, 71 Abs. 1 Nr. 8, 221 Abs. 4 Satz 2 AktG begründet werden.

Angesichts der wirtschaftlichen Ähnlichkeiten der klassischen und virtuellen Aktienoptionsprogramme und der Relevanz in der Praxis ist es wünschenswert, dass der Gesetzgeber eindeutiger zu dieser Form der aktienkursbasierten

---

796 Vgl. Kapitel 5, Abschnitt B.I.3.
797 Vgl. Kapitel 4, Abschnitt B.
798 Vgl. Kapitel 3, Abschnitt B.II.
799 Vgl. Kapitel 5, Abschnitt B.

Vergütung Stellung nimmt. Nach derzeitiger Gesetzeslage drohen die Intentionen des Gesetzgebers zu Wartefristen und zur Aufsichtsratsvergütung in der Praxis ins Leere zu laufen, sofern klassische durch virtuelle Aktienoptionsprogramme ersetzt werden. *De lege ferenda* ist daher erwägenswert eine eigenständige Norm im Aktiengesetz zu schaffen, die sich mit aktienkursorientierter Vergütung befasst und klassische wie virtuelle Aktienoptionsprogramme jenseits der Frage des Erfordernisses einer Kapitalmaßnahme abschließend behandelt. Auch für klassische Aktienoptionsprogramme würde dies aus struktureller Sicht zu einer klareren Trennung zwischen der Einstufung als Kapitalmaßnahme und Vergütungsart führen. Die Ausführungen zu § 193 Abs. 2 Nr. 4 AktG haben hierzu gezeigt, dass der bisherige Weg des Gesetzgebers, lenkend auf die Ausgestaltung der Vergütung über bestehende Regelungen, in diesem Fall Kapitalmaßnahmen, einzugreifen, zu Systembrüchen führt. Dies wird der Stellung aktienkursorientierter Vergütung als zentraler Komponente des Shareholder-Value-Konzepts nicht gerecht. Nicht zuletzt könnte eine derartige Regelung auch dem Interesse des Gesetzgebers dienen, langfristige Vergütungskomponenten sicherzustellen und zu fördern.[800]

800 Vgl. insbesondere Kapitel 4, Abschnitt C.3.

# Anhang: Nachweise zu erstellten Abbildungen

**Abbildung 1:** Aktienkursbasierte Vergütung der Vorstandsmitglieder der Dax-Unternehmen (Geschäftsjahr 2015)[801]

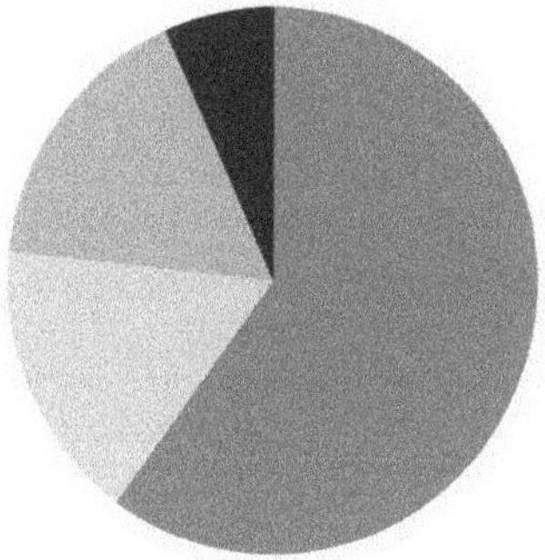


---

801 Nicht berücksichtigt wurden Vergütungsprogramme, die vor 2015 aufgesetzt wurden und 2015 noch nachwirken, sondern nur Vergütungsbestandteile, die für das Geschäftsjahr 2015 ausgegeben wurden. Sofern hierbei andere Rechtsformen als Aktiengesellschaften vorlagen, wurden die für die jeweilige Führungsebene entsprechenden Vergütungsmodelle zugrunde gelegt. Quellen: Analyse der jeweiligen Vergütungsberichte für die Vorstandsvergütung des Geschäftsjahrs 2015:
<u>Virtuelles Aktienoptionsprogramm als Komponente</u>: *Allianz SE*, Geschäftsbericht 2015, S. 51; *BASF SE*, Geschäftsbericht 2015, S. 140, 218 f.; *Bayer AG*, Geschäftsbericht 2015, S. 194; *Commerzbank AG*, Geschäftsbericht 2015, S. 29, 35; *Continental AG*, Geschäftsbericht 2015, S. 22; *Daimler AG*, Geschäftsbericht 2015, S. 125 f.; *Deutsche Börse AG*, Geschäftsbericht 2015, S. 121; *Deutsche Post AG*, Geschäftsbericht 2015, S. 116 f.; *E.ON SE*, Geschäftsbericht 2015, S. 84; *Fresenius SE & Co. KGaA*, Geschäftsbericht 2015, S. 82 f., 171; *Fresenius Medical Care AG & Co. KGaA*, Geschäftsbericht 2015, S. 123, 182; *HeidelbergCement AG*, Geschäftsbericht 2015, S. 150 f.; *Merck KGaA*, Geschäftsbericht 2015, S. 150 f.; *RWE AG*, Geschäftsbericht 2015, S. 72; *SAP SE*, Geschäftsbericht 2015, S. 26 f.; *ThyssenKrupp AG*, Geschäftsbericht 2015/2016, S. 24; *Vonovia SE*, Geschäftsbericht 2015, S. 128 f.; *Volkswagen AG*, Geschäftsbericht 2015, S. 68 f. Volkswagen stellt dabei einen Sonderfall dar, da der Vorstand freiwillig einen Teil seiner variablen Vergütungskomponente des Geschäftsjahres 2015 in virtuelle Aktien eingetauscht hat. Zu Einzelheiten vgl. die Ausführungen in Kapitel 1, Abschnitt B.I.2.d).
<u>Vergütung ohne Komponente eines virtuellen Aktienoptionsprogramms:</u> *adidas AG*, Geschäftsbericht 2015, S. 36 ff.; *Deutsche Bank AG*, Geschäftsbericht 2015,

**Abbildung 2:** Bezeichnungen virtueller Aktienoptionsprogramme durch Dax-Unternehmen (Geschäftsjahr 2015)

| Kategorie | Bezeichnung | Dax-Unternehmen |
|---|---|---|
| *Phantom Stock* | *Phantom Stock*[802] | Fresenius SE & CO. KGaA, Fresenius Medical Care AG & Co. KGaA |
| | Virtuelle Aktie[803] | Bayer AG, Commerzbank AG, Continental AG, Deutsche Börse AG, E.ON SE, Thyssen Krupp AG, Volkswagen AG |
| | *Restricted Stock Unit*[804] / *Restricted Share Unit*[805] | Allianz, SAP |
| | *Performance Shares*[806] / *Performance Share Unit*[807] / *Performance Phantom Share*[808] | Daimler AG, HeidelbergCement AG, RWE AG, Vonovia SE |
| | *Share Unit*[809] | Merck KGaA |
| *Stock Appreciation Right* | *Stock Appreciation Right*[810] | Deutsche Post AG |
| | Virtuelle Option[811] | BASF SE |

S. 246; *Deutsche Telekom AG*, Geschäftsbericht 2015, S. 225; *Henkel AG & Co. KGaA*, Geschäftsbericht 2015, S. 173 f.; *Munic Re AG*, Geschäftsbericht 2015, S. 284.
Mischform: Stock-Settled mit Baroption vgl. *BMW AG*, Geschäftsbericht 2015, S. 189; *Infineon AG*, Geschäftsbericht 2015, S. 188; *Linde AG*, Geschäftsbericht 2015, S. 24 f.; *ProSiebenSat1 Media SE*, Geschäftsbericht 2015, S. 58, 295 f.; *Siemens AG*, Geschäftsbericht 2015, S. 45.
Sonstige: *Beiersdorf AG*, Geschäftsbericht 2015, S. 13; *Lufthansa AG*, Geschäftsbericht 2015, S. 96, 160 f., bei der eine eindeutige Zuordnung nicht vorgenommen werden konnte.

802 Vgl. *Fresenius SE & Co. KGaA*, Geschäftsbericht 2015, S. 82 f., 171.; *Fresenius Medical Care AG & Co. KGaA*, Geschäftsbericht 2015, S. 123, 182.

803 Vgl. *Bayer AG*, Geschäftsbericht 2015, S. 194; *Commerzbank AG*, Geschäftsbericht 2015, S. 29, 35; *Continental AG*, Geschäftsbericht 2015, S. 22; *Deutsche Börse AG*, Geschäftsbericht 2015, S. 121; *E.ON SE*, Geschäftsbericht 2015, S. 84; *ThyssenKrupp AG*, Geschäftsbericht 2015/2016, S. 24; *Volkswagen AG*, Geschäftsbericht 2015, S. 68 f.

804 Vgl. *Allianz SE*, Geschäftsbericht 2015, S. 51.

805 Vgl. *SAP SE*, Geschäftsbericht 2015, S. 26 f.

806 Vgl. *RWE AG*, Geschäftsbericht 2015, S. 72; *Vonovia SE*, Geschäftsbericht 2015, S. 128 f.

807 Vgl. *HeidelbergCement AG*, Geschäftsbericht 2015, S. 150 f.

808 Vgl. *Daimler AG*, Geschäftsbericht 2015, S. 125.

809 Vgl. *Merck KGaA*, Geschäftsbericht 2015, S. 150 f.

810 Vgl. *Deutsche Post AG*, Geschäftsbericht 2015, S. 116 f.

811 Vgl. *BASF SE*, Geschäftsbericht 2015, S. 140, 218 f.

**Abbildung 3:** Anzahl der *Phantom Stock-* und *Stock Appreciation Right-*Programme der Dax-Unternehmen

| Form des virtuellen Aktienoptionsprogramms | Anzahl | Dax-Unternehmen |
|---|---|---|
| *Phantom Stocks*[812] | 16 | Allianz SE, Bayer AG, Commerzbank AG, Continental AG, Daimler AG, Deutsche Börse AG, E.ON SE, Fresenius SE & Co. KGaA, Fresenius Medical Care SE & Co. KGaA, HeidelbergCement AG, Merck KGaA, RWE AG, SAP SE, Thyssen Krupp AG, Volkswagen AG, Vonovia SE, |
| *Stock Appreciation Rights*[813] | 2 | BASF SE, Deutsche Post AG |

**Abbildung 4:** Gewährung einer Dividende im Rahmen der Vorstandsvergütung über *Phantom-Stocks* der Dax-Unternehmen (Geschäftsjahr 2015)[814]

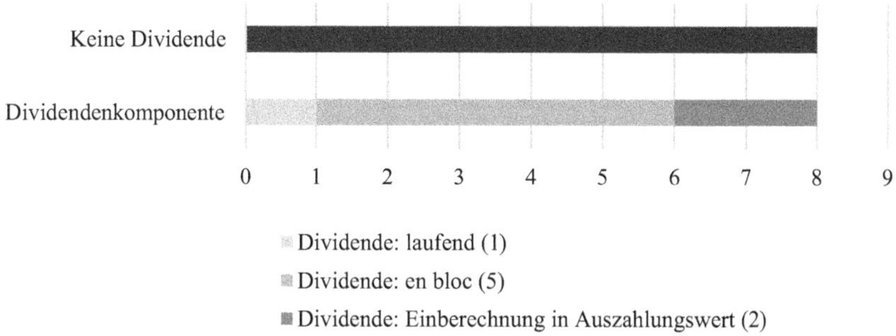


---

812 Vgl. *Allianz SE*, Geschäftsbericht 2015, S. 51; *Bayer AG*, Geschäftsbericht 2015, S. 194; *Commerzbank AG*, Geschäftsbericht 2015, S. 29, 35; *Continental AG*, Geschäftsbericht 2015, S. 22; *Daimler AG*, Geschäftsbericht 2015, S. 125; *Deutsche Börse AG*, Geschäftsbericht 2015, S. 121; *E.ON SE*, Geschäftsbericht 2015, S. 84; *Fresenius SE & Co. KGaA*, Geschäftsbericht 2015, S. 82 f., 171; *Fresenius Medical Care AG & Co. KGaA*, Geschäftsbericht 2015, S. 123, 182; *HeidelbergCement AG*, Geschäftsbericht 2015, S. 150 f.; *Merck KGaA*, Geschäftsbericht 2015, S. 150 f.; *RWE AG*, Geschäftsbericht 2015, S. 72; *SAP SE*, Geschäftsbericht 2015, S. 26 f.; *ThyssenKrupp AG*, Geschäftsbericht 2015/2016, S. 24; *Volkswagen AG*, Geschäftsbericht 2015, S. 68 f.; *Vonovia SE*, Geschäftsbericht 2015, S. 128 f.

813 Vgl. *BASF SE*, Geschäftsbericht 2015, S. 140, 218 f.; *Deutsche Post AG*, Geschäftsbericht 2015, S. 116 f.

814 Quellen:
Dividende laufend: Vgl. Daimler AG, Geschäftsbericht 2015, S. 125 f.

**Abbildung 5:** Erforderlichkeit eines Eigeninvestments bei Ausgabe von virtuellen Aktienoptionsprogrammen im Rahmen der Vorstandsvergütung der Dax-Unternehmen (Geschäftsjahr 2015)[815]

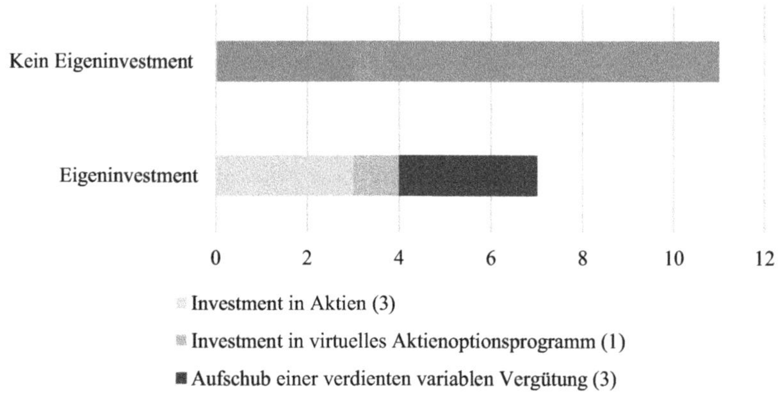


Dividende en bloc: Vgl. *Bayer AG*, Geschäftsbericht 2015, S. 194; *Continental AG*, Geschäftsbericht 2015, S. 22; *E.ON SE*, Geschäftsbericht 2015, S. 84; *Volkswagen AG*, Geschäftsbericht 2015, S. 68 f.; *Vonovia SE*, Geschäftsbericht 2015, S. 128 f.
Dividende: Einberechnung in Auszahlungswert: Vgl. *Allianz SE*, Geschäftsbericht 2015, S. 51; *HeidelbergCement AG*, Geschäftsbericht 2015, S. 150 f.

815 Quellen:
Kein Eigeninvestment: *Allianz SE*, Geschäftsbericht 2015, S. 51; *Bayer AG*, Geschäftsbericht 2015, S. 194; *Daimler AG*, Geschäftsbericht 2015, S. 125; *Deutsche Börse AG*, Geschäftsbericht 2015, S. 121; *E.ON SE*, Geschäftsbericht 2015, S. 84; *Fresenius SE & Co. KGaA*, Geschäftsbericht 2015, S. 83; *Fresenius Medical Care AG & Co. KGaA*, Geschäftsbericht 2015, S. 123; *HeidelbergCement AG*, Geschäftsbericht 2015, S. 150 f.; *SAP SE*, Geschäftsbericht 2015, S. 27; *ThyssenKrupp AG*, Geschäftsbericht 2015/2016, S. 24; *Vonovia SE*, Geschäftsbericht 2015, S. 129.
Eigeninvestment über Investment in Aktien: *BASF SE*, Geschäftsbericht 2015, S. 140, 218; *Merck KGaA*, Geschäftsbericht 2015, S. 150; *RWE AG*, Geschäftsbericht 2015, S. 72.
Eigeninvestment in virtuelles Aktienoptionsprogramm: *Deutsche Post AG*, Geschäftsbericht 2015, S. 116 f.; neben diesem Eigeninvestment können noch weitere *Stock Appreciation Rights* zugeteilt werden, vgl. *Deutsche Post AG*, Geschäftsbericht 2015, S. 197.
Eigeninvestment über Aufschub einer verdienten variablen Vergütung: *Commerzbank AG*, Geschäftsbericht 2015, S. 29, 35; *Continental AG*, Geschäftsbericht 2015, S. 22; *Volkswagen AG*, Geschäftsbericht 2015, S. 68 f., hierbei handelt es sich um ein freiwilliges Eigeninvestment.

**Abbildung 6:** Aufnahme einer Leistungskomponente durch Dax-Unternehmen bei Ausgabe virtueller Aktienoptionsprogramme (Geschäftsjahr 2015)[816]

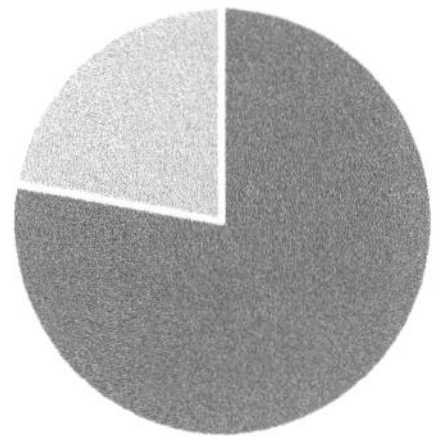


816 Quellen:
Mit Leistungskomponente: *BASF SE*, Geschäftsbericht 2015, S. 140, 218; *Daimler AG*, Geschäftsbericht 2015, S. 125; *Deutsche Börse AG*, Geschäftsbericht 2015, S. 121; *Deutsche Post AG*, Geschäftsbericht 2015, S. 117; *E.ON SE*, Geschäftsbericht 2015, S. 84; *Fresenius SE & Co. KGaA*, Geschäftsbericht 2015, S. 83; *Fresenius Medical Care AG & Co. KGaA*, Geschäftsbericht 2015, S. 123; *HeidelbergCement AG*, Geschäftsbericht 2015, S. 150 f.; *Merck KGaA*, Geschäftsbericht 2015, S. 150; *RWE AG*, Geschäftsbericht 2015, S. 72; *SAP SE*, Geschäftsbericht 2015, S. 27; *ThyssenKrupp AG*, Geschäftsbericht 2015/2016, S. 24; *Vonovia SE*, Geschäftsbericht 2015, S. 129; *Volkswagen AG*, Geschäftsbericht 2015, S. 69.
Ohne Leistungskomponente: *Allianz SE*, Geschäftsbericht 2015, S. 51; *Bayer AG*, Geschäftsbericht 2015, S. 194; *Commerzbank AG*, Geschäftsbericht 2015, S. 29, 35; *Continental AG*, Geschäftsbericht 2015, S. 22. Hinsichtlich der Commerzbank AG müssen leichte Einschränkungen gemacht werden; das Programm wird unter den Vorbehalt „*verschiedener Prüfungsschritte zur Sicherung der Nachhaltigkeit*" gestellt, *Commerzbank AG*, Geschäftsbericht 2015, S. 29; wie diese Prüfungsschritte konkret aussehen, wird nicht erwähnt, hierdurch wird aber wohl die Möglichkeit eröffnet, Anpassungen vorzunehmen; angesichts der fehlenden ausdrücklichen Erwähnung einer Leistungskomponente kann das Programm dennoch dieser Gruppe zugeordnet werden.

**Abbildung 7:** Anzahl der Obergrenzen virtueller Aktienoptionsprogramme für Vorstandsmitglieder der Dax-Unternehmen (Geschäftsjahr 2015)[817]

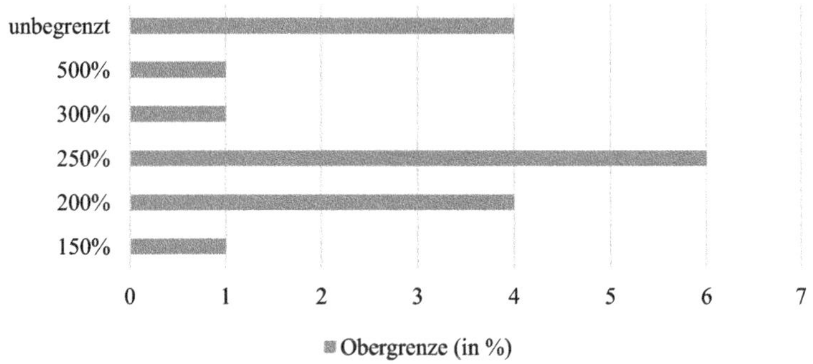


817 Quellen:
Obergrenze 150%: *RWE AG*, Geschäftsbericht 2015, S. 72.
Obergrenze 200%: *Allianz SE*, Geschäftsbericht 2015, S. 51; *Bayer AG*, Geschäftsbericht 2015, S. 194; *E.ON SE*, Geschäftsbericht 2015, S. 84; *Volkswagen AG*, Geschäftsbericht 2015, S. 69.
Obergrenze 250%: *Continental AG*, Geschäftsbericht 2015, S. 22; *Daimler AG*, Geschäftsbericht 2015, S. 125; *Deutsche Börse AG*, Geschäftsbericht 2015, S. 121; *HeidelbergCement AG*, Geschäftsbericht 2015, S. 151; *ThyssenKrupp AG*, Geschäftsbericht 2015/2016, S. 24; *Vonovia SE*, Geschäftsbericht 2015, S. 129.
Obergrenze 300%: *Merck KGaA*, Geschäftsbericht 2015, S. 151.
Obergrenze 500%: *BASF SE*, Geschäftsbericht 2015, S. 218 f.
Unbegrenzt: *Commerzbank AG*, Geschäftsbericht 2015, S. 29; *Fresenius SE & Co. KGaA*, Geschäftsbericht 2015, S. 82 f., 171; *Fresenius Medical Care AG & Co. KGaA*, Geschäftsbericht 2015, S. 123, 182; *SAP SE*, Geschäftsbericht 2015, S. 26 f., 207.

**Abbildung 9:** Wartezeit der virtuellen Aktienoptionsprogramme der Dax-Unternehmen (Geschäftsjahr 2015)[818]

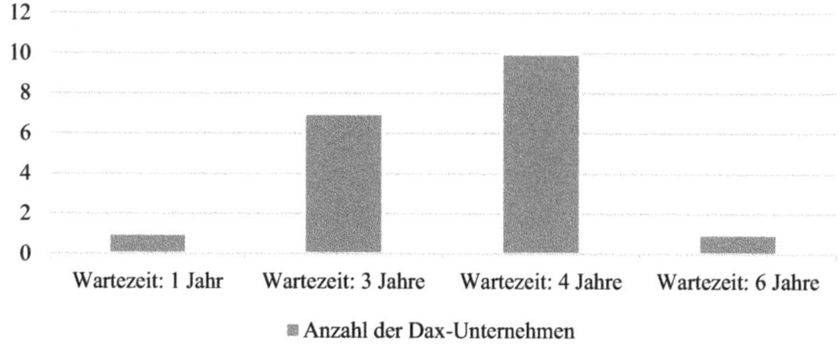


818 Quellen:
1 Jahr: *Commerzbank AG*, Geschäftsbericht 2015, S. 29, 35.
3 Jahre: *Bayer AG*, Geschäftsbericht 2015, S. 194; *Continental AG*, Geschäftsbericht 2015, S. 22; *Deutsche Börse AG*, Geschäftsbericht 2015, S. 121; *Merck KGaA*, Geschäftsbericht 2015, S. 150; *ThyssenKrupp AG*, Geschäftsbericht 2015/2016, S. 24; *Volkswagen AG*, Geschäftsbericht 2015, S. 69.
4 Jahre: *Allianz SE*, Geschäftsbericht 2015, S. 51; *BASF SE*, Geschäftsbericht 2015, S. 140, 218 f.; *Daimler AG*, Geschäftsbericht 2015, S. 125; *Deutsche Post AG*, Geschäftsbericht 2015, S. 117; *E.ON SE*, Geschäftsbericht 2015, S. 84; *Fresenius SE & Co. KGaA*, Geschäftsbericht 2015, S. 82 f., 171; *Fresenius Medical Care AG & Co. KGaA*, Geschäftsbericht 2015, S. 123, 182; *HeidelbergCement AG*, Geschäftsbericht 2015, S. 150; *RWE AG*, Geschäftsbericht 2015, S. 72; *SAP SE*, Geschäftsbericht 2015, S. 26; *Vonovia SE*, Geschäftsbericht 2015, S. 128.
6 Jahre: *Commerzbank AG*, Geschäftsbericht 2015, S. 29, 35, diezwei verschiedene Programme aufsetzt, deren Laufzeit sich unterscheidet (1 bzw. 6 Jahre) S. 29, 35 S. 29, 35.

# Literaturverzeichnis

## Literaturquellen


Achleitner, Ann-Kristin / Wollmert, Peter (Hrsg.), Stock Options, 2. Auflage, Stuttgart 2002 (zit.: *Bearbeiter* in: Achleitner/Wollmert, Stock Options)

Adams, Michael, Vorstandsvergütungen – Der Fall Mannesmann und Daimler Chrysler, in: Nutzinger, Hans G. (Hrsg.), Regulierung, Wettbewerb und Marktwirtschaft Festschrift für Carl Christian von Weizsäcker zum 65. Geburtstag, Göttingen 2003, S. 295–362 (zit.: *Adams*, FS Weizsäcker 2003)

Annuß, Georg / Theusinger, Ingo, Das VorstAG – Praktische Hinweise zum Umgang mit dem neuen Recht, in: BB 2009, S. 2434–2442

von Bredow, Felix, Aktienwertsteigerungsrechte (stock appreciation rights): Virtuelle Kapitalbeteiligungen für Führungskräfte und Mitarbeiter, in: FB 1999, S. 232–238

Baeck, Ulrich / Diller, Martin, Arbeitsrechtliche Probleme bei Aktienoptionen und Belegschaftsaktien, in: DB 1998, S. 1405–1412

Ballwieser, Wolfgang, Adolf Moxter und der Shareholder Value-Ansatz, in: Ballwieser, Wolfgang / Böcking, Hans-Joachim / Drukarcyk, Jochen / Schmidt, Reinhard H. (Hrsg.), Bilanzrecht und Kapitalmarkt Festschrift zum 65. Geburtstag von Professor Dr. Dr. h.c. Adolf Moxter, Düsseldorf 1994, S. 1378–1405 (zit.: *Ballwieser*, FS Moxter 1994)

Bank, Stephan / Möllmann, Peter (Hrsg.), Venture Capital Agreements in Germany, München 2017 (zit.: *Bearbeiter* in: Bank/Möllmann, VC in Germany)

Bauer, Jobst-Hubertus / Arnold, Christian, Festsetzung und Herabsetzung der Vorstandsvergütung nach dem VorstAG, in: AG 2009, S. 717–731

Bauer, Jobst-Hubertus / Lingemann, Stefan / Diller, Martin / Haußmann, Katrin (Hrsg.), Anwalts-Formularbuch Arbeitsrecht, 6. Auflage, Köln 2017 (zit.: *Bearbeiter* in: Bauer/Lingemann/Diller/Haußmann, Anwalts-Formularbuch Arbeitsrecht)

Baums, Theodor, Aktienoptionen für Vorstandsmitglieder, in: Martens, Klaus-Peter (Hrsg.), Festschrift für Carsten Peter Claussen: zum 70. Geburtstag, Köln, Berlin, Bonn, München 1997, S. 3–48 (zit.: *Baums*, FS Claussen 1997, 3)

ders., Bericht der Regierungskommission „Corporate Goverance“ Unternehmensführung – Unternehmenskontrolle – Modernisierung des Aktienrechts, in: Bundestags Drucksache 14/7515 (zit.: *Baums*, Bericht Regierungskommission Corporate Governance)

Bender, Christian / Vater, Hendrik, Lückenhaft und unverbindlich – Der Deutsche Corporate Governance Kodex lässt auch nach der Überarbeitung wichtige Kernprobleme der Unternehmensüberwachung ungelöst, in: DStR 2003, S. 1807–1812

Berger, Klaus Peter, Die Anglisierung des Wirtschaftsrechts, in: Grunewald, Barbara / Westermann, Harm Peter (Hrsg.), Festschrift für Georg Maier-Reimer: zum 70. Geburtstag, München 2010, S. 17–28 (zit.: *Berger*, FS Maier-Reimer 2010)

Binz, Mark / Sorg, Martin (Hrsg.), Die GmbH & Co. KG, 12. Auflage, München 2018 (zit.: *Binz/Sorg*, GmbH & Co. KG)

dies., Erfolgsabhängige Vergütungen von Vorstandsmitgliedern einer Aktiengesellschaft auf dem Prüfstand, in: BB 2002, 1273–1278

Bischof, Jannis, Zweckmäßigkeit erfolgsunabhängiger Aufsichtsratsvergütung, in: BB 2006, S. 2627–2633

Bloß, Henning, Managementbeteiligung bei Private-Equity Transaktionen, GmbHR 2016, S. 104–113

Blunck, Boris, Mitarbeiterbeteiligung in der Unternehmenskrise – Instrumente zur Verbesserung der Kapitalstruktur und Liquiditätsausstattung, in: BB 2015, S. 437–442

Bonner, Sarah E. / Sprinkle, Geoffrey B., The effects of monetary incentives on effort and task performance: theories, evidence, and a framework for research, in: Accounting, Organizations and Society 27 (2002), S. 303–345

Bösl, Konrad, Aktienoptionen für den Aufsichtsrat – Überlegungen zur Zweckmäßigkeit und zu Gestaltungsempfehlungen nach dem Urteil des BGH, in: BKR 2004, S. 474–479

Bosse, Christian, Das Gesetz zur Angemessenheit der Vorstandsvergütung (VorstAG) – Überblick und Handlungsbedarf, in: BB 2009, S. 1650–1654

Boujong, Karlheinz / Ebenroth, Carsten Thomas (Begr.) / Joost, Detlev / Strohn, Lutz (Hrsg.), Handelsgesetzbuch, Band 1, 3. Auflage, München 2014 (zit.: *Bearbeiter* in: Ebenroth/Boujong/Joost/Strohn, HGB, Bd. 1)

Buckel, Jochen, Die unterjährige Herabsetzung der Aufsichtsratsvergütung, in: AG 2013, S. 451–456

Bürgers, Tobias, Keine Aktienoptionen für Aufsichtsräte – Hindernis für die Professionalisierung des Aufsichtsrats?, in: NJW 2004, S. 3022–3026

Bürgers, Tobias / Körber, Torsten (Hrsg.), Aktiengesetz, 4. Auflage, Heidelberg 2017 (zit.: *Bearbeiter* in: Bürgers/Körber, AktG)

Busch, Torsten, Bezugsrecht und Bezugsrechtsausschluß bei Wandel- und Optionsanleihen, in: AG 1999, S. 58–66

Busse von Colbe, Walter, Was ist und was bedeutet Shareholder Value aus betriebswirtschaftlicher Sicht?, in: ZGR 1997, S. 271–290

Cahn, Andreas, Vorstandsvergütung als Gegenstand rechtlicher Regelung, in: Grundmann, Stefan / Haar, Brigitte / Merkt, Hanno / Mülbert, Peter O. / Wellenhofer, Marina (Hrsg.), Unternehmen, Markt und Verantwortung, Festschrift für Klaus J. Hopt zum 70. Geburtstag am 24. August 2010, Berlin, New York, NY 2010, S. 431–455 (zit.: *Cahn*, FS Hopt 2010)

Cannivé, Klaus / Seebach, Daniel, Vorstandsvergütung als neue Haftungsfalle für Aufsichtsratsmitglieder? – Haftung und Verhaltenspflichten der Aufsichtsratsmitglieder nach Inkrafttreten des VorstAG –, in: Der Konzern 2009, S. 593–601

Claussen, Carsten P., Wie ändert das KonTraG das Aktiengesetz?, in: DB 1998, S. 177–186

ders., Nachtrag zur „kleinen AG", in: Crezelius, Georg / Hirte, Heribert / Vieweg, Klaus (Hrsg.), Gesellschaftsrecht, Rechnungslegung, Sportrecht, Festschrift für Volker Röhricht zum 65. Geburtstag, Köln 2005, S. 63–81 (zit.: *Claussen*, FS Röhricht 2005)

Drinhausen, Florian / Eckstein, Hans-Martin (Hrsg.), Beck'sches Handbuch der AG 3. Auflage, München 2018 (zit.: *Bearbeiter in*: Drinhausen/Eckstein, Handbuch der AG)

Eichner, Christian / Delahaye, Lukas, Sorgfaltspflichten und Gestaltungsmöglichkeiten des Aufsichtsrats bei Vorstandsverträgen nach dem VorstAG, in: ZIP 2010, S. 2082–2088

Ekkenga, Jens, Mitbestimmung der Aktionäre über Erfolgsvergütungen für Arbeitnehmer, in: AG 2017, S. 89–99

Emmerich, Volker / Habersack, Mathias / Schürnbrand, Jan (Hrsg.), Aktien- und GmbH-Konzernrecht, 8. Auflage, München 2016 (zit.: *Bearbeiter* in: Emmerich/Habersack)

Englert, Joachim / Scholich, Martin, Unternehmensführung auf der Basis eines umfassenden Shareholder Value-Management-Konzepts, in: BB 1998, S. 684–689

Ernst, Tassilo, Der Genußschein als Kapitalbeschaffungsmittel, in: AG 1967, S. 75–81

Fackelmann, Christian, Notarkosten nach dem neuen GNotKG, Baden-Baden 2013 (zit.: *Fackelmann*, Notarkosten nach dem neuen GNotKG)

Feddersen, Dieter, Aktienoptionsprogramme für Führungskräfte aus kapitalmarkt-rechtlicher und steuerlicher Sicht, in: ZHR 161 (1997), S. 269–299

Feddersen, Dieter / Meyer-Landrut, Andreas, Mehr Rechtssicherheit für Genußscheine, in ZGR 1993, S. 312–320

Feddersen, Dieter / Pohl, Marcus, Die Praxis der Mitarbeiterbeteiligung seit Einführung des KonTraG, in: AG 2001, S. 26–33

Fischer, Marcus / Sind, Marc, Sind steuerliche Rückstellungen für Stock Appreciation Rights während der Wartezeit dem Grunde nach zulässig?, in: DStR 2018, 1629–1634

Fleischer, Holger (Hrsg.), Handbuch des Vorstandsrechts, München 2006, (zit.: *Bearbeiter* in: Fleischer, Vorstandsrecht)

ders., Das Gesetz zur Angemessenheit der Vorstandsvergütung (VorstAG), in: NZG 2009, S. 801–806

Franken, Tim, Die Vergütung mittels Aktienoptionen aus arbeitsrechtlicher Sicht, Hamburg 2009 (zit.: *Franken*, Aktienoptionen, S.)

Friedrichsen, Sönke, Aktienoptionsprogramme für Führungskräfte, Köln, Berlin, Bonn, München 2000 (zit.: *Friedrichsen*, Aktienoptionsprogramme für Führungskräfte, S.)

Fuchs, Andreas, Grenzen für eine aktienkursorientierte Vergütung von Aufsichtsratsmitgliedern, in: WM 2004, 2233–2240

Gaul, Björn / Janz, Alexandra, Wahlkampfgetöse im Aktienrecht: Gesetzliche Begrenzung der Vorstandsvergütung und Änderung der Aufsichtsratstätigkeit, in: NZA 2009, S. 809–815

Gehling, Christian, „Obligationsähnliche Genußrechte“: Genußrechte oder Obligation, in: WM 1992, S. 1093–1100

ders., Erfolgsorientierte Vergütung des Aufsichtsrats, in: ZIP 2005, S. 549–557

Geßler, Ernst / Hefermehl, Wolfgang / Eckardt, Ulrich / Kropff, Bruno (Hrsg.), Aktiengesetz, Bd. 4, München 1994 (zit.: *Bearbeiter* in: *Geßler/Hefermehl/Eckardt/Kropff*, AktG, Bd., §, Rn.)

Goette, Wulf, Aktuelle Rechtsprechung des Bundesgerichtshofs zum Aktienrecht (Teil I), in: DStR 2005, S. 561–564

Goette, Wulf / Habersack, Mathias (Hrsg.), Münchener Kommentar zum Aktiengesetz, 4. Auflage, München, Band 1 2016, Band 2 2014, Band 3 2018, Band 4 2016, Band 5 2015 (zit.: *Bearbeiter* in: MüKo, AktG, Bd.)

Gosch, Dietmar / Schwedhelm, Rolf / Spiegelberger, Sebastian (Hrsg.), GmbH-Beratung, 52. Lieferung 09.2018, Köln (zit.: *Bearbeiter* in: Gosch/Schwedhelm/Spiegelberger, GmbH-Beratung)

Greenbury, Richard (Hrsg.), Directors’ Remuneration – Report of a Study Group chaired by Sir Richard Greenbury, 1995 (zit.: *Greenbury* Report)

Grigoleit, Hans Christoph (Hrsg.), Aktiengesetz, München 2013 (zit.: *Bearbeiter* in: Grigoleit, AktG)

Habersack, Mathias, Der Aufsichtsrat im Visier der Kommission, in: ZHR 168 (2004), S. 373–381

ders., Die erfolgsabhängige Vergütung des Aufsichtsrats und ihre Grenzen, in: ZGR 2004, S. 721–731

Harnos, Rafael, Protokollierung der Hauptversammlungsbeschlüsse in der kleinen Aktiengesellschaft, in: AG 2015, S. 732–742

Harrer, Herbert (Hrsg.), Mitarbeiterbeteiligungen und Stock-Option-Pläne, 2. Auflage, München 2014 (zit.: *Bearbeiter* in: Harrer, Mitarbeiterbeteiligung)

ders., „Eigengeschäfte von Führungskräften sind meldepflichtig" (Interview), in: Going Public Magazin, Spezial Mitarbeiterbeteiligung 2016, S. 42–43

Heidel, Thomas (Hrsg.), Aktienrecht und Kapitalmarktrecht, 4. Auflage, Baden-Baden 2014 (zit.: *Bearbeiter* in: Heidel, Aktienrecht)

Henze, Hartwig, Neuere Rechtsprechung zu Rechtsstellung und Aufgaben des Aufsichtsrats, in: BB 2005, S. 165–175

Herzig, Norbert, Steuerliche und bilanzielle Probleme bei Stock Options und Stock Appreciation Rights, in: DB 1999, S. 1–12

Hirte, Heribert, Genußscheine mit Eigenkapitalcharakter in der Aktiengesellschaft, in: ZIP 1988, S. 477–490

Hirte, Heribert / Mülbert, Peter O. / Roth, Markus (Hrsg.), Großkommentar Aktiengesetz, Band 4/1, 5. Auflage, Berlin 2015 (zit.: *Bearbeiter* in: Großkommentar AktG, 5. Auflage, Bd. 4/1)

Hitzer, Martin / Wasmann, Dirk, Von § 15a WpHG zu Art. 19 MMVO: Aus Directors' Dealings werden Managers' Transactions, in: DB 2016, S. 1483–1488

Hoffmann-Becking, Michael, Gestaltungsmöglichkeiten bei Anreizsystemen, in: NZG 1999, S. 797–804

ders., Rechtliche Anmerkungen zur Vorstands- und Aufsichtsratsvergütung, in: ZHR 169 (2005), S. 155–180

ders. (Hrsg.), Münchener Handbuch des Gesellschaftsrechts, Band 4, 4. Auflage, München 2015 (zit.: *Bearbeiter* in: Münch. HdB Gesellschaftsrechts, Bd. 4)

Hoffmann-Becking, Michael / Krieger, Gerd, Leitfaden zur Anwendung des Gesetztes zur Angemessenheit der Vorstandsvergütung (VorstAG), in: NZG-Beilage 2009, S. 1–12

Hohaus, Benedikt / Weber, Christoph, Die Angemessenheit der Vorstandsvergütung gem. § 87 AktG nach dem VorstAG, in: DB 2009, S. 1515–1520

Hohenstatt, Klaus-Stefan, Das Gesetz zur Angemessenheit der Vorstandsvergütung, in: ZIP 2009, S. 1349–1358

Hohenstatt, Klaus-Stefan / Kuhnke, Michael, Vergütungsstruktur und variable Vergütungsmodelle für Vorstandsmitglieder nach dem VorstAG, in: ZIP 2009, S. 1981–1989

Hoff, Hans Henning, Aktienoptionen für Aufsichtsräte über § 71 Abs. 1 Nr. 8 AktG, in: WM 2003, S. 910–914

Hoppe, Axel, Zustimmungspflichten der Hauptversammlung bei der Ausgabe von Phantom Stocks und anderen virtuellen Beteiligungsformen, in: NZG 2018, S. 811–816

Hopt, Klaus J. / Wiedemann, Herbert (Hrsg.), Großkommentar Aktiengesetz, 4. Auflage, Berlin, Band 2 2008, Band 4 2006, Band 6 2006, Band 7/1 2012 (zit.: *Bearbeiter* in: Großkommentar AktG, 4. Auflage, Bd.)

Hölters, Wolfgang (Hrsg.), Aktiengesetz, 3. Auflage, München 2017 (zit.: *Bearbeiter* in: Hölters, AktG, §, Rn.)

Hüffer, Uwe, Aktienbezugsrechte als Bestandteil der Vergütung von Vorstandsmitgliedern und Mitarbeitern – gesellschaftsrechtliche Analyse, in: ZHR 161 (1997), S. 214–245

Hüffer, Uwe / Koch, Jens (Hrsg.), Aktiengesetz, 13. Auflage, München 2018 (zit.: *Hüffer/Koch*, AktG, §, Rn.)

Hümmerich, Klaus (Begr.) / Reufels, Martin J. (Hrsg.), Gestaltung von Arbeitsverträgen, 3. Auflage, Baden-Baden 2015 (zit.: *Bearbeiter* in: Hümmerich/Reufels)

Hümmerich, Klaus (Begr.) / Lücke, Oliver / Mauer, Reinhold (Hrsg.), Arbeitsrecht, 9. Auflage, Baden-Baden 2018 (zit.: *Bearbeiter* in: Hümmerich, Arbeitsrecht)

Ihrig, Hans-Christoph / Schäfer, Carsten, Rechte und Pflichten des Vorstands, Köln 2014 (zit.: *Ihrig/Schäfer*, Rechte und Pflichten des Vorstands)

Ihrig, Hans-Christoph / Dr. Wandt, Andre P. H., Die Aktienrechtsnovelle 2016, in: BB 2016, S. 6–18

Jaeger, Goerg / Balke, Michaela, Zu den Auswirkungen des VorstAG auf bestehende Vorstandsdienstverträge, ZIP 2010, S. 1471–1480

Jäger, Axel, Aktienoptionspläne in Recht und Praxis – eine Zwischenbilanz, in: DStR 1999, S. 28–34

Jaspers, Philipp, Mehr Demokratie wagen – Die Rolle der Hauptversammlung bei der Festsetzung der Vergütung des Vorstands, in: ZRP 2010, S. 8–11

Jensen, Michael C. / Meckling, William H., Theory of the firm: managerial behavior, agency costs and ownership structure, in: Journal of Financial Economics 3 (1976), S. 305–360

Joest Andreas, Aktienbasierte Entgeltgestaltung - Motivation, Rechnungslegung, Unternehmenswert, Hamburg 2008 (zit.: *Joest*, Aktienbasierte Entgeltgestaltung)

van Kann, Jürgen / Keiluweit, Anjela, Das neue Gesetz zur Angemessenheit der Vorstandsvergütung – Wichtige Reform oder Lärm um nichts?, in: DStR 2009, S. 1587–1592

Kallmeyer, Harald, Aktienoptionspläne für Führungskräfte im Konzern, in: AG 1999, S. 97–103

Käpplinger, Markus, Inhaltskontrolle von Aktienoptionsplänen, Baden-Baden 2003 (zit.: *Käpplinger*, Inhaltskontrolle von Aktienoptionsplänen)

Kessler, Manfred / Sauter, Thomas (Hrsg.), Handbuch Stock Options, München 2003 (zit.: *Bearbeiter* in: Kessler/Sauter, sofern aus den Anlagen zitiert wird: *Bearbeiter* in: Kessler/Sauter, Anlagen)

Khakzad, Farhad / Bauer, Frederik, Anteilsbasierte Mitarbeitervergütung – eine praxisrelevante Betrachtung im Kontext nationaler und internationaler Rechnungslegungsvorschriften, in: IRZ 2012, S. 293–298

Kiethe, Kurt, Höchstgrenzen für Vorstandsbezüge im Maßnahmenkatalog der Bundesregierung zur Aktienrechtsreform 2003 – verfassungswidrig und standortgefährdend, in; BB 2003, S. 1573–1579

Klahold, Christoph, Aktienoptionen als Vergütungselement, Frankfurt am Main, Berlin, Bern, Bruxelles, New York, Wien 1999 (zit.: Klahold, Aktienoptionen als Vergütungselement)

Klasen, Evelyn, Insiderrechtliche Fragen zu aktienorientierten Vergütungsmodellen – Diskussionsstand und Lösungsansätze nach endgültiger Veröffentlichung des Emittentenleitfadens der BaFin –, in: AG 2006, S. 24–32

Klein, Martin, Die Änderungen des Deutschen Corporate Governance Kodex 2012 aus Sicht der Unternehmenspraxis, in: AG 2012, S. 805–814

ders., Die Änderungen des Deutschen Corporate Governance Kodex 2013 aus Sicht der Unternehmenspraxis, in: AG 2013, S. 733–742

Kocher, Dirk / Bednarz, Liane, Mehrjährigkeit der variablen Vorstandsvergütung im Lichte der Nachhaltigkeit nach dem VorstAG, in: Der Konzern 2011, S. 77–84

Kohler, Klaus, Stock Options für Führungskräfte aus der Sicht der Praxis, in: ZHR 161 (1997), S. 246–268

Kramarsch, Michael H., Organvergütung, in: ZHR 169 (2005), S. 112–123

Krecek, Thomas / Röhrich, Hendrik, Grenzen der Fremdkapitalfinanzierung der AG ohne Zustimmung der Hauptversammlung, in: ZIP 2010, S. 413–419

Kremer, Thomas / Bachmann, Gregor / Lutter, Marcus / Werder, Axel v. (Hrsg) / Ringleb, Henrik-Michael (Begr.), Kommentar zum Deutschen Corporate Governance Kodex, 7. Auflage, München 2018 (zit.: *Bearbeiter* in: Kremer/Bachmann/Lutter/Werder, DCGK)

Kropff, Bruno, Textausgabe des Aktiengesetzes vom 6.9.1965 mit Begründung des Regierungsentwurfs und Bericht des Rechtsausschusses des Deutschen Bundestags, 1965 (zit.: *Kropff*, Aktiengesetz 1965)

Kropff, Bruno / Semler, Johannes (Hrsg.), Münchener Kommentar zum Aktiengesetz, Band 6, 2. Auflage, München 2005 (zit.: *Bearbeiter* in: MüKo, AktG, 2. Auflage, Bd. 6)

Kumpan, Christoph, Die neuen Regelungen zu Directors' Dealings in der Marktmissbrauchsverordnung, in: AG 2016, S. 446–459

Kumpan, Christoph / Pauschinger, Philipp, Entwicklung des europäischen Gesellschaftsrechts, in: EuZW 2017, S. 327–332

Kutsch, Alexander / Kersting, Anna-Lena, Mitarbeiterbeteiligung zur Finanzierung und Sanierung, in: BB 2011, S. 373–382

Larenz, Karl / Canaris, Claus-Wilhelm, Methodenlehre der Rechtswissenschaften, 3. Auflage, Berlin, Heidelberg, Singapur, Tokio, New York, Barcelona, Budapest, Hongkong, London, Mailand, Paris, Santa Clara 1995 (zit.: *Larenz/Canaris*, Methodenlehre)

Legerlotz, Christoph / Laber, Jörg, Arbeitsrechtliche Grundlagen bei betrieblichen Arbeitnehmerbeteiligungen durch Aktienoptionen und Belegschaftsaktien, in: DStR 1999, S. 1658–1667

Lemke, Mark, Die Ausgestaltung von Aktienoptionsplänen in arbeitsrechtlicher Hinsicht, in: BB 2001, S. 1469–1477

Lenenbach, Markus, Unzulässigkeit von Aktienoptionsprogrammen zu Gunsten des Aufsichtsrats sowohl bei der Unterlegung mit zurückgekauften eigenen Aktien als auch mit bedingtem Kapital („Mobilcom AG"), in: EWiR 2004, S. 413–414

Lingemann, Stefan, Angemessenheit der Vorstandsvergütung – Das VorstAG ist in Kraft, in: BB 2009, S. 1918–1924

Loitz, Rüdiger / Stindl, Sebastian / Stein, Alexander / PricewaterhouseCoopers AG Wirtschaftsprüfungsgesellschaft (Hrsg.), Hauptversammlung: Status quo und Optimierungspotenzial, 2012 (zit.: *Loitz/Stindl/Stein*, Hauptversammlung)

Lüpkes, Jens-Walter, Zulässigkeit und Zweckmäßigkeit aktienkursorientierter Vergütung von Mitgliedern des Aufsichtsrats, Köln, München 2008 (zit. *Lüpkes*, Zulässigkeit und Zweckmäßigkeit aktienkursorientierter Vergütung von Mitgliedern des Aufsichtsrats, S.)

Lutter, Marcus, Corporate Governance und ihre aktuellen Probleme, vor allem: Vorstandsvergütung und ihre Schranken, in: ZIP 2003, S. 737–743

ders., Zur Zulässigkeit der Vergütung des Aufsichtsrats, in: Häuser, Franz / Hammen, Horst / Hennrichs, Joachim / Steinbeck, Anja / Siebel, Ulf R. / Welter, Reinhard, Festschrift für Walther Hadding zum 70. Geburtstag am 8. Mai 2004, Berlin 2004, S. 561–573 (zit.: *Lutter*, FS Hadding 2004)

Mäger, Stefan, Vergütung des Aufsichtsrats – welchen Spielraum gibt das Aktienrecht, in: BB 1999, S. 1389–1394

Marsch-Barner, Reinhard / Schäfer, Frank (Hrsg.), Handbuch börsennotierte AG, 4. Auflage, Köln 2017 (zit.: *Bearbeiter* in: Marsch-Barner/Schäfer)

Marsch-Barner, Reinhard, Aktuelle Rechtsfragen zur Vergütung von Vorstands- und Aufsichtsratsmitgliedern einer AG, in: Crezelius, Georg / Hirte, Heribert / Vieweg, Klaus (Hrsg.), Gesellschaftsrecht, Rechnungslegung, Sportrecht, Festschrift für Volker Röhricht zum 65. Geburtstag, Köln 2005, S. 401–419 (zit.: *Marsch-Barner*, FS Röhricht 2005)

Martens, Klaus-Peter, Eigene Aktien und Stock Options in der Reform, in: AG Sonderheft August 1997, S. 83–90 (zit.: *Martens*, AG Sonderheft 8/1997)

ders., Stand und Entwicklung im Recht der Stock-Options, in: Habersack, Mathias / Hüffer, Uwe / Hommelhoff, Peter, Schmidt, Karsten (Hrsg.), Festschrift für Peter Ulmer zum 70. Geburtstag, 2003, S. 399–418 (zit.: *Martens*, FS Ulmer 2003)

Martinius, Philip / Zimmer, Mark, Keine Boni mehr für Aufsichtsräte, in: BB 2011, S. 3014–3018

Maser, Peter / Göttle, Maren, Rechtlicher Rahmen für die Vergütung des Aufsichtsrats, in: NZG 2013, S. 201–208

Menichetti, Marco J., Aktien-Optionsprogramme für das Top-Management, in: DB 1996, S. 1688–1692

Meyer, Justus / Ludwig, Sören, Aktienoptionen für Aufsichtsräte ade?, in: ZIP 2004, S. 940–945

Moll, Wilhelm (Hrsg.), Münchener Anwaltshandbuch Arbeitsrecht, 4. Auflage, München 2017 (zit.: *Bearbeiter* in: MAH Arbeitsrecht)

Mutter, Stefan, Die Gestaltung von Aktienoptionsprogrammen, in: AG 2009, R352–R353

Müller-Glöge, Rudi / Preis, Ulrich / Schmidt, Ingrid (Hrsg.), Erfurter Kommentar zum Arbeitsrecht, 19. Auflage, München 2019 (zit.: *Bearbeiter* in: Erfurter Kommentar zum Arbeitsrecht)

Niewiarra, Manfred, Risikokapitalbeschaffung durch Mitarbeiterbeteiligung, in: BB 1984, S. 1652–1653

Paefgen, Walter, Börsenpreisorientierte Vergütung und Überwachungsaufgabe des Aufsichtsrats, in: WM 2004, S. 1169–1175

Paschos, Nikolaos / Goslar, Sebastian, Der Referentenentwurf des Gesetzes zur Umsetzung der zweiten Aktionärsrechterichtlinie (ARUG II) aus Sicht der Praxis, in: AG 2018, S. 857–874

Pellens, Bernhard (Hrsg.), Unternehmenswertorientierte Entlohnungssysteme, Stuttgart 1998 (zit. *Bearbeiter* in: Pellens)

Peltzer, Martin, Keine Aktienoptionen mehr für Aufsichtsratsmitglieder, in: NZG 2004, S. 509–512

ders., Reparaturbedarf des Kodex – Kritische Anmerkungen zu kontraproduktiven und änderungsbedürftigen Aussagen des DCGK, in: Hommelhoff, Peter / Rawert, Peter / Schmidt, Karsten (Hrsg.), Festschrift für Hans-Joachim Priester zum 70. Geburtstag, Köln 2007, S. 573–591 (zit.: *Peltzer*, FS Priester 2007)

Pentz, Andreas, Übersicht zur höchstrichterlichen Rechtsprechung zum Aktienrecht 2004, in: BB 2005, S. 1397–1408

Peters, Marc / Hecker, Andreas, BB-Report zu den Änderungen des DCGK im Jahr 2013, in: BB 2013, S. 2887–2894

Pirchegger, Barbara, Aktienkursabhängige Entlohnungssysteme und ihre Anreizwirkungen, Wiesbaden 2001 (zit.: *Pirchegger*, Aktienkursabhängige Entlohnungssysteme und ihre Anreizwirkungen)

Rapp, Marc Steffen / Schuchardt, Hendrik / Wolff, Michael, 10 Jahres Transparenz in der Aufsichtsratsvergütung deutscher Prime-Standard-Unternehmen, Trends von 2005 bis 2014, in: ZCG 2016, S. 172–181

Reuter, Dieter, Verbesserung der Risikokapitalausstattung der Unternehmen durch Mitarbeiterbeteiligung, in: NJW 1984, S. 1849–1857

Richter, Stefan, Aktienoptionen für den Aufsichtsrat?, BB 2004, S. 949–956

Röhricht, Volker, Die aktuelle höchstrichterliche Rechtsprechung zum Gesellschaftsrecht, in: Gesellschaftsrechtliche Vereinigung (Hrsg.), Gesellschaftsrecht in der Diskussion 2004, Band 9, 2005, S. 1–28 (zit.: *Röhricht*, VGR 9)

Rombach, Paul, Beteiligung von Führungskräften an Aktiengesellschaften, in: MittRhNotK 2000, S. 313–329

Schanz, Kay-Michael, Mitarbeiterbeteiligungsprogramme, in: NZA 2000, S. 626–635

Schmidt, Karsten, Konzernrechtliche Wirksamkeitsvoraussetzungen für typische stille Beteiligungen an Kapitalgesellschaften? - Zugleich zur systematischen Einordnung des Teilgewinnabführungsvertrags -, in: ZGR 1984, S. 295–312

Schmidt, Karsten / Lutter, Marcus (Hrsg.), Aktiengesetz, 3. Auflage, Köln 2015 (zit.: *Bearbeiter* in: Schmidt/Lutter)

Schneider, Uwe, Aktienoptionen als Bestandteil der Vergütung von Vorstandsmitgliedern, in: ZIP 1996, S. 1769–1776

Schiemzik, Boris Jan, Virtual Stock Options, in: NWB 2011, S. 798–806

Schmidt-Bendun, Rüdiger, in: Die Empfehlungen des Deutschen Corporate Governance Kodex zur Vorstandsvergütung – erste Antworten aus der Praxis auf neue Zweifelsfragen, in: AG 2014, S. 177–179

Schmidt-Versteyl, Michaerl / Probst, Melanie, in: BB 2011, S. 1416–1420

Schneider, Uwe H., Aktienoptionen als Bestandteil der Vergütung von Vorstandsmitgliedern, in: ZIP 1996, S. 1769–1776

Schniepp, Steffen / Giesecke, Cordula, Virtuelle Anteile und AGB, in: NZG 2017, S. 128–133

Schönhaar, Tobias, Ausgestaltung von virtuellen Mitarbeiterbeteiligungsprogrammen, in: GWR 2017, S. 293–296

Schüppen, Matthias, Vorstandsvergütung – (K)ein Thema für die Hauptversammlung?, in: ZIP 2000, S. 905–913

Schüppen, Matthias / Schaub, Bernhard (Hrsg.), Münchener Anwaltshandbuch Aktienrecht, 3. Auflage, München 2018 (zit.: *Bearbeiter* in: MAH Aktienrecht)

Seibert, Ulricht, Das VorstAG – Regelung zur Angemessenheit der Vorstandsvergütung und zum Aufsichtsrat, in: WM 2009, S. 1489–1493

Semler, Johannes (Begr.) / v. Schenck, Kersten (Hrsg.), Arbeitshandbuch für Aufsichtsratsmitglieder, 4. Auflage, München 2013 (zit.: *Bearbeiter* in: Semler/v. Schenck, Aufsichtsrats HdB)

Semler, Johannes / Peltzer, Martin (Begr.) / Kubis, Dietmar (Hrsg.), Arbeitshandbuch für Vorstandsmitglieder, 2. Auflage, München 2015 (zit.: *Bearbeiter* in: Semler/Peltzer/Kubis, Vorstand HdB)

Sethe, Rolf, Genußrechte: Rechtliche Rahmenbedingungen und Anlegerschutz (I), in: AG 1993, S. 293–315

Seyfarth, Georg, Vorstandsrecht, Köln 2016 (zit.: *Seyfarth*, Vorstandsrecht)

Simon, Oliver / Greßlin, Martin, Aktienoptionspläne – Zulässigkeit von Wartefristen und Verfallklauseln, in: BB 2009 S. 168

Söhner, Matthias, Praxis-Update Marktmissbrauchsverordnung: Neue Leitlinien und alte Probleme, in: BB 2017, S. 259–266

Spindler, Gerald, Das Gesetz über die Offenlegung von Vorstandsvergütungen – VorstOG, in: NZG 2005, S. 689–692

Spindler, Gerald / Gerdemann, Simon, Die erfolgsabhängige Vergütung des Aufsichtsrats – Variable Vergütungsbestandteile im Spannungsfeld von Anreiz und Überwachungsfunktion –, in: Habersack, Mathias / Huber, Karl

/ Spindler, Gerald (Hrsg.), Festschrift für Eberhard Stilz zum 65. Geburtstag, München 2014, S. 629–649 (zit.: *Spindler/Gerdemann,* FS Stilz 2014)

Spindler, Gerald / Stilz, Eberhard (Hrsg.), Kommentar zum Aktiengesetz, 1. Auflage, München 2007 (zit. *Bearbeiter* in: Spindler/Stilz, AktG, 1. Auflage)

dies. (Hrsg.), Kommentar zum Aktiengesetz, 3. Auflage, München 2015 (zit.: *Bearbeiter* in: Spindler/Stilz, AktG)

Staake, Marco, Der Verfall von Aktienoptionen bei Mitarbeiterbeteiligungsprogrammen, in: NJOZ 2010, S. 2494–2500

Stenzel, Roman, Managementbeteiligung und Marktmissbrauchsverordnung, in: DStR 2017, S. 883–889

Sünner, Eckart, Der Ausweis betragsmäßiger Höchstgrenzen der Vorstandsvergütung nach Ziff. 4.2.3 Abs. 2 Satz 6 DCGK, in: AG 2014, S. 115–118

Suchan, Stefan / Winter, Stefan, Rechtliche und betriebswirtschaftliche Überlegungen zur Festsetzung angemessener Vorstandsbezüge nach Inkrafttreten des VorstAG, in: DB 2009, S. 2531–2539

Sureth, Caren / Haberstadt, Alexander, Mitarbeiterbeteiligungen durch Genussrechte und stille Beteiligungen – steuerliche und finanzwirtschaftliche Aspekte, in: FB 2006, S. 677–685

Szesny, André-M. / Kuthe, Thorsten (Hrsg.), Kapitalmarkt Compliance, 1. Auflage, Heidelberg 2014 (zit.: *Bearbeiter* in: Szesny/Kuthe, 1. Auflage)

dies. (Hrsg.), Kapitalmarkt Compliance, 2. Auflage, Heidelberg 2018 (zit.: *Bearbeiter* in: Szesny/Kuthe)

Thüsing, Gregor, Angemessenheit der Vorstandsvergütung, in: ZGR 2003, S. 457–507

ders., Die Angemessenheit von Vorstandsvergütungen – Mögliche Handlungsoptionen zur Sicherstellung, in: DB 2003, S. 1612–1615

ders., Das Gesetz zur Angemessenheit der Vorstandsvergütung, in: AG 2009, S. 517–529

Velte, Patrick / Winkler, Ralf, Theoretische und anwendungsbezogene Fragen bei börsennotierten Aktiengesellschaften (Teil B), in: ZCG 2016, S. 115–120

Vetter, Eberhard, Stock Options für Aufsichtsräte - ein Widerspruch?, in: AG 2004, S. 234–238

ders., Aufsichtsratsvergütung und Verträge mit Aufsichtsratsmitgliedern, in: ZIP 2008, S. 1–10

Wälzholz, Eckhard / Graf Wolffskeel v. Reichenberg, Luitpold, Die Aktienrechtsnovelle 2016 und weitere aktienrechtliche Gesetzesänderungen, in: MittBayNot 2016, S. 197–207

Wagner, Jens / Wittgens, Jonas, Corporate Governance als dauernde Reformanstrengung: Der Entwurf des Gesetzes zur Angemessenheit der Vorstandsvergütung, in: BB 2009, S. 906–911

Wagner, Klaus-R., Renaissance der Mitarbeiterbeteiligung, in: BB 1995, Beilage Nr. 7 (Heft 25), S. 1–12

Weber, Klaus (Hrsg.) / Creifelds, Carl (Begr.), Creifelds Rechtswörterbuch, 22. Auflage, München 2017 (zit.: *Creifelds*, Rechtswörterbuch)

Weiß, Daniel, Aktienoptionspläne für Führungskräfte, Köln 1999 (zit.: *Weiß*, Aktienoptionspläne für Führungskräfte)

ders., Aktienoptionsprogramme nach dem KonTraG, in: WM 1999, S. 353–363

Weitnauer, Wolfgang (Hrsg.), Handbuch Venture Capital, 5. Auflage, München 2016 (zit.: *Bearbeiter* in: Weitnauer, VC)

ders., Mitarbeiterbeteiligung: Einige Gedanken zur optimalen Gestaltung, in: GWR 2017, S. 391–393

ders., Paradigmenwechsel bei der steuerlichen Behandlung von Gesellschafter-Finanzierungshilfen, in: GWR 2017, S. 427–431

Weitnauer, Wolfgang / Dunkmann, Carsten, Strukturierung von Mitarbeiterbeteiligungs-modellen – Teil 2, in: GWR 2013, S. 371–376

Wiechers, Heiko, Anmerkung zum Urteil des BGH vom 16. Februar 2004, in: DB 2004, S. 698

Wighardt, Nils Christian / Berger, Andreas, Angemessenheit von Vorstandsvergütungen und Beschränkungen der steuerlichen Absetzbarkeit, in: NZG 2017, S. 1370–1373

Wilhelm, Sebastian, Das Schicksal virtueller Mitarbeiterbeteiligungen bei Abspaltung und Ausgliederung, in: NZG 2013, S. 1211–1217

Wilsing, Hans-Ulrich (Hrsg.), Deutscher Corporate Governance Kodex, München 2012 (zit.: *Bearbeiter* in: Wilsing, DCGK)

Wohlfarth, Jürgen / Brause, Christian, Die Emission kursorientierter Wertpapiere auf eigene Aktien – Zur Auslegung des § 221 AktG –, in: WM 1997, S. 397–448

Zimmer, Daniel, Das Gesetz zur Kontrolle und Transparenz im Unternehmensbereich - Ein „Omnibus-Gesetz“ bringt die Aktienrechtsnovelle 1998 und weitere wichtige Neuerungen für das Handels- und Wirtschaftsrecht, in: NJW 1998, S. 3512–3534

Zimmer, Lutz, Die Ausgabe von Optionsrechten an Mitglieder des Aufsichtsrats und externe Berater, in: DB 1999, S. 999–1003

Zöllner, Wolfgang / Noack, Ulrich (Hrsg.), Kölner Kommentar zum Aktiengesetz, 3. Auflage, Köln, Band 2011, Band 2/1 2010, Band 2/2 2013; Band 4 2017, Band 6 2004 (zit.: *Bearbeiter* in: Kölner Kommentar zum AktG, Bd.)

## Quellen ohne Autorenangabe

DIHK, Stellungnahme zum Entwurf eines Gesetzes zur Angemessenheit der Vorstandsvergütung (VorstAG), BT-Drs. 16/12278, in: NZG 2009, S. 538–540

Handelsrechtsausschuss des Deutschen Anwaltsvereins, Stellungnahme zu den Änderungsvorschlägen der Regierungskommission Deutscher Corporate Governance Kodex vom 5. Februar 2013, in: NZG 2013, S. 419–421

Handelsrechtsausschuss des Deutschen Anwaltsvereins, Stellungnahme zum Entwurf eines Gesetzes zur Angemessenheit der Vorstandsvergütung (VorstAG), in: NZG 2009, S. 612–616

Handelsrechtsausschuss des Deutschen Anwaltsvereins, Stellungnahme zu dem Regierungsentwurf eines Gesetzes zur Unternehmensintegrität und Modernisierung des Anfechtungsrechts (UMAG), in: NZG 2005, S. 388–393

Handelsrechtsausschuss des Deutschen Anwaltsvereins, Referentenentwurf zur Änderung des Aktiengesetzes („KonTraG") – Stellungnahme des DAV, in: ZIP 1997, S. 163–174

## Internetquellen

(sämtliche Internetquellen abgerufen am 1. Dezember 2018)

adidas AG, Geschäftsbericht für das Geschäftsjahr 2015, abrufbar unter: http://www.adidas-group.com/de/investoren/finanzberichte/ (zit.: adidas *AG*, Geschäftsbericht 2015, S.)

Allianz SE, Geschäftsbericht für das Geschäftsjahr 2015, abrufbar unter: https://www.allianz.com/en_GB/investor_relations/results-reports/annual-reports/annual-report-archive.html (zit.: *Allianz SE*, Geschäftsbericht 2015, S.)

Amazon.com, Inc., K-10 Form für das Geschäftsjahr 2012, abrufbar unter http://phx.corporate-ir.net/phoenix.zhtml?c=97664&p=irol-sec&control_selectgroup=Annual%20Filings (zit.: *Amazon*, K-10 Form)

BASF SE, Geschäftsbericht für das Geschäftsjahr 2015, abrufbar unter: https://www.basf.com/documents/corp/de/about-us/publications/reports/2016/BASF_Bericht_2015.pdf (zit.: *BASF SE*, Geschäftsbericht 2015, S.)

Bayer AG, Geschäftsbericht für das Geschäftsjahr 2015, abrufbar unter: http://www.geschaeftsbericht2015.bayer.de/serviceseiten/dateisammlung/files/collection.php (zit.: *Bayer AG*, Geschäftsbericht 2015, S.)

Beiersdorf AG, Geschäftsbericht für das Geschäftsjahr 2015, abrufbar unter: http://www.beiersdorf.de/investoren/finanzberichte/finanzpublikationen (zit.: *Beiersdorf AG*, Geschäftsbericht 2015, S.)

BMW AG, Geschäftsbericht für das Geschäftsjahr 2015, abrufbar unter: https://www.bmwgroup.com/de/investor-relations/finanzberichte.html (zit.: *BMW AG*, Geschäftsbericht 2015, S.)

Bundesanstalt für Finanzdienstleistungsaufsicht, Emittentenleitfaden, 4. Auflage 2013, abrufbar unter: https://www.bafin.de/SharedDocs/Veroeffentlichungen/DE/Fachartikel/2013/fa_bj_2013_09_emittentenleitfaden.html (zit.: *BaFin*, Emittentenleitfaden, S.)

Bundesanstalt für Finanzdienstleistungsaufsicht, FAQ zu Eigengeschäften von Führungskräften nach Art. 19 der Marktmissbrauchsverordnung (EU) Nr. 596/2014, 10. Version, Stand: 23. November 2018, abrufbar unter: https://www.bafin.de/SharedDocs/Downloads/DE/FAQ/dl_faq_mar_art_19_DD.html (zit.: *BaFin*, Art. 19 FAQ, 11/18, S.)

Commerzbank AG, Geschäftsbericht für das Geschäftsjahr 2015, abrufbar unter: https://www.commerzbank.de/media/de/aktionaere/haupt/2016_5/geschaeftsbericht_2015.pdf (zit.: *Commerzbank AG*, Geschäftsbericht 2015, S.)

Continental AG, Geschäftsbericht für das Geschäftsjahr 2015, abrufbar unter: http://www.continental-corporation.com/www/download/portal_com_de/themen/ir/finanzberichte/download_download_channel/gb_2015_de.pdf (zit.: *Continental AG*, Geschäftsbericht 2015, S.)

Daimler AG, Geschäftsbericht für das Geschäftsjahr 2015, abrufbar unter: https://www.daimler.com/dokumente/investoren/berichte/geschaeftsberichte/daimler/daimler-ir-geschaeftsbericht-2015.pdf (zit.: *Daimler AG*, Geschäftsbericht 2015, S.)

Deutsche Bank AG, Geschäftsbericht für das Geschäftsjahr 2015, abrufbar unter: https://geschaeftsbericht.deutsche-bank.de/2015/gb/serviceseiten/willkommen.html (zit.: *Deutsche Bank AG*, Geschäftsbericht 2015, S.)

dies., Satzung in der Fassung vom 21. Mai 2015, abrufbar unter: https://www.db.com/ir/de/download/Satzung_21_Mai_2015.pdf (zit.: *Deutsche Bank AG*, Satzung, §)

Deutsche Börse AG, Geschäftsbericht für das Geschäftsjahr 2015, abrufbar unter: http://deutsche-boerse.com/dbg-de/investor-relations/finanzberichte/geschaeftsberichte (zit.: *Deutsche Börse AG*, Geschäftsbericht 2015, S.)

Deutsche Post AG, Geschäftsbericht für das Geschäftsjahr 2015, abrufbar unter: http://www.dpdhl.com/content/dam/dpdhl/Investoren/Veranstaltungen/Reporting/2016/FY2015/DPDHL_Geschaeftsbericht_2015.pdf (zit.: *Deutsche Post AG*, Geschäftsbericht 2015, S.)

Deutsche Telekom AG, Geschäftsbericht für das Geschäftsjahr 2015, abrufbar unter: http://www.geschaeftsbericht.telekom.com/site0216/services/downloadcenter.html (zit.: *Deutsche Telekom AG*, Geschäftsbericht 2015, S.)

E.ON SE, Geschäftsbericht für das Geschäftsjahr 2015, abrufbar unter: http://www.eon.com/content/dam/eon-com/ueber-uns/publications/EON_Geschaeftsbericht_2015_D.pdf (zit.: *E.ON SE*, Geschäftsbericht 2015, S.)

Fresenius SE & Co. KGaA, Geschäftsbericht für das Geschäftsjahr 2015, abrufbar unter: https://www.fresenius.de/finanzberichte (zit.: *Fresenius SE & Co. KGaA*, Geschäftsbericht 2015)

Fresenius Medical Care AG & Co. KGaA, Geschäftsbericht für das Geschäftsjahr 2015, abrufbar unter: http://www.freseniusmedicalcare.com/de/investoren/news-publikationen/geschaeftsberichte/ (zit.: *Fresenius Medical Care AG & Co. KGaA*, Geschäftsbericht 2015, S.)

Germis, Carsten, VW-Vorstand akzeptiert Kürzung der Bonuszahlungen, in: FAZ.net, veröffentlicht am 12. April 2016, abrufbar unter: http://www.faz.net/aktuell/wirtschaft/vw-abgasskandal/vw-vorstand-akzeptiert-kuerzung-der-bonuszahlungen-wegen-abgasskandal-14175320.html (zit.: *Germis*, FAZ.net, 12. April 2016)

Hapke, Thorsten, Der Bonus-Coup der VW-Vorstände, in: NDR.de, veröffentlicht am 23. April 2016, abrufbar unter: http://www.ndr.de/nachrichten/niedersachsen/braunschweig_harz_goettingen/Der-Bonus-Coup-der-VW-Vorstaende,vw2878.html (zit.: *Hapke*, NDR.de, 23. April 2016)

Heidelberg Cement AG, Geschäftsbericht für das Geschäftsjahr 2015, abrufbar unter: http://www.heidelbergcement.com/de/berichte-und-praesentationen (zit.: *Heidelberg Cement AG*, Geschäftsbericht 2015, S.)

Henkel AG & Co. KGaA, Geschäftsbericht für das Geschäftsjahr 2015, abrufbar unter: https://www.henkel.com/blob/649530/01783b5f353739b4a64dfa92f4906028/data/2015-geschaeftsbericht.pdf (zit.: *Henkel AG & Co. KGaA*, Geschäftsbericht 2015, S.)

Infenion AG, Geschäftsbericht für das Geschäftsjahr 2015, abrufbar unter: http://www.infineon.com/cms/de/about-infineon/investor/reporting/download-center/#!view=downloadCenter&doc_group=annualReports (zit.: *Infenion AG*, Geschäftsbericht 2015, S.)

Lamparter, Dietmar H., Der Vorstandsbonus ist ein Signal, in: Die Zeit Nr. 17/2016, 14. April 2016, abrufbar unter: http://www.zeit.de/2016/17/volkswagen-verzicht-boni-vorstand-vw-skandal/komplettansicht?print (zit.: *Lamparter*, Die Zeit, Nr. 17/2016)

Linde AG, Geschäftsbericht für das Geschäftsjahr 2013, abrufbar unter: http://www.the-linde-group.com/de/investor_relations/financial_publications/archive/index.html (zit.: *Linde AG*, Geschäftsbericht 2013, S.)

dies., Geschäftsbericht für das Geschäftsjahr 2015, abrufbar unter: http://www.the-linde-group.com/de/investor_relations/financial_publications/archive/index.html (zit.: *Linde AG*, Geschäftsbericht 2015, S.)

Lufthansa AG, Geschäftsbericht für das Geschäftsjahr 2015, abrufbar unter: https://investor-relations.lufthansagroup.com/de/publikationen/finanzberichte.html#c3786 (zit.: *Lufthansa AG*, Geschäftsbericht 2015, S.)

Merck KGaA, Geschäftsbericht für das Geschäftsjahr 2015, abrufbar unter: http://gb2015.merck.de/downloads (zit.: *Merck KGaA*, Geschäftsbericht 2015, S.)

Munic Re AG, Geschäftsbericht für das Geschäftsjahr 2015, abrufbar unter: https://www.munichre.com/de/ir/publications/reports/index.html (zit.: *Munic Re AG*, Geschäftsbericht 2015, S.)

ProSiebenSat1 Media SE, Geschäftsbericht für das Geschäftsjahr 2015, abrufbar unter: http://www.prosiebensat1.de/investor-relations/publikationen/geschaeftsbericht (zit.: *ProSiebenSat1 Media SE*, Geschäftsbericht 2015, S.)

RWE AG, Geschäftsbericht für das Geschäftsjahr 2015, abrufbar unter: http://www.rwe.com/web/cms/de/2705502/rwe/investor-relations/berichte/2015/ (zit.: *RWE AG*, Geschäftsbericht 2015, S.)

SAP SE, Geschäftsbericht für das Geschäftsjahr 2015, abrufbar unter: http://www.sap.com/investors/de/reports.html (zit.: *SAP SE*, Geschäftsbericht 2015, S.)

dies., Erklärung des Vorstands und des Aufsichtsrats der SAP SE gemäß § 161 Aktiengesetz zur Beachtung des Deutschen Corporate Governance Kodex, abrufbar unter: https://www.sap.com/docs/download/investors/2016/sap-2016-gov-entsprechungserklaerung.pdf (zit.: *SAP SE*, Entsprechungserklärung Geschäftsjahr 2015, S.)

Siemens AG, Geschäftsbericht für das Geschäftsjahr 2015, abrufbar unter: http://www.siemens.com/investor/pool/de/investor_relations/Siemens_GB2015.pdf (zit.: *Siemens AG*, Geschäftsbericht 2015, S.)

ThyssenKrupp AG, Geschäftsbericht für das Geschäftsjahr 2015/2016, abrufbar unter: https://www.thyssenkrupp.com/de/investoren/berichterstattung-und-publikationen/ (zit.: *ThyssenKrupp AG*, Geschäftsbericht 2015/2016, S.)

Towers Watson, Pressemitteilung vom 24. Oktober 2012: Aufsichtsratsvergütung neu definiert, abrufbar unter: https://www.towerswatson.com/de-DE/Press/2012/10/aufsichtsratsvergutung-neu-definiert (zit.: *Towers Watson*, Pressemitteilung vom 24. Oktober 2012: Aufsichtsratsvergütung neu definiert)

dies., Pressemitteilung vom 12. November 2013: Richtungswechsel bei der Aufsichtsratsvergütung, abrufbar unter: https://www.towerswatson.com/de-DE/Press/2013/11/Richtungswechsel-bei-der-Aufsichtsratsvergutung (zit.: *Towers Watson*, Pressemitteilung vom 12. November 2013: Richtungswechsel bei der Aufsichtsratsvergütung) dies., Pressemitteilung vom 11. November 2014: Dax-Aufsichtsratsvergütung 2014: Leichter Anstieg und Trend zur Vereinfachung, abrufbar unter: https://www.towerswatson.com/de-DE/Press/2014/11/DAX-Aufsichtsratsvergue-tung-2014-leichter-Anstieg-und-Trend-zur-Vereinfachung (zit.: *Towers Watson*, Pressemitteilung vom 11. November 2014: Dax-Aufsichtsratsvergütung 2014: Leichter Anstieg und Trend zur Vereinfachung)

dies., Pressemitteilung vom 7. Oktober 2015: So viel verdienen Aufsichtsräte im Dax 2015, abrufbar unter: https://www.towerswatson.com/de-DE/Press/2015/10/So-viel-verdienen-Aufsichtsraete-im-DAX-2015 (zit.: *Towers Watson*, Pressemitteilung vom 7. Oktober 2015: So viel verdienen Aufsichtsräte im Dax 2015)

Volkswagen AG, Geschäftsbericht für das Geschäftsjahr 2015, abrufbar unter: http://geschaeftsbericht2015.volkswagenag.com/serviceseiten/dateisamm-lung/files/collection.php (zit.: *Volkswagen AG*, Geschäftsbericht 2015, S.)

dies., Pressemitteilung vom 22. April 2016: Variable Vorstandsvergütung wird deutlich reduziert, abrufbar unter: https://www.volkswagen-media-services.com/detailpage/-/detail/Variable-Vorstandsvergtung-wird-deutlich-reduziert/view/3414217/6e1e015af7bda8f2a4b42b43d2dcc9b5?p_p_auth=lFPPIVz2 (zit.: *Volkswagen AG*, Pressemitteilung vom 22. April 2016: Variable Vorstandsvergütung wird deutlich reduziert)

Vonovia SE, Geschäftsbericht für das Geschäftsjahr 2015, abrufbar unter: http://investoren.vonovia.de/websites/vonovia/German/4050/finanzberichte-_-praesentationen.html (zit.: *Vonovia SE*, Geschäftsbericht 2015, S.)

## Zeitungsartikel unter Verwendung von Redaktionskürzeln

Frankfurter Allgemeine Zeitung (Quelle: jja., F.A.Z.), Keine Aktienoptionen für Aufsichtsräte mehr, in: Frankfurter Allgemeine Zeitung, 2004, Nr. 43, S. 13 (zit.: *Frankfurter Allgemeine Zeitung* 2004, Nr. 43, S. 13)

Frankfurter Allgemeine Zeitung (Quelle: nr., F.A.Z.), Unternehmen setzen immer seltener auf Aktienoptionen, in: Frankfurter Allgemeine Zeitung, 2005, Nr. 145, S. 57 (zit.: *Frankfurter Allgemeine Zeitung* 2005, Nr. 145, S. 57)

Frankfurter Allgemeine Zeitung (Quelle: niba, F.A.Z.), Immer mehr Alternativen zu Aktienoptionsplänen, in: Frankfurter Allgemeine Zeitung, 2006, Nr. 48, S. 55 (zit.: *Frankfurter Allgemeine Zeitung* 2006, Nr. 48, S. 55)

Frankfurter Allgemeine Zeitung (Quelle: nr. F.A.Z.), Aktienpläne auf dem Vormarsch, in: Frankfurter Allgemeine Zeitung 2006, Nr. 239, S. C7 (zit.: *Frankfurter Allgemeine Zeitung* 2006, Nr. 239, S. C7)

www.ingramcontent.com/pod-product-compliance
Ingram Content Group UK Ltd.
Pitfield, Milton Keynes, MK11 3LW, UK
UKHW021131041026
8980IPUK00034B/1685

9 783631 800416